高等职业教育铁道运输类新形态一体化系列教材

盾构构造与操作维护

李德雄　赵玉菊◎主　编
李　磊　王晓芸◎副主编

中国铁道出版社有限公司

2024年·北　京

内 容 简 介

本书为高等职业教育铁道运输类新形态一体化系列教材，采用模块—项目—任务编写体例。全书共分三个模块8个项目，包括盾构机概述、盾构机选型及参数分析计算、盾构机机械系统、盾构机电气控制系统、盾构机液压系统、盾构机辅助配套系统、盾构机掘进操作、盾构机常见故障与排查。

本书适合作为高等职业教育地下与隧道工程技术、机电设备技术、城市轨道交通工程技术等相关专业教材，也可作为盾构施工员、盾构机司机、盾构维修保养员、盾构施工质检员、盾构施工安全员的参考书。

图书在版编目(CIP)数据

盾构构造与操作维护/李德雄，赵玉菊主编. —北京：中国铁道出版社有限公司，2024.7

高等职业教育铁道运输类新形态一体化系列教材

ISBN 978-7-113-31097-4

Ⅰ.①盾…　Ⅱ.①李…　②赵…　Ⅲ.①盾构法-高等职业教育-教材　Ⅳ.①U455.43

中国国家版本馆CIP数据核字(2024)第054200号

书　　名：盾构构造与操作维护

作　　者：李德雄　赵玉菊

策　　划：陈美玲

责任编辑：陈美玲　　**编辑部电话**：(010)51873240　　**电子邮箱**：992462528@qq.com

封面设计：刘　莎

责任校对：王　杰

责任印制：高春晓

出版发行：中国铁道出版社有限公司(100054，北京市西城区右安门西街8号)

网　　址：http://www.tdpress.com

印　　刷：河北燕山印务有限公司

版　　次：2024年7月第1版　2024年7月第1次印刷

开　　本：787 mm×1 092 mm　1/16　**印张**：13　**字数**：291千

书　　号：ISBN 978-7-113-31097-4

定　　价：39.00元

前 言

盾构隧道掘进机是一种隧道掘进专用工程机械，简称盾构机。现代盾构掘进机集光学、机械、电气、液压、传感器和信息技术于一体。它可以挖掘和切割土壤，具有土渣运输、隧道衬砌、拼装、测量引导和纠偏等功能，涉及地质、土木、机械、力学、流体力学、电气、控制、测量等学科和技术。与普通机械设备不同的是，盾构机是定制化产品，每一台设备都需要结合实际的工程单独设计。不同的地质、不同的施工队伍，会有不同的需求。盾构掘进机已广泛应用于铁路、公路、市政等隧道工程。随着盾构机的迅速发展，需要更多了解和掌握盾构作业技术的技能型人才，所以对高等职业院校相关专业的人才培养提出了更高要求。

本书以盾构操作维保及施工技术人员为典型工作岗位，内容紧贴实际，融入最新的标准规范，体现最新的技术和工艺，注重理论联系实际，强调实操性，实现知识目标和能力目标的贯通。本书以国家职业标准和专业教学标准为依据，以培养盾构机操作工和维修人员为主要目标，以盾构机机械、电气、液压系统的原理与应用为主线，以典型工作任务为载体，根据典型工作任务和工作过程设计了一系列学习任务，引入"行动导向教学"的职业教育理念，采取项目划分、任务驱动的形式，全面、详细地介绍了盾构的构造、操作及维修保养技术。

本书由石家庄铁路职业技术学院李德雄、赵玉菊担任主编，石家庄铁路职业技术学院李磊、华中科技大学王晓芸担任副主编，中铁十八局集团市政工程有限公司盾构管理中心钱浩担任主审。具体编写分工如下：项目1～项目2由李德雄编写；项目3、项目7由王晓芸编写；项目4由石家庄铁路职业技术学院王渝编写；项目5由赵玉菊编写；项目6由石家庄铁道大学四方学院裴继红编写；项目8由李磊编写。

在编写过程中，中铁十八局集团第四工程有限公司王剑章提供了部分资料；

同时得到了多位学校及企业的领导、专家的指导，在此一并感谢。

由于编者水平有限，且时间仓促，书中难免存在不足之处，恳请各位读者批评指正。

编　者
2024 年 6 月

目录

模块一　盾构机基础知识

模块二　盾构机结构与功能

模块三 盾构机操作与维保

模块一

盾构机基础知识

项目1

盾构机概述

知识目标

1. 熟悉盾构机的概念及在国内外的发展史；
2. 了解盾构机的发展趋势；
3. 掌握盾构机基本工作原理；
4. 掌握盾构机整体构造；
5. 掌握典型盾构机型之间的区别与联系。

能力目标

1. 能够准确识别盾构机主要部件；
2. 能够理解盾构机的工作原理并对其进行阐述；
3. 能够理解并阐述盾构机组成部分；
4. 能够对不同类型的盾构机进行对比分析，准确区分异同。

职业素养目标

1. 培养科学分析问题的能力；
2. 培养归纳总结及语言表达能力；
3. 培养吃苦耐劳、勇于创新、敢于创新的精神；
4. 培养团队合作能力和沟通能力。

任务1.1　盾构机的发展史

在20世纪90年代，我国为了挖掘西康铁路秦岭隧道，从德国引进了两台盾构机。在我

国建造港珠澳大桥时，再次引进盾构机。2010 年，“开路先锋 19 号”平衡盾构机华丽登场，设备国产率高达 87%，从此，我国开始摆脱了对国外盾构机技术的依赖。2013 年，中国造出了世界最大的矩形盾构机。2014 年中国盾构机正式走向国际。2017 年，成功打开欧洲市场，自此，中国盾构机的技术被全世界认可。2024 年 1 月我国研制的世界最大直径高铁泥水平衡盾构机“领航号”下线，标志着我国盾构隧道智能建造水平达到新的高度。

通过学习，完成以下内容：

1. 查找资料，叙述盾构机的起源。
2. 查找资料，叙述盾构机在我国从进口到出口，经历了怎样的发展。

什么是盾构机？盾构机由哪几部分组成？

知识学习

盾构机是什么？它是一种用于挖掘和构建隧道的机器。在国际上用于岩石地层的隧道掘进机通常被称为盾构机；而在中国，用于软土地层的隧道掘进机被称为盾构机，用于岩石地层的则被称为 TBM。

被誉为“世界工程机械之王”的盾构机，如同神舟飞船、高铁一样，是被公认的世界级领跑产品和国之重器。它是目前世界上最先进的全断面隧道施工特种专业机械之一，广泛用于轨道交通、公路、市政、水电等隧道工程。

盾构机是隧道挖掘的专用机械，其工作原理是利用外部构筑的“盾”来保持挖掘时周围土体的稳定，形成一个圆形的护盾，为内部施工创造一个相对稳固的空间。而盾构机的“构”则指在盾内进行隧道切削、挖掘、排渣，进而推动隧道挖掘向前进行的一系列连贯施工组合。

一、盾构机的起源

1806 年，法国工程师马克・布鲁内尔（Marc Isambard Brunel）发现船的木板中有被船蛆钻出的孔道，船蛆是一种蛤，头上有细细的贝壳，利用这种壳，它们能够钻进木材里，进食、长大。在钻穿木板时，分泌出液体涂在孔壁上形成坚韧的保护壳，用以抵抗木板潮湿后的膨胀，以防被压扁。在船蛆钻孔并用分泌物涂在孔壁四周的启示下，布鲁内尔发明了盾构掘进隧道的方法，并在英国注册了专利，布鲁内尔的手掘式盾构机，由不同的单元格组成，每一个单元格可容纳一个工人独立进行工作，并对工人起到保护作用。所有的单元格均牢固地安装在盾壳上，当一段隧道挖掘完毕后，由液压千斤顶将整个盾壳向前推进，如此往复，直至隧道掘进完成。

二、盾构机的国外发展史

盾构机问世至今已有 200 年的历史，其发展历程大致可分为四个阶段。

1. 以布鲁内尔手掘式盾构机为代表的第一个发展阶段（1825 年—1876 年）

布鲁内尔注册了盾构施工法，随后不断对盾构机械系统进行改进。1825 年，布鲁内尔在伦敦泰晤士河下使用了一个断面高 6.8 m、宽 11.4 m 的矩形手掘式盾构机，建造了世界上

第一条盾构法隧道，标志着盾构机的正式诞生。施工期间遇到了许多困难，在经历了五次特大洪水后，直到 1843 年才全部完工，成功地贯通了横穿泰晤士河的隧道。

1874 年格雷蒙特在伦敦地铁南线的隧道建设中采用了气压盾构法的施工工艺，首创了在盾尾后面的衬砌外围环形空隙中压浆的施工方法，开发了用流体支撑开挖面的盾构，开挖出的弃土以泥水流的方式排出。

2. 以机械式盾构机为代表的第二个发展阶段(1876 年—1963 年)

1876 年，英国人约翰·迪金森·布伦顿(John Dickinson Brunton)和乔治·布伦顿(George Brunton)申请了第一个机械化盾构机的专利，标志着机械式盾构机的诞生。1886 年格瑞海德在伦敦地下施工中，使用压缩空气稳定工作面，标志着在承压水地层中掘进隧道的一个重大进步。

3. 以闭胸式盾构机为代表的第三个发展阶段(1963 年—1984 年)

1964 年英国人摩特、安德森等申请了泥水加压平衡盾构的专利；1967 年第一台用刀盘切削土体和水力出渣的泥水盾构在日本投入使用，这台盾构由三菱公司制造，其直径为 3.1 m。

闭胸式在掘削面与内舱之间设一层隔板，故无法直接观察掘削面的掘削状态，能靠一些传感器间接地掌握掘削状况。目前国内外闭胸式盾构机常见的有土压平衡盾构机和泥水加压平衡盾构。

日本 Sato Kogyo 公司首先开发出土压平衡盾构机。1974 年第一台土压平衡盾构机在日本东京使用。

4. 以大直径、长距离、多样化为特色的第四代盾构机发展阶段(1984 年至今)

以土压平衡盾构机和泥水平衡盾构机为代表的闭胸式盾构机诞生后，盾构机及盾构隧道施工工法迎来了快速发展时期，并随着科学技术发展及盾构隧道大型化、复杂化，朝着大断面、大深度、长距离、高速化的方向发展，1985 年 Wsyss&Fretay 公司和海瑞克公司申请了复合盾构的专利。

20 世纪 80 年代末至今，盾构工法已经得到长足发展，形成并完善了圆形断面的各种平衡方式的盾构工法——挤压盾构(网格盾构)、压气盾构、土压盾构、泥土加压盾构、泥水盾构等，其中以泥水盾构和土压盾构工法为主。

三、盾构机的国内发展史

我国盾构机技术的发展主要经历了三个阶段。

1. 技术探索阶段(1953 年—2002 年)

1953 年，东北阜新煤矿用直径 2.6 m 的手掘式盾构机及小混凝土预制块修建疏水巷道，这是我国首条用盾构法掘进机施工的隧道，从此开启了盾构机技术的发展。

1962 年 2 月，上海市隧道工程公司结合上海软土地层地质条件以及盾构机、预制钢混凝土衬砌、隧道掘进施工的参数，做了隧道接缝防水并进行了系统的试验研究，研制了 1 台直径 4.16 m 的手掘式盾构。

1982 年，上海市隧道建设公司承建长 1 476 m 的延安东路北线隧道工程，采用了自行设计的直径为 11.3 m 的网格式水力机械出土盾构机，如图 1.1 所示。

1987 年，上海市隧道工程公司承建上海南站过江电缆隧道工程，成功设计了我国第一台直径为 4.35 m 的加泥式土压平衡盾构机，能控制正面土压平衡和减少地面沉降，施工速度快，掘进长度达 583 m，技术成果达到 20 世纪 80 年代国际先进水平，并获得 1990 年国家科技进步一等奖。

1995 年，上海隧道工程股份有限公司开始研究矩形隧道技术，1996 年研制了一台 2.5 m×2.5 m 的可变网格矩形隧道掘进机，顶进矩形隧道 60 m。

1996 年，上海隧道工程股份有限公司总承包施工延安东路隧道南线工程。长 1 300 m 的圆形主隧道采用从日本引进的直径 11.22 m 的泥水加压平衡盾构掘进机施工。填补了我国泥水平衡盾构施工隧道的空白。

图 1.1 ϕ11.3 m 网格盾构掘进机

2. 技术创新阶段(2002 年—2008 年)

2002 年 8 月，国家科技部将直径 6.3 m 土压平衡盾构机的研究设计列入国家“863 计划”，即“国家高技术研究发展计划”，并于之后的几年内，连续取得重大技术突破。2004 年 10 月下旬，中国首台具有完全自主知识产权的土压平衡盾构“先行号”在上海地铁 2 号线西延伸段区间隧道始发掘进，结束了我国盾构长期依赖国外品牌的历史。“先行号”土压平衡盾构机如图 1.2 所示。

图 1.2 “先行号”土压平衡盾构机

3. 快速发展阶段(2008 年至今)

2008 年 4 月，中铁隧道集团有限公司完成“863 计划”的课题“复合盾构样机的研制”，成功研制了国内首台直径 6.4 m 复合盾构。该盾构是我国首台具有自主研发知识产权的复合盾构。2022 年开挖直径 11.05 m 的超大直径盾构机——中铁 R303 号在天津下线，至今盾构订单超过 1 200 台、出厂 1 000 台、出口 21 个国家和地区，成为世界知名的盾构行业领先者。复合盾构机如图 1.3 所示。2024 年 2 月，大国重器甬舟号盾构机涂装“瑞龙”下线，用于世界最长海底高铁隧道——甬舟铁路金塘海底隧道开挖掘进。

图 1.3　复合盾构机

四、盾构机的发展趋势

目前随着国内盾构机制造技术成熟和丰富的使用经验，盾构机装备已经在加速国产化，国内盾构创新技术日新月异，大直径和复合式盾构机也在井喷式发展。我国盾构机制造正朝着数字化设计、模块化制造、智能化掘进、远程化管理方向发展；盾构的施工则实现无人化智能掘进，实现在办公室远程控制盾构操作，其发展趋势概括如下：

(1)盾构技术的科技含量以及自动化程度越来越高，激光雷达导向技术、GPS 定位技术、遥控、通信等技术已经逐步应用于盾构施工中。盾构机正朝着全自动化、智能化、无人值守的方向发展。

(2)开挖断面从常规的单圆形朝着双圆、三圆以及复合断面等异形断面的方向发展。盾构开挖断面的尺寸逐渐朝着微小和超大两个方向发展。

(3)开发了新的盾构施工技术，包括进出洞技术、长距离施工、地中对接技术、扩径盾构施工法、急曲线施工法等。

(4)隧道衬砌新技术包括管片自动组装、压注混凝土衬砌、管片接头等技术、管片接缝防渗技术以及高强、耐久性管片制造等。

小组讨论

以小组为单位，讨论以下问题：

21 世纪是地下空间大力开发和利用的世纪。地下空间的开发，由于具有不占用地面资源、缓解地面交通、不影响景观、有利于环境保护等优点而受到越来越多的重视。而盾构法施工因其具有对周围环境影响小，自动化程度高、施工速度快、安全环保等优点越来越成为地下空间的主要工法。通过查阅资料，总结盾构技术有哪些应用前景。

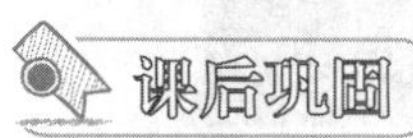

简答题

1. 我国盾构机制造正朝着什么方向发展？
2. 我国首条使用盾构掘进机施工的隧道是哪一条？

任务 1.2　盾构机整体构造

你所在的某项目部，在施工过程中对项目安全、文明施工建设提出了很高的要求，项目部拟打造一个盾构施工文化宣传栏，如果你负责制作盾构基本施工原理专栏展板，包括盾构基本组成、工作原理、盾构机整体构造等相关内容，要求展板内容安排恰当、版面设计合理美观，你打算如何设计呢？

通过学习，完成以下内容：

1. 盾构机基本工作原理相关内容图片的收集。
2. 盾构机整体构造相关内容图片的收集。

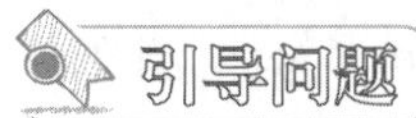

盾构机主要由哪几部分组成？

知识学习

盾构机是用于软土隧道暗挖施工，具有金属外壳，壳内装有整机及辅助设备，在其掩护下进行土体开挖、土渣排运、整机推进和管片拼装等作业，而使隧道一次成形的专用工程机械。

一、盾构机的构造

盾构机是隧道掘进的专用工程机械。现代盾构机集机、电、液、传感信息技术于一体，主要包括盾壳、开挖系统、主驱动、推进系统、管片装运系统、出渣系统、导向系统、后配套系统，盾构机组成如图 1.4 所示。

图 1.4　盾构机组成

盾构机结构复杂，其主机主要由盾体、刀盘、螺旋输送机（螺旋机）、后配套系统、管片拼装机等部分组成。盾构机主机构成如图 1.5 所示。

图 1.5　盾构机主机构成

1. 盾体

盾体是一个钢结构圆柱体部件,分为三部分,即前盾、中盾和尾盾。应用于隧道、地铁等工程的盾构机一般尺寸较大,盾体壳体直径大小应根据实际工程需求确定。盾体壳体不仅对作业空间起保护作用,还承受周围土层以及地下水的压力,并将地下水挡在外面,具有较高的刚度和强度。

前盾安装在刀盘后面,前盾焊接的隔板将前盾与刀盘分隔开,同时将泥土舱与后面工作舱分隔开,推力油缸的压力通过隔板作用在开挖面上,起到稳定和支承开挖面的作用。前盾搅拌棒与刀盘搅拌棒共同对切削下来的土体进行搅拌,前盾的各管道向切削下来的土体注入水、泡沫、膨润土及其他添加剂,以改善土质,搅拌过的泥土通过螺旋机及皮带、渣土车等被输送到地面。

中盾通过法兰与前盾连接,中盾内侧设置推力油缸,中盾后面连接尾盾,尾盾通过被动跟随的铰接油缸与中盾连接,这种铰接连接的方式使盾构机易于转向。

2. 刀盘

刀盘具有开挖功能、稳定功能、搅拌功能。刀盘按结构形式可分为面板式和辐条式,具体应用根据施工条件和土质条件等因素来选择。刀盘常用的刀具有两类,分别是切削类刀具和滚动类刀具。

切削类刀具是指随着刀盘转动而没有自转的破岩刀具,分为切刀、边刮刀、先行刀和仿行刀等;滚动类刀具是指不仅随着刀盘转动,同时还作自转运动的破岩刀具,分为齿形滚刀、盘形滚刀等。

3. 螺旋输送机

螺旋输送机是土压平衡盾构的重要组成部分,其主要构造由驱动装置、圆筒状壳体和中心螺旋轴组成,工作时螺旋轴旋转,渣土沿螺旋轴平移输送,通常螺旋机安装角度为21°～23°。

根据螺旋轴构造的不同,螺旋输送机分为带式螺旋输送机和轴式螺旋输送机。轴式螺旋输送机适用于一般性土砂运输;带式输送机可用于较大颗粒砂砾和块石运输,将渣土从螺旋输送机出料口传送到运渣车中，它的排放能力要大于带式螺旋输送机的出土能力，当土质透水性好时不宜采用。

4. 后配套系统

后配套系统通过各种管道将各系统的动力部分和执行部分连接起来。它是由管片运输设备、测量系统、同步系统、液压系统、控制系统、压缩空气系统、泡沫系统、膨润土系统、循环水系统、强弱电控制输配系统以及洞内通风系统组成。

管片拼装系统是后配套系统的重要组成部分，用来拼装衬砌管片，是将管片拼装成环的机械。具有锁紧、升降、平移、回转、仰俯、横摇和偏转七种动作，各种动作进行专门的调节以使管片能合理就位，完成隧道管片的安装工作。

二、盾构机工作原理（以土压平衡盾构为例）

盾构机的工作原理即一个钢结构组件沿隧道轴线边向前推进边对土壤进行掘进。这个钢结构组件的壳体称为“盾壳”，盾壳对挖掘出的还未衬砌的隧道段起着临时支护的作用，承受周围土层的土压、承受地下水的水压并将地下水挡在盾壳外面。掘进、排土、衬砌等作业在盾壳的掩护下进行，盾构机工作原理示意如图 1.6 所示。

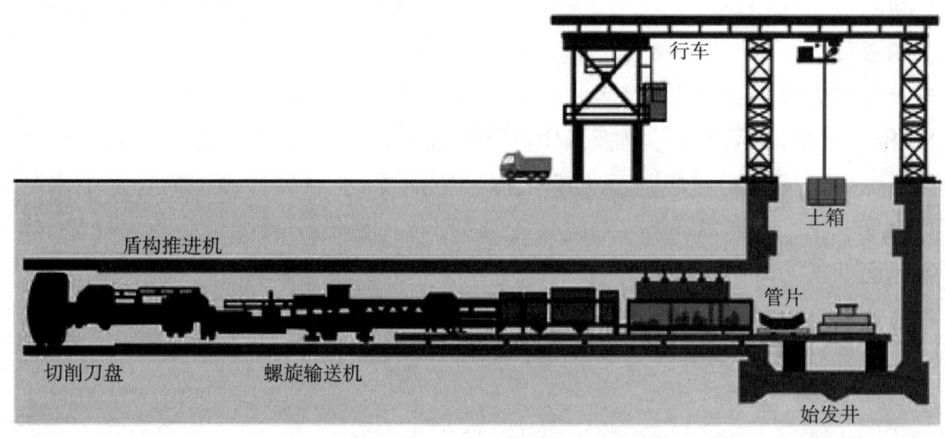

图 1.6　盾构机工作原理示意

土压平衡盾构工作时刀盘切削下来的渣土通过刀盘上的开口进入土舱，渣土在土舱内经过搅拌和渣土改良成为流塑状，盾构推进油缸的推力通过承压隔板传递给土舱内的渣土，继而传递给开挖面，以平衡开挖面处的地下水压和土压，从而保持开挖面的稳定。螺旋输送机从承压隔板的开孔伸入土舱进行排土，螺旋输送机排土原理如图 1.7 所示。

图 1.7　螺旋输送机排土原理

在盾构机掘进施工过程中，为了减小土体扰动，防止地表沉降，通常采用以下两种土压平衡控制模式：

（1）控制进土量的推进控制模式。盾构机刀盘以一定的转速切削开挖时，如果检测到密封舱的实际土压值大于设定的理论土压值时，可降低推进速度；相反，可提高推进速度。如果二者相等，盾构机继续前进；此时盾构螺旋输送机转速由操作者根据地质情况及工况预先给定。

（2）控制排土量的排土控制模式。在盾构掘进的过程中，刀盘以一定的转速开挖时，如果检测到密封舱的实际土压值大于设定的理论土压值时，可提高螺旋输送机转速；相反，可降低螺旋输送机的转速。如果二者相等，则盾构机继续推进；以此来维持开挖面的稳定，此时盾构推进速度由操作者预先给定。

在实际盾构施工中，通常使用排土控制模式来控制密封舱土压平衡。两种控制模式也可以同时使用，这样控制效果可能会更理想，但是针对土压变化时二者速度的设定，操作者很难把握，所以在实际中很少使用。

小组讨论

以小组为单位，讨论以下问题：

通过查阅资料，回答我国何时研制出第一台国产的盾构机？对后续盾构发展有何影响？

课后巩固

填空题

1. 在盾构机掘进施工过程中，为了减小土体扰动，防止地表沉降，通常采用的土压平衡控制模式为__________和__________。

2. 盾体是一个钢结构圆柱体部件，分为三部分，即__________、__________和__________。

简答题

3. 切削刀盘具有什么功能？

任务1.3　盾构机分类

某项目部接收了新员工入职，现要对新员工进行短期培训，培训内容为盾构相关知识，为了培训效果良好，需要购进一批盾构机模型用于教学，这些模型包括敞开式盾构机、土压平衡盾构机、泥水平衡盾构机和多模式盾构机模型等。

通过学习，完成以下内容：

1. 区分盾构机类型，并进行阐述。
2. 对盾构机按不同方法进行分类，并进行阐述。

盾构机都有哪些种类？

知识学习

盾构机按照不同的方法可以分成不同种类。盾构机分类如图 1.8 所示。根据开挖面与作业室之间隔板构造不同,盾构可分为全敞开式、半敞开式与闭胸式,为了适应不同用途的需要,盾构的形式呈现多样化发展趋势,有矩形、类矩形、马蹄形、多圆形、球形、超小型等多种形式的异形盾构。

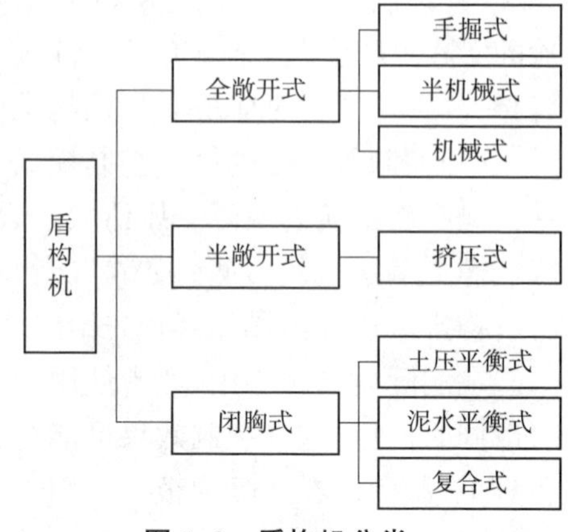

图 1.8　盾构机分类

一、全敞开式盾构

全敞开式盾构的特点是盾构前端敞开,开挖面无支承。全敞开式盾构主要适用于开挖面能够自稳定或通过机械支护可以稳定且没有地下水的地层。全敞开式盾构可分为手掘式盾构、半机械式盾构和机械式盾构三种。

1. 手掘式盾构

手掘式盾构是盾构的基本形式,其正面是敞开的,如图 1.9 所示,采用铁锹、风镐、碎石机等工具进行人工开挖。对开挖面一般采取自然的推土压力支护及机械挡板支护。按不同的地质条件,开挖面可全部敞开人工开挖,也可用全部或部分的正面支承,分层开挖,随挖土随支承。开挖出来的土从下半部用皮带输送机装入出土车。

图 1.9　手掘式盾构

盾构前端全部敞开,开挖面无支承,价格便宜,但劳动强度大,效率低,如遇正面塌方,易危及人身及工程安全。在含水地层中需辅以降水、气压或土壤加固。由于挖掘地层时盾构前方是敞开的,因此采用这种盾构的基本条件是开挖面至少要在挖掘阶段无坍塌。砂性土和黏性土地层均能适用,便于观察地层,清除障碍,易于纠偏。

手掘式盾构可以采用圆形断面,也可以采用矩形或马蹄形断面,断面形状灵活。

2. 半机械式盾构

在手掘式盾构正面装上挖土机械和出土装置,即为半机械式盾构,适用于以洪积层的砂、砂砾、固结粉砂和黏土为主的土质地层。半机械式盾构开挖及出土都采用专用机械,掘进采用液压反铲或铣削头,出渣采用皮带输送机或螺旋输送机,或配备具有掘进与出渣双重功能的挖装机械。为防止开挖面坍塌,盾构还装备了活动前檐、半月形油棚及液压控制的胸板等防护措施,半机械式盾构如图 1.10 所示。

半机械式盾构可用于软弱冲积层,但须同时采用气压施工法,或采用降低地下水位、地层改良等辅助措施。

半机械式盾构也适用于掘进非圆形断面的隧道。例如 ECL 盾构,ECL 是英文"Extruded

图1.10　半机械式盾构

Concrete Lining"的缩写，意为挤压混凝土衬砌，即以现浇灌注的混凝土代替传统的管片衬砌。隧道断面可以是马蹄形，这种盾构机械化程度高，挤压混凝土衬砌与盾构掘进同步进行。

3. 机械式盾构

当地层能够自立，或采用辅助措施后能够自立时，为了提高掘进速度，在盾构的切口部分，安装与盾构直径相适应的大刀盘，以实现全断面敞开式机械开挖。

盾构的前端装有旋转刀盘，开挖下来的土砂由装在开挖刀盘上的旋转铲斗，经过斜槽送到螺旋输送机。由于开挖和排土连续进行，故施工速度快，作业人员少。辐条式刀盘的辐条之间布置可闭合的开口，以控制土砂进入刀盘的速度。机械式盾构适用的地层与手掘式盾构、半机械式盾构相同。

二、半敞开式盾构

半敞开式盾构的特点是盾构前端部分敞开，对底层的扰动较大，地面易产生较大的隆陷变化，当地面有建筑物时不宜使用。

半敞开式盾构有盖板式挤压盾构、螺旋排土式挤压盾构和网格式挤压盾构，如图1.11～图1.13所示。

图1.11　盖板式挤压盾构

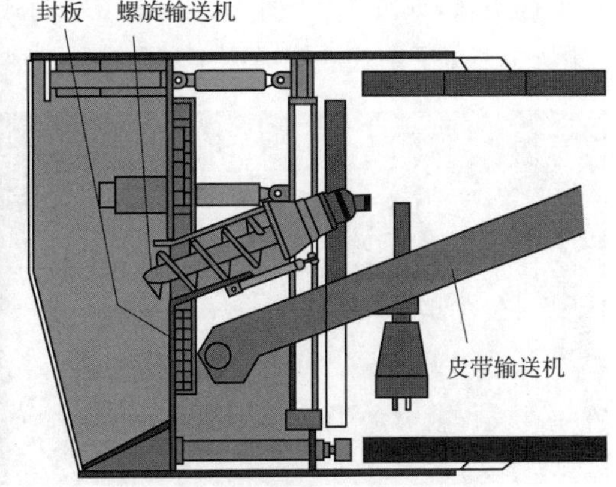

图1.12　螺旋排土式挤压盾构

图 1.13　网格式挤压盾构

在软弱黏性土层中，不适用于人工开挖，可在盾构的前端用胸板封闭以挡住土体，使其不会发生地层坍塌和水土涌入盾构内部的危险。盾构向前推进时，胸板挤压土层，土体从胸板上的局部开口处挤入盾构内。

网格式挤压盾构：在盾构切口环的前端设置网格梁，与隔板组成许多小格子的胸板，用网格胸板对开挖面土体可起到支承作用。盾构推进时，土体克服网格阻力从网格内挤入，把土体切成许多条状土块，在网格的后面设有提土转盘，将土块提升到盾构中心的刮板运输机上运出盾构。

网格式挤压盾构属于手掘式盾构，是一种适合在饱和含水的软塑土层中施工的盾构。

三、闭胸式盾构

闭胸式盾构的特点是开挖面与作业室之间由隔板完全隔开。开挖面与隔板之间的泥土舱保持一定量的土、泥浆、压缩空气等，使泥土舱的压力与掌子面外面的土压、水压相平衡，从而保持掌子面的稳定。

闭胸式盾构目前适用范围最为广泛，可用于自稳性很差，地下水多的复杂地层。

1. 土压平衡式盾构

土压平衡式盾构（earth pressure balance，EPB）是在盾构施工中较为普遍使用的一种隧道掘进专用工程机械，如图 1.14 所示。在土压平衡式盾构中，开挖面的稳定是通过土压平衡系统实现的。因此，土压平衡式盾构适用于黏土、粉土、砂层、砂砾层等地层，特别适用于城市施工。

（a）辐条式土压平衡盾构

（b）面板式土压平衡盾构

图 1.14　土压平衡式盾构

土压平衡式盾构也称泥土加压式盾构。土压平衡式盾构原理如图 1.15 所示，在盾构切削刀盘和支承环之间有一密封舱，称为土压平衡舱，在平衡舱后隔板的中间装有长筒形螺旋输送机，进土口设在密封舱内的中心或下部。用刀盘切削下来的土充填整个平衡舱，使其达到一定的密度，以保持足够的压力去平衡开挖面的土压力，这就是所谓的土压平衡作用。土压平衡式盾构示意如图 1.16 所示。

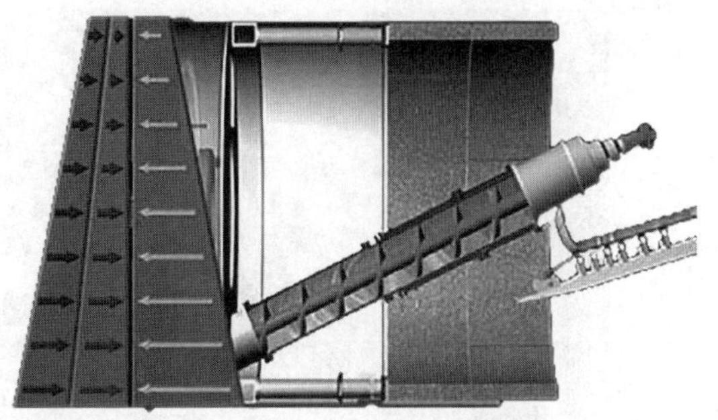

图 1.15　土压平衡式盾构原理

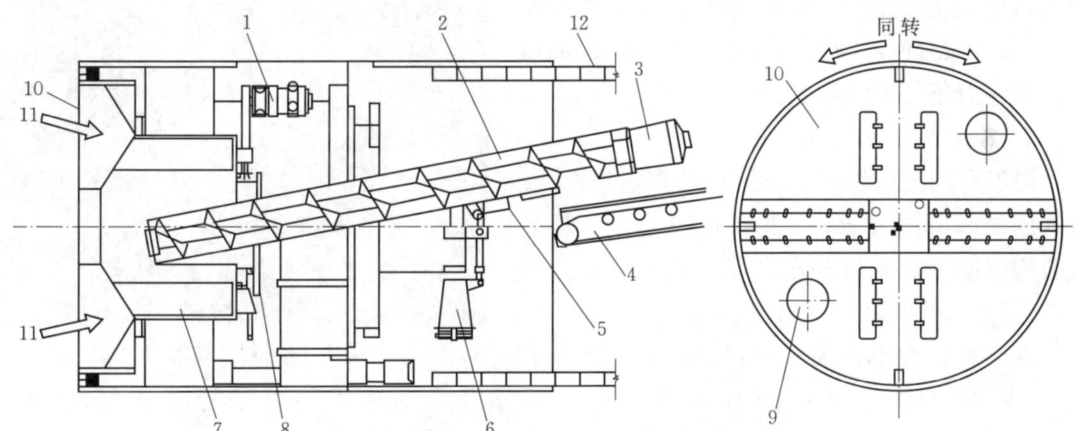

1—刀盘用油马达；2—螺旋运输机；3—螺旋运输机马达；4—皮带运输机；5—闸门千斤顶；6—管片拼装器；7—刀盘支架；8—隔板；9—排障用出入口；10—刀盘；11—泥土进入盾构；12—管片。

图 1.16　土压平衡式盾构示意

2. 泥水平衡式盾构

泥水平衡式盾构（slurry pressure balance，SPB）如图 1.17 所示，就是在机械式盾构刀盘后面设置一道隔板，隔板与刀盘之间作为泥水室，在开挖面和泥水室中充满加压的泥水，通过加压作用，保证开挖面土体的稳定。根据控制泥水压力方式的不同，泥水平衡式盾构可分为泥水加压式盾构和气垫式泥水盾构。泥水加压式盾构通过控制进、排泥管流量的调节直接控制泥水压力（直接控制型）；气垫式泥水盾构通过气垫舱压力的调节间接控制泥水压力（间接控制型）。

图 1.17　泥水平衡式盾构

泥水平衡式盾构带有切削刀盘和密闭舱，可平衡开挖面水土压力，全称为泥水加压平衡盾构，也称泥浆盾构。泥水平衡式盾构工作原理如图 1.18 所示，以加压泥水来取代压缩空气，利用泥水的压力来稳定开挖面土体。在盾构开挖面的密封隔舱内注入泥水，利用泥水的

图 1.18　泥水平衡式盾构工作原理

压力来稳定开挖面土体，从而不再需要压缩空气，解决了漏气问题，这种盾构适用于水底、海底等高水压力条件下的施工。

3. 复合式盾构

以不同的工作原理和方式进行掘进，称为复合式盾构或者混合盾构，如图 1.19 所示。复合式盾构根据土层条件和水文条件对开挖面支撑方式、刀具、出渣系统和其他设备进行调整。

图 1.19　复合式盾构

复合式盾构组合模式有：压缩空气/敞开式盾构、泥水式/敞开式盾构、土压式/敞开式盾构、敞开式/泥水式/土压平衡式、敞开式/压缩空气/土压平衡盾构(复合式土压平衡盾构机)等。

四、异形盾构

由于圆形隧道的断面空间利用率低，为弥补这一缺陷，相继出现了多种非圆形的特殊盾构，又称异形盾构，常见种类包括以下几种类型。

1. 球体盾构

球体盾构(图 1.20)由立式盾构、卧式盾构和球形万向节构成，这种盾构可以完成从竖井到平面或平面内直角转向的连续施工，其工况分为“纵—横”和“横—横”两种。“纵—横”工况是指从地面开始沿竖直方向向下开挖竖井，到达预定位置后，球体转向实施横向隧道施工；“横—横”工况是指盾构先沿一个方向完成横向隧道施工后，水平旋转 90°，然后进行另一个横向隧道的施工。

2. 复圆盾构

复圆盾构又称 MF 盾构，MF 是英文“Multi-circular Face”的缩写。MF 盾构是由多个圆形盾构组合而成，可以是双圆、三圆甚至多圆盾构的组合，用以构筑多种断面的隧道，如图 1.21 所示。这种盾构能有效利用地下空间，减少弃土与工程量。多圆盾构适用于地铁车站、地铁车道、地下停车场等的施工。MF 盾构可以采用泥水平衡式、土压平衡式两种类型。

3. H&V 盾构

H&V 盾构如图 1.22 所示。所谓的 H&V(Horizontal variation & Vertical variation)

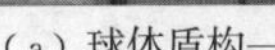
（a）球体盾构一

（b）球体盾构二

（c）球体盾构三

（d）球体盾构四

图1.20 球体盾构

（a）双圆盾构

（b）三圆盾构

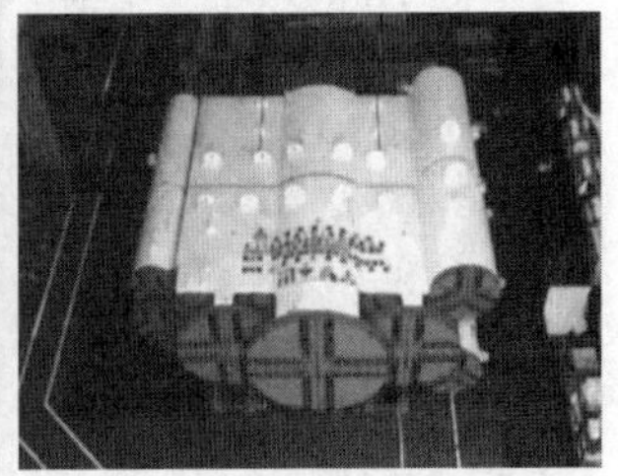
（c）多圆盾构

图1.21 复圆盾构

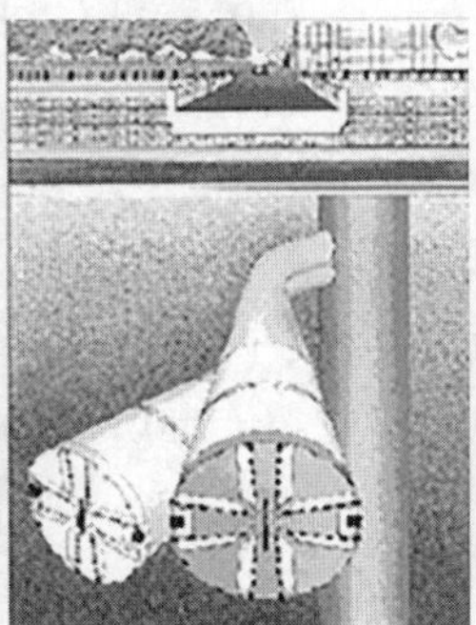

图1.22 H&V盾构

盾构是将几个圆形断面盾构根据需要进行组合，以开挖多种隧道断面形式的一种特殊盾构。H&V盾构可同时开挖多条隧道，推进方式有两种，一种是像绳子一样互相纠缠在一起螺旋式推进，另一种是让其中的某一个断面从中独立出去的分叉式推进。H&V盾构可根据隧道的施工条件和用途，在地下自由地掘进和改变隧道断面形式与走向。H&V 盾构施工原理主要是采用叉式铰接装置，这种装置可使盾体前端各自沿着相反的方向旋转，以改变盾构的推进方向。利用这种铰接装置可使盾构产生转动力矩，达到螺旋式推进的目的。

4. 偏心多轴盾构

偏心多轴盾构采用多根主轴，垂直于主轴方向固定一组曲柄轴，在曲柄轴上安装刀架。刀架在同一平面内作圆弧运动，用以切削任意断面的隧道，如图 1.23 所示。

图 1.23　偏心多轴盾构

偏心多轴盾构具有刀盘切削扭矩小、驱动马达动力小、不用大轴承、周边刀具磨损小、制造成本低、能耗小等优点，不仅可以作为砾石地层的掘削工具，而且可以对强度极低的软弱黏性地层进行掘削，可广泛用于地铁出入口和过街通道、共同沟等工程。

5. 其他盾构

除以上特殊类型外常见的还有马蹄形盾构、矩形盾构等，如图 1.24 所示。

（a）马蹄形盾构

（b）矩形盾构

图 1.24　其他盾构

小组讨论

以小组为单位，讨论以下问题：

盾构机根据施工过程断面尺寸大小，可以选择不同直径的盾构机，盾构机可以分为微型盾构、小型盾构、中型盾构、大型盾构及超大型盾构，通过查阅资料，讨论各型盾构的尺寸范围。

课后巩固

选择题

1. 如果开挖地层有一定的自稳性，宜采用（　　）掘进，并注意调节螺旋输送机的转速，使土舱内保持一定的渣土量，一般保持约 2/3 左右的渣土。

A. 半敞开式　　B. 全敞开式　　C. 土压平衡式　　D. 泥水平衡式

2.(　　)盾构机配备有泥水分离处理系统。

A. 土压平衡　　B. 硬岩 TBM　　C. 双护盾 TBM　　D. 泥水平衡

3.(　　)盾构机通过刀盘挖出的渣土可以作为支承介质用于支承隧道面。

A. 土压平衡　　B. 硬岩 TBM　　C. 双护盾 TBM　　D. 泥水平衡

4.(　　)模式掘进是将刀盘切削下来的渣土充满土舱,与此同时,螺旋输送机进行与盾构推进相适应的排土作业。

A. 非土压平衡　　B. 土压平衡　　C. 欠压(气压平衡)　　D. 泥水平衡

5. 在隧道工作面上没有封闭的压力补偿系统,不能抵抗土压和地下水压的隧道掘进机称为(　　)盾构。

A. 全敞开式　　B. 封闭式　　C. 部分敞开式

6. 按掘进面的敞开程度分为(　　)。

A. 机械式　　B. 半机械式　　C. 封闭式

项目2

盾构机选型及参数分析计算

知识目标

1. 了解盾构机选型的概念;

2. 掌握盾构机选型的原则及依据;

3. 掌握盾构机选型的方法;

4. 掌握盾构外径、刀盘开挖直径、盾构长度和灵敏度、盾构重力、盾构推力、刀盘扭矩、同步注浆量等各个参数的分析与计算。

能力目标

1. 能够正确归纳盾构机选型的主要依据和步骤;

2. 能够对工程实际项目进行盾构机选型;

3. 能够正确理解技术参数分析计算的重要意义;

4. 能够对盾构外径、刀盘开挖直径、同步注浆量等重要参数进行分析与计算。

职业素养目标

1. 培养科学分析问题的能力;

2. 培养归纳总结及语言表达能力;

3. 培养吃苦耐劳、勇于创新、敢于创新的精神;

4. 培养团队合作能力和沟通能力。

任务 2.1　盾构机选型

某公司承接了地铁区间隧道施工标段的工程任务,项目概况如下:标段盾构穿越地层全为

富水饱和砂卵石土层，卵石含量高达 55.80%，单轴抗压强度较高，部分抗压强度高达 176 MPa，最大粒径达到 600 mm；地下水位较高，隧道穿越地层富水。

请根据项目情况，用科学的盾构机选型方法，完成该项目的盾构机选型工作。

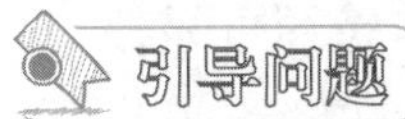

常见的盾构机有哪些类型？如何选择正确的盾构机类型？

一、盾构机选型概述

盾构机选型是指根据某一具体盾构隧道施工项目的工程地质、水文地质情况以及项目周边地面及地下环境条件（建构筑物、管线等），综合考虑安全、工期、环保、经济等因素之后，选择合适的盾构机型，并在此基础上最终确定盾构机主机及后配套各关键零部件的选择、配置，以确保盾构掘进施工能够顺利进行的一项重要工作。

对于任何盾构施工项目，尤其是复杂地层的施工项目，盾构机选型对工程安全和能否顺利推进起着至关重要的作用，一旦选型不合理，可能会导致一系列的工程事故，轻则影响进度，带来经济损失，重则引发人员伤亡事故。因此盾构机选型的成败决定了盾构施工项目的成败。

目前，盾构施工最为常用的盾构机型主要为土压平衡盾构机和泥水平衡盾构机，因此，一般来讲，盾构机选型多在这两种盾构机中进行比选。

二、盾构机选型的原则及依据

1. 盾构机选型的原则

盾构机选型总体上应做到配套合理，充分发挥施工机械综合效率，提高机械化施工水平，并应遵循以下原则：

(1)工程地质、水文地质条件。包括地层自稳定特性、地下水位、颗粒粒度分布、岩石强度、渗透系数、砾石直径等。

(2)隧道结构条件。包括隧道埋深、长度、横断面形状和尺寸、平纵断面线形、坡度、衬砌类型等。

(3)周围环境条件。包括地上及地下建筑物分布，地下管线埋深及分布，沿线河流、湖泊、海洋的分布，地表沉降及环境保护要求等。

(4)工程施工条件。包括工期要求、造价要求、施工场地条件、沿线交通情况、气候条件、水电供应情况等。

(5)需配合使用的辅助工法等。

2. 盾构机选型的依据

盾构机选型从安全性、可靠性、适用性、先进性、经济性等方面综合考虑，所选择的机型应能尽量减少辅助施工，并能保持开挖面稳定和适应围岩条件。

盾构机选型时，主要根据盾构隧道的外径、长度、埋深、地质条件、围岩岩性、土体的颗粒级配、地层硬黏度系数、土层渗透率及弃土容重等特征以及线路的曲率半径、沿线地形、地面及地下构筑物等环境条件，以及周围环境对地面变形的控制要求，结合掘进和衬砌等因素。

盾构机选型时，参考国内外已有盾构工程实例及相关的盾构技术规范，按照可靠性、安全性、适用性第一，技术先进性第二，经济性第三的原则进行，保证盾构施工的安全、可靠，选择最佳的盾构施工方法和选择最适宜的盾构机类型。

三、盾构机选型的方法

盾构机选型是一项具有极强专业性的复杂技术工作，往往需要考虑诸多复杂因素、借鉴成功项目经验，进行严谨、科学地分析及论证才能最终确定。因此，盾构机选型不能一蹴而就，应将以下方面作为选型依据。

1. 根据地层的渗透系数进行选型

地层渗透系数对于盾构机选型来说，是一个很重要的参考因素。当地层的渗透系数小于 10^{-7} m/s 时，可以选用土压平衡盾构；当地层的渗透系数在 10^{-7} m/s～10^{-4} m/s 时，既可以选用土压平衡盾构也可以选用泥水式盾构；当地层的渗透系数大于 10^{-4} m/s 时，宜选用泥水盾构。根据地层渗透系数(图 2.1)与盾构机型的关系，若地层以各种级配富水砂层、砂砾层为主，宜选用泥水平衡盾构机，其他地层宜选用土压平衡盾构机。

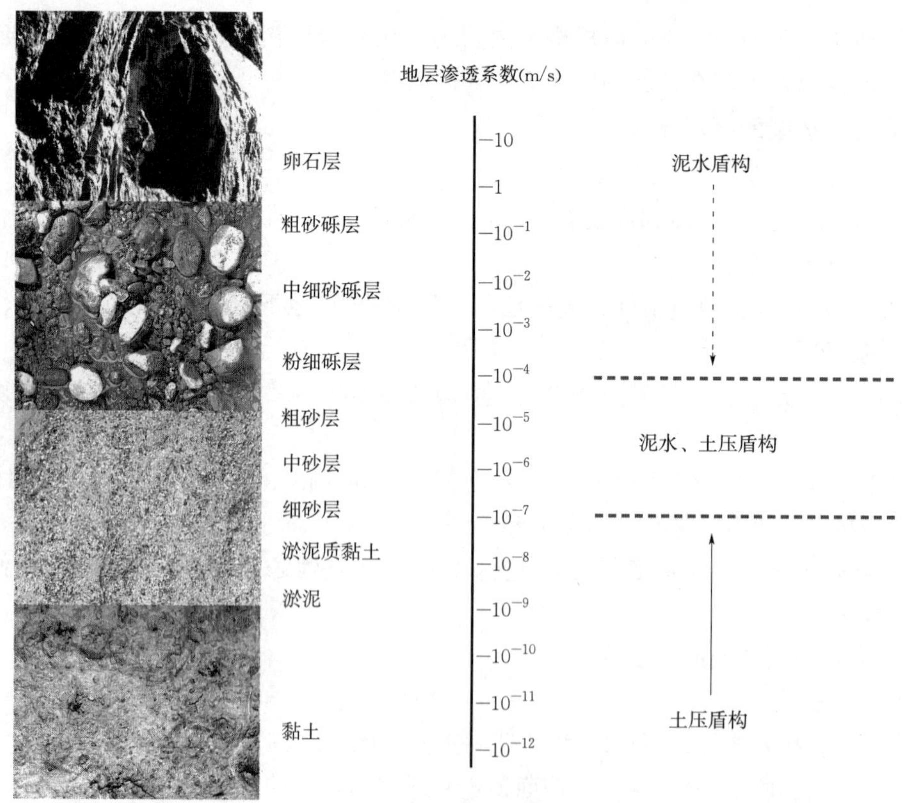

图 2.1 地层渗透系数

2. 根据地层的颗粒级配进行选型

一般来说，细颗粒含量多，渣土易形成不透水的流塑体，容易充满土舱的每个部位，在土舱中可以建立压力，以平衡开挖面的土体。盾构类型与颗粒级配的关系如图 2.2 所示，图中左侧区域为黏土、淤泥质土区，为土压平衡盾构适用的颗粒级配范围；右侧区域为砾石粗砂区，为泥水盾构适用的颗粒级配范围。中间带箭头区域为粗砂、细砂区，既可使用泥水盾构，也可经土质改良后使用土压平衡盾构。

一般来说，当岩土中的粉粒和黏粒的总量达到 40%以上时，通常会选用土压平衡盾构，相反的情况选择泥水盾构比较合适。粉粒的绝对大小通常以 0.075 mm 为界。

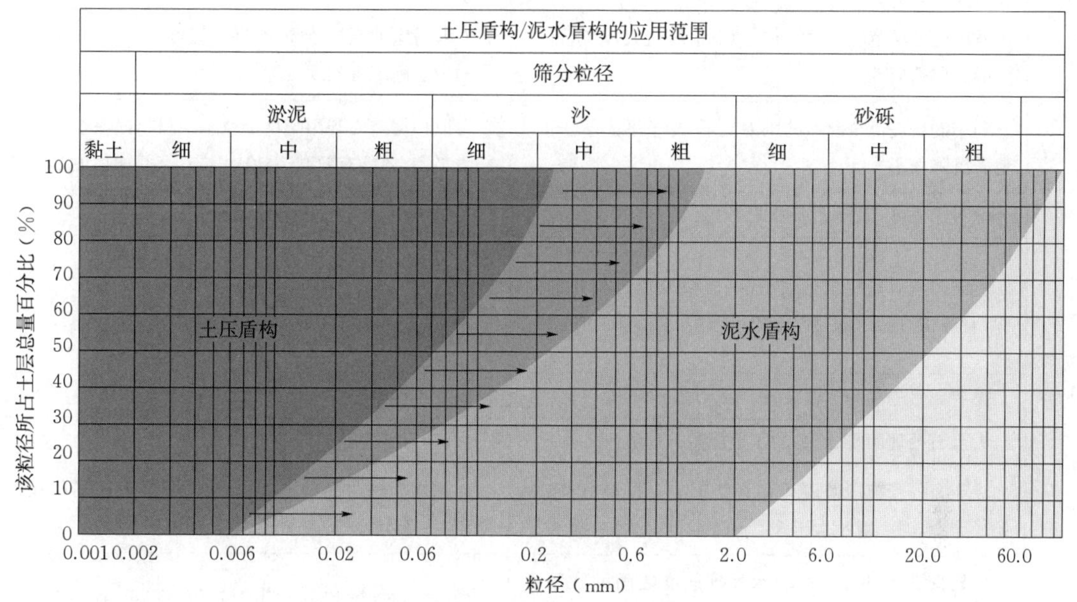

图 2.2 盾构类型与颗粒级配的关系

3. 根据地下水压进行选型

当水压小于 0.3 MPa 时，适宜采用土压平衡盾构。

当水压大于 0.3 MPa 时，适宜采用泥水平衡盾构。如采用土压平衡盾构，螺旋输送机难以形成有效的土塞效应，在螺旋输送机排土闸门处易发生渣土喷涌现象，引起土舱中土压力下降，导致开挖面坍塌。如因地质原因需采用土压平衡盾构，则需增大螺旋输送机的长度，或采用二级螺旋输送机。

四、盾构选型时必须考虑的特殊因素

盾构选型时，在实际实施时，还需解决理论的合理性与实际的可能性之间的矛盾。必须考虑环保、工程地质和安全因素。

(1)工程环境因素

①隧道直径对盾构选型的影响。对于直径大于 10 m 的隧道、直径小于 3 m 的微型隧道多采用泥水平衡式盾构。

②施工场地对盾构选型的影响。泥水平衡式需要较大的泥水分离场地，在城市中心区施工时，多采用土压平衡式。

③周边建筑物、地下管线对盾构选型的影响。在隧道周边有重要建筑物、地下管线时，一般选择闭胸式。

泥水平衡盾构与土压平衡盾构方法的比较见表 2.1。

表 2.1 泥水平衡盾构与土压平衡盾构方法的比较

项目	盾构类型	
特点	泥水平衡盾构	土压平衡盾构
	适应的地层范围有限，但对地下水压较大、渗水系数大的砂层适应性好	能够适应的地层范围比较广，但对水压大、渗水系数大的地层施工有难度
	利用泥浆提供全断面的压力支承，易于平衡掌子面，地表沉降较小	可以根据需要利用塑性土及添加材料提供全断面的压力平衡，才能有效减少地表沉降，但要增加成本
	全封闭系统，无地下水损失	可以封闭，能够控制地下水损失程度
	所需刀盘驱动扭矩比较小，可能做成较大尺寸的盾构，对盾构刀盘的磨损也比较小	刀盘驱动所需扭矩和渣土改良性能关系很大，当盾构尺寸大时难以提供较大扭矩；对刀盘及螺旋输送机的磨损较大
	需要泥水分离和运输设备	需要不同种类的渣土改良设备
	大漂石处理困难，需要加固地层后开舱处理	大漂石处理困难，需要加固地层后开舱处理
	渣土直径受液压破碎锤和管路影响，可以破碎较大粒径卵石，但一般不大于 500 mm	采用螺旋输送机出渣，出渣尺寸受螺旋输送机尺寸限制，一般不大于 350 mm
	盾构掘进速度和地面泥水处理速度之间的联系密切，相互影响比较大	盾构掘进速度和添加剂的效果及隧道运输能力有关
	施工渣土不能立即运走弃掉，直接泵出到地面处理系统，对地面环境污染严重	渣土直接经渣车运出地面，可以直接弃掉，对环境基本无污染
	需要的工作场地较大，施工能耗高，成本高	需要的施工场地比较小，施工成本造价相对便宜
	施工中不宜更换刀具	施工中更换刀具相对容易

(2)环保因素

对泥水盾构而言，经过过筛、旋流、沉淀等程序，可以将弃土浆液中的一些粗颗粒分离出来，并通过汽车、船等运输工具弃渣，但泥浆中的悬浮或半悬浮状态的细土颗粒仍不能完全分离出来，而这些物质又不能随意处理，就形成了使用泥水盾构的一大困难。降低污染、保护环境是泥水盾构亟须解决的重要问题，需要解决如何防止将这些泥浆弃置于江河湖海等水体中造成范围更大、更严重的污染。

(3)工程地质因素

盾构施工段工程地质的复杂性主要反映在基础地质(主要是围岩地质特性)和工程地质

特性的多变方面。在一个盾构施工段或一个盾构合同标段中，某些部分的施工环境适合选用土压平衡盾构，但某些部分适合选用泥水盾构。盾构选型时应综合考虑，并对不同选择进行风险分析后择其优者。

(4)安全因素

从保持工作面的稳定、控制地面沉降的角度来看，使用泥水盾构要比使用土压平衡盾构的效果好一些，特别是在河湖等水体下、在密集的建筑物或构筑物下以及上软下硬的地层中施工时。在这些特殊的施工环境中，施工过程的安全性是盾构选型的一项极其重要的因素。

以小组为单位，讨论以下问题：

某地铁区间施工拟采用盾构法，隧道顶部覆土为 10～16 m，隧道净空直径为 5.4 m。区间隧道穿越淤泥、黏土、粉质黏土和砂层，地下水位埋深 0～4.5 m，详细地质状况见表 2.2，请选择盾构机类型。

表 2.2　区间隧道穿越地层物理力学指标

地层编号	时代成因	岩土名称	承载力特征值 f_{ak}(kPa)	渗透系数(m/d)
①1	Q_4^{ml}	素填土	—	0.1
①3	Q_4^{ml}	素填土	—	40
①4	Q_4^{ml}	素填土	—	200
①5	Q_4^{ml}	杂填土	—	5
②1	Q_4^{ml}	淤泥	40	0.001
③2	Q_4^{m+al}	淤泥质黏土	75	0.001
③4	Q_4^{m+al}	黏土	160	0.001
③5	Q_4^{m+al}	粉质黏土	170	0.01
③6	Q_4^{m+al}	粉土	140	1.7
③7	Q_4^{m+al}	粉砂	120	1.7
③9	Q_4^{m+al}	中砂	140	5
③10	Q_4^{m+al}	粗砂	160	10
③11	Q_4^{m+al}	砾砂	160,180	20
③12	Q_4^{m+al}	圆砾	220	40
⑦1	Q^{el}	砾质黏性土	220	0.5
⑦2	Q^{el}	砂质黏性土	200	0.5

课后巩固

选择题

1. 盾构选型应以(　　)、水文地质条件为主要依据。

A. 隧道长度　　B. 工程地质　　C. 工期　　D. 周围环境条件

简答题

2. 盾构机选型的主要原则是什么?

3. 泥水盾构机的优缺点是什么?

4. 土压盾构机的优缺点是什么?

任务 2.2　盾构机技术参数分析与计算

某地铁区间施工,所选拼装管片内径 5.9 m,管片厚度 360 mm,盾壳厚度为 40 mm,盾构单位掘削面上的经验推力 1 200 kN/m^2,刀盘扭矩系数为 20,假如你是一名盾构技术人员,请完成该盾构的总推力和扭矩计算。

引导问题

盾构机在地层中掘进时的反力矩主要包括哪些?

知识学习

盾构选型过程中,刀盘驱动扭矩、推进系统的推力等主要技术参数的计算非常重要,参数计算的科学性与合理性直接影响盾构的使用效果。由于受地质因素、土层改良方法、掘进参数等一系列因素的影响,在盾构参数计算的方法上存在很多的不确定因素。

一、盾构外径

盾构的外径由管片外径、盾尾间隙与盾尾厚度来决定,盾构外径如图 2.3 所示,其计算公式见式(2.1):

$$D=d+2(\delta+t) \tag{2.1}$$

式中　D——盾构外径,mm;

d——管片外径,mm;

δ——盾尾间隙,通常取 20～40 mm;

t——盾尾厚度,mm。

二、刀盘开挖直径

为了保证盾体顺利通过,刀盘开挖直径一般大于盾壳外径。在软土层施工时,刀盘开挖直径一般大于前盾直径 0～10 mm;在砂卵石地层或硬岩地层施工时,刀盘磨损较为严重,刀盘开挖直径一般应大于前盾外径 30 mm。

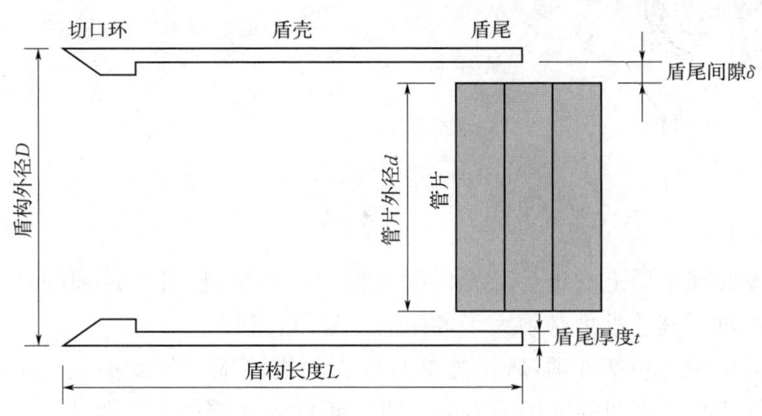

图 2.3　盾构外径示意

三、盾构长度和灵敏度

盾构长度(亦称主机长度)如图 2.3 所示,主要取决于地质条件、隧道的平面形状、开挖方式、运转操作、衬砌形式和盾构的灵敏度(即盾构长度 L 与盾构外径 D 之比)。一般在盾构直径确定后,灵敏度值有一些经验数据可参考:

小型盾构($D \leqslant 3.5$ m):$L/D=1.5$;

中型盾构(3.5 m$<D \leqslant 9$ m):$L/D=1$;

大型盾构($D>9$ m):$L/D=0.75$。

盾构总长度由切口环、支承环、盾尾三部分组成,它不包括盾构内设备超出盾尾的部分,如后方平台、螺旋输送机等。

盾构长度计算公式:

$$L=L_w+L_c+L_t \tag{2.2}$$

式中　L_w——切口环长度;

L_c——支承环长度;

L_t——盾尾长度。

四、盾构重力

盾构重力指盾壳及安装在盾壳内的所有设备重力的总和,主要包括盾壳、刀盘推进油缸、铰接油缸、管片拼装机、人舱、螺旋输送机的重力等。盾构重力是盾构施工计划安排必须考虑的重要指标,重力越大,对运输、吊装等设备要求越高。

一般地,盾构主机重力 W(单位 kN)与盾构外径 D(单位 m)的关系如下:

(1)手掘式盾构或半机械式盾构

$$W=(25\sim40)\times D^2 \tag{2.3}$$

(2)机械式盾构

$$W=(45\sim55)\times D^2 \tag{2.4}$$

(3)泥水平衡式盾构

$$W=(45\sim65)\times D^2 \tag{2.5}$$

(4)土压平衡式盾构

$$W=(55\sim70)\times D^2 \tag{2.6}$$

五、盾构推力

盾构依靠安装在中盾上的千斤顶提供的顶推力向前推进,各千斤顶的合力即为盾构的总推力。盾构推进时其总推力必须大于各种推进阻力总和。

盾构推进阻力主要包括6项:盾构推进时盾壳与周围地层的摩擦阻力 F_1;刀盘面板的推进阻力 F_2;管片与盾尾间的摩擦阻力 F_3;切口环贯入地层的贯入阻力 F_4;转向阻力 F_5;后配套拖车的牵引阻力 F_6。

盾构总推力还必须留有足够的富余量,一般按推进总阻力的 N 倍计算,$N>1$。

盾构的各种推力和计算公式如下:

$$\sum F=F_1+F_2+F_3+F_4+F_5+F_6 \tag{2.7}$$

式中 F_1——盾构外壁周边与土体之间的摩擦阻力;

F_2——推进中切口插入土壤的贯入阻力;

F_3——工作面正面阻力;

F_4——管片与盾尾之间的摩擦力;

F_5——变向阻力(曲线施工/纠偏等因素的阻力);

F_6——后方台车的牵引阻力。

盾构推力经验公式:

事实上,在施工中盾构总推力一般按经验公式求得

$$F_j=P_j\times\pi D^2/4 \tag{2.8}$$

式中 F_j——盾构的总推力,kN;

P_j——开挖面单位截面积的推力,kN;人工开挖、半机械化开挖盾构、机械化开挖盾构时,$P_j=700\sim1\,100$ kPa,封闭式盾构、土压平衡式盾构、泥水加压式盾构时 $P_j=1\,000\sim1\,500$ kPa。

六、刀盘扭矩

$$T=T_1+T_2+T_3+T_4+T_5+T_6+T_7+T_8 \tag{2.9}$$

式中 T——刀盘设计扭矩,kN·m;

T_1——刀盘切削扭矩,kN·m;

T_2——刀盘自重形成的轴承扭矩,kN·m;

T_3——刀盘所受轴向推力产生的反力矩,kN·m;

T_4——密封装置所产生的摩擦力矩,kN·m;

T_5——刀盘前端的摩擦力矩，kN · m；

T_6——刀盘后面的摩擦力矩，kN · m；

T_7——刀盘开口的剪切力矩，kN · m；

T_8——渣土舱内的搅动力矩，kN · m。

根据国外盾构设计经验，盾构的设计扭矩通常可用式(2.10)表示：

$$T_e = \alpha D_e^3 \tag{2.10}$$

式中　D_e——刀盘直径，m；

T_e——盾构的设计扭矩，kN/m^2；一般土压平衡盾构取 14～23 kN/m^2；泥水平衡式盾构取 9～15 kN/m^2；敞开式盾构取 8～14 kN/m^2；

α——相对于刀盘直径的扭矩系数。

七、同步注浆量

$$Q = \frac{\pi(D_e^2 - d^2)L}{4} \tag{2.11}$$

式中　Q——每环管片的建筑空隙，即每环管片的理论注浆量，m^3。

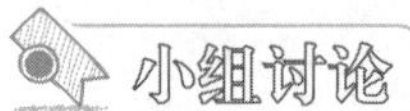

以小组为单位，讨论以下问题：

1. 盾构哪些技术参数计算中用到了盾构外径？
2. 同步注浆量与哪些参数有关？

课后巩固

选择题

1. 盾构的外径与(　　)无关。

A. 管片外径　　B. 盾尾间隙　　C. 前盾厚度　　D. 盾尾厚度

2. 盾构主机重力(W)与盾构外径(D)的关系是(　　)。

A. 成正比　　B. 成反比　　C. 盾构主机重力与盾构外径的平方成正比

3. 刀盘开挖直径一般应(　　)盾壳外径。

A. 小于　　B. 等于　　C. 大于

4. 刀盘设计扭矩 T 与刀盘直径 D_e 的关系是(　　)。

A. 成正比　　B. 成反比　　C. 刀盘设计扭矩与刀盘直径的立方成正比

5. 盾构的灵敏度是指(　　)与(　　)之比。

A. 盾尾长度 L_t，盾构外径 D

B. 盾构长度 L，盾构外径 D

C. 盾构长度 L，刀盘直径 D_e

计算题

6. 某地铁区间主要为软土，区间隧道穿越淤泥、黏土、粉质黏土和砂层，隧道的净空直径为 5.4 m，管片厚度 350 mm，盾壳厚度为 40 mm，灵敏度为 1，盾构单位掘削面上的经验推力为 1 200 kN/m^2，刀盘扭矩系数为 20，管片宽度为 1 000 mm。请估算盾构外径、刀盘直径、盾构主机重力、总推力、扭矩、理论注浆量。

模块二

盾构机结构与功能

项目3
盾构机机械系统

知识目标

1. 掌握盾构机掘削系统的组成及常见的刀盘刀具类型；
2. 掌握盾构机支护系统的组成及作用；
3. 掌握盾构机驱动系统的组成及作用；
4. 掌握盾构机推进系统的组成及作用；
5. 掌握盾构机渣土输送系统的组成及作用；
6. 掌握盾构机管片拼装系统的组成及作用；
7. 掌握盾构激光导向系统的组成及工作原理；
8. 掌握盾构机后配套拖车的组成及作用。

能力目标

1. 能够正确识别盾构机的掘削系统；
2. 能够根据工程项目的要求,选择适宜的刀盘类型；
3. 能够根据工程项目的要求,设计合理的刀具；
4. 能够正确识别盾构机的支护系统及工作原理；
5. 能够正确识别盾构机的驱动系统及工作原理；
6. 能够正确识别盾构机的推进系统及工作原理；
7. 能够正确识别盾构机的渣土输送系统及工作原理；
8. 能够正确识别盾构机的管片拼装系统及工作原理；
9. 能够正确识别盾构机的激光导向系统各主要部件；
10. 能够根据工程项目的要求,识别盾构姿态；
11. 能够正确识别盾构机的后配套拖车的主要设备。

职业素养目标

1. 培养科学分析问题的能力；
2. 培养归纳总结及语言表达能力；
3. 培养吃苦耐劳、勇于创新、敢于创新的精神；
4. 培养团队合作能力和沟通能力。

任务 3.1 盾构机掘削系统

深圳地铁 11 号线车公庙站—红树湾站区间穿越地层主要为砾质黏性土、全强风化花岗岩，围岩以Ⅴ、Ⅵ级围岩为主。区间范围地下水主要有第四系孔隙潜水、基岩裂隙水。岩层裂隙水较发育，局部具有微承压性。通过学习，完成以下内容：

1. 选择盾构刀盘类型，并阐述选择依据。
2. 选择盾构刀具类型，并阐述选择依据。

引导问题

盾构机常见的刀盘和刀具有哪些类型？

一、刀盘

刀盘是盾构机的主要工作部件，由刀盘钢结构、刀具、回转接头等组成，其主要作用是切削掌子面、搅拌渣土。刀盘上安装有整套刀具，可实现对隧道进行全断面开挖，所有可拆式刀具均可从刀盘背部进行更换，并设置有锥形进渣口，可实现正反双向旋转进渣。

1. 刀盘钢结构

刀盘整体钢结构由不低于 Q345C 材料特性的高强度钢板焊接组成。根据刀盘功能特性，其刀盘正面设置有刀具安装座及磨损检测装置、进渣口和用于渣土改良的泡沫注入口；刀盘背部设置有主动搅拌棒、泡沫注入和疏通管路以及与回转接头连接的接口；同时根据刀盘开挖磨损的特性，在刀盘不同的部位增设耐磨保护，如图 3.1 所示。

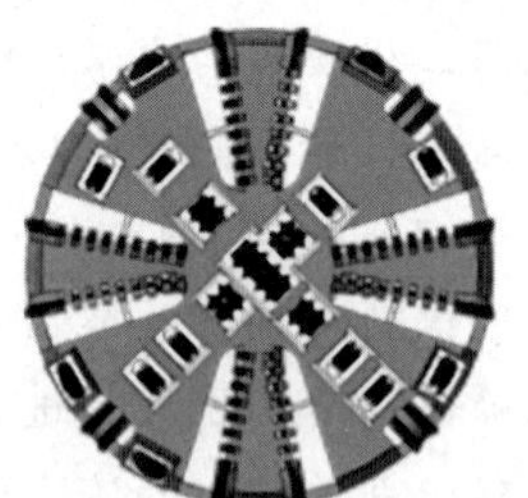

图 3.1 刀盘结构示意

2. 刀盘设计特点

(1)进渣口采用锥形设计，有利于渣土顺畅地流入土舱，避免渣土堆积。

(2)正面的泡沫注入口，可通过内部预埋的泡沫管路注入渣土改良剂对掌子面及土舱渣土进行改良，提高渣土的和易性。

(3)正面及外缘、刀体、进渣口及边缘过渡区设置耐磨保护措施,可有效防止刀具磨损,同时可在刀盘上布置磨损检测装置。

(4)背部配置的主动搅拌棒,可对土舱内渣土进行搅拌,增强渣土的流塑性。

3. 刀盘的功能

(1)开挖功能。刀盘旋转时,切削隧道掌子面土体,使开挖后渣土通过刀盘开挖后进入土舱。

(2)稳定功能。支承和稳定掌子面。

(3)搅拌功能。刀盘对土舱内渣土进行搅拌,使之具有一定塑性,以便通过螺旋输送机将其排出。

(4)控制开挖土体粒径。粒径小于刀盘开口部分的土体才能进入土舱。

(5)安装固定刀具,传递推力、扭矩,安装辅助部件等。

4. 刀盘结构形式

盾构机刀盘结构形式大致可分为面板式、辐条式、面板+辐条式三种。刀盘开口率指开口面积占整个刀盘面积的百分比,一般在20%~65%不等。开口率对土压平衡盾构机有着重要意义,开口是否合适直接影响到压力控制,同时可以衡量刀盘出渣的难易和刀盘对开挖面的支护程度。一般来说,泥水加压式盾构刀盘开口率取10%~30%;土压平衡式的开口率范围较宽,一般取20%~65%;对于高黏附性土质,宜加大开口率,对于易坍塌性围岩,开口率需慎重选择;由于刀盘中心部位的线速度较低,黏性土流动性差,容易在中心部位沉积,因此应适当加大中心部位开口率。

图3.2为几种不同结构形式的刀盘。

(a)面板式

(b)面板+辐条式

(c)辐条式

图3.2　刀盘结构形式

面板式:面板支承,利于掌子面稳定;开口率较小,黏土地层易结泥饼。面板+辐条式:开口率居中,兼具面板式和辐条式的优点。辐条式:开口率大,排土容易,扭矩较小;对不稳定地层,易喷水、喷泥。

5. 刀盘支承

常见的刀盘支承方式有三种,如图3.3所示。

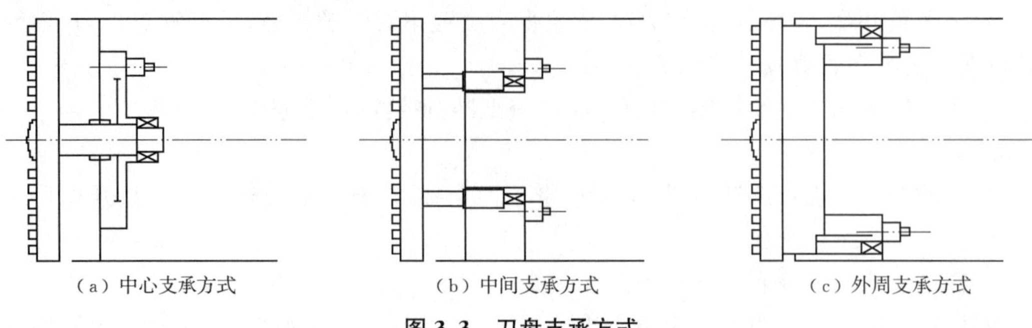

图 3.3 刀盘支承方式

(1)中心支承方式

中心支承方式结构简单,多用于中小型盾构,优点是附着黏性土的危险性小。此外,当刀盘需要前后滑动时,中心支承式比其他支承式更易做到。但是,由于其结构需要造成机内空间狭窄,且处理孤石或漂石时难度大。

(2)中间支承方式

中间支承方式是中心支承和周边支承二者兼用的形式,结构均衡,多用于大中型盾构,当用于小直径盾构时,需充分考虑处理孤石、漂石及防止中心部位附着黏性土的措施。

(3)外周支承方式

外周支承方式的盾构内空间大,可保持一定的作业空间,以便大直径盾构中处理孤石、漂石。缺点是由于支承部分与盾壳靠近,土砂容易附着在刀盘外周,所以要仔细考虑防止附着黏性土的措施,该种方式对轴承的保养、维修困难。

6. 回转接头

回转接头是渣土改良剂、液压油及电气线路进入刀盘前部的通道,如图 3.4 所示,主要由回转部分(转子)和固定部分(定子)组成。转子通过法兰连接在刀盘上,随刀盘一起转动,定子则通过过渡件由焊接在主驱动变速箱上的定位块限制其径向转动。

图 3.4 刀盘回转接头

7. 磨损检测装置

磨损检测装置主要采用液压式,当液压系统压力下降时,会发出报警信号。磨损检测装置为可更换式,磨损后可以从刀盘背面进行更换。

二、刀具

刀具布置和刀具形式是刀盘设计中非常重要的内容。刀具布置方式及刀具形式是否适合应用工程的地质条件,将直接影响盾构机的切削效果、出土状况和掘进速度。

目前使用的刀具一般有刮削类刀具和滚动类刀具两种。

刮削类刀具是只随刀盘转动而没有自转的破岩刀具,在刀盘推力的作用下,刀具嵌入岩渣或岩层中,刀盘带动刀具转动时刮削岩层,在掌子面形成一环环犁沟,其特点是效率高,刀盘转动阻力大。在软土地层或滚刀破碎后的渣土通过刮刀进行开挖,渣土随刮刀正面进入渣槽，因此刮刀既具有切削的功能也具有装载的功能。刮削刀具的种类繁多，目前盾构掘进机上常用的刮削刀具类有：边缘刮刀、切刀（刮刀）、齿刀、先行刀、贝壳刀、中心刀等。

滚动类刀具是指不仅随刀盘转动，还同时作自转运动的破岩刀具。滚压型刀具主要用于岩石破坏。结构形式不同的刀盘，配置不同的刀具，可适应不同的工程地质条件，每种刀具的结构特点如下。

1. 切刀

切刀（也称刮刀）布置在刀盘开口槽的两侧，如图3.5所示，一般适用于粒径小于400 mm的砂、卵石、黏土等松散体地层。切刀刀刃采用大尺寸的耐磨硬质合金设计，可延长刀具使用寿命。刀头设计为带5°尖角的结构形式，有效提高了切刀切削剥离渣土的能力。切刀的安装方式有三种，分别为栓接式、销接式和焊接式。

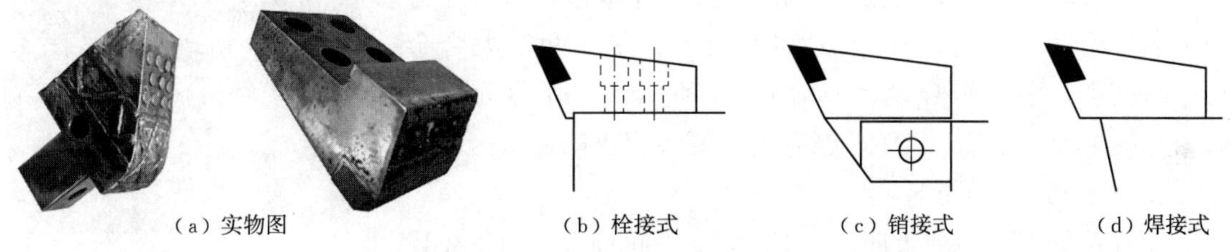

（a）实物图　（b）栓接式　（c）销接式　（d）焊接式

图3.5　切刀及安装方式

2. 齿刀

齿刀（又名撕裂刀）采用螺栓连接，如图3.6所示，可对渣土进行剥离破碎，改善渣土的流动性。齿刀特点是：刀刃采用两端大合金与中间三排合金的组合设计。齿刀主要应用于复合式刀盘，适用于软土、砂卵石层及复合地层。齿刀的连接方式可与滚刀互换，可根据具体的地质情况，灵活配置刀具。

3. 边缘刮刀

刀盘边缘安装边缘刮刀，如图3.7所示。边缘刮刀的主要作用是清理外围开挖的渣土，防止刀盘外缘的直接磨损，保证开挖直径的精度。边缘刮刀设计特点如下：刀刃采用三排大尺寸的耐磨硬质合金，具有很强的抗冲击性能和耐磨性能，可延长刀具使用寿命。采用双排螺栓紧固，使刀具受力更均匀。刀体后部和前部的堆焊耐磨层可以防止刀体受到渣土的冲刷磨损。

4. 中心刀

中心刀有鱼尾刀（图3.8）、双刃或三刃滚刀、锥形刀、中心羊角刀等。

鱼尾刀安装在刀盘中心位置。刀刃采用大尺寸的耐磨硬质合金，可延长刀具使用寿命。在软土地层掘进时，因刀盘中心部位不能布置切刀，为改善中心部位土体的切削和搅拌效果，可在中心部位设计一把尺寸较大的鱼尾刀。鱼尾刀的作用如下：①让盾构机刀盘分两步切削土体，利用鱼尾刀先切削中心部位小圆断面土体，而后扩大到全断面切削土体；②将鱼尾刀根部设计成锥形，使刀盘旋转时随鱼尾刀切削下来的土体，在切向、径向运动的基础上，又增加一项翻转运动，这样既可解决中心部分土体的切削问题和改善切削土体的流动性，又大大提高盾构机整体掘进效果。

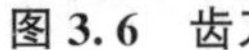
图 3.6 齿刀

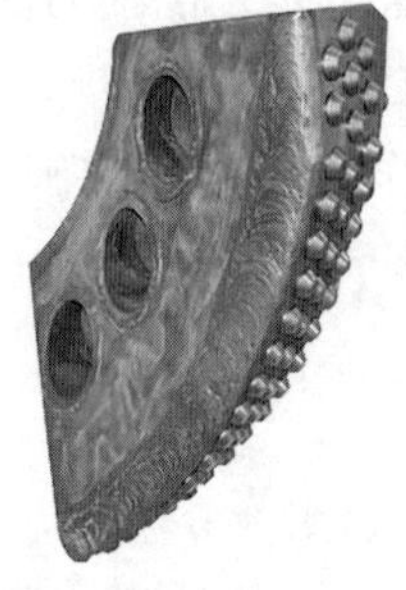
图 3.7 边缘刮刀

图 3.8 鱼尾刀

5. 贝壳刀

贝壳刀焊接在刀盘面板上，可对渣土进行剥离破碎，改善渣土的流动性。贝壳刀设计特点如下：刀刃采用两端大合金与中间三排合金的组合设计，如图 3.9 所示。贝壳刀为辐条式刀盘的主要切削刀具，有时也应用在复合刀盘的面板上。

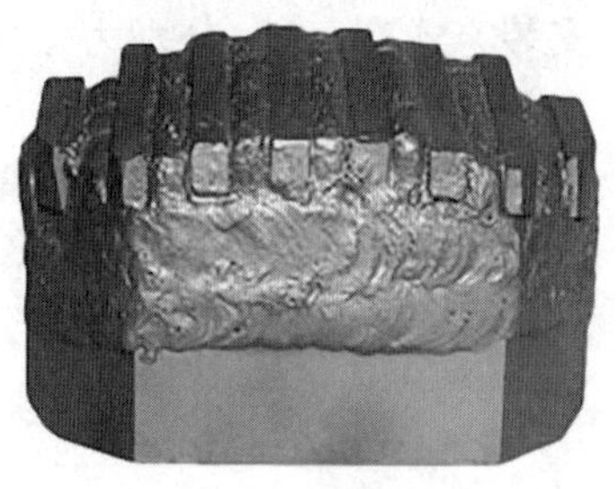
图 3.9 贝壳刀

6. 先行刀(超前刀)

先行刀是先行切削土体的刀具，也称为超前刀，如图 3.10 所示。先行刀在设计中主要考虑与切刀组合协同工作。先行刀在切刀切削土体之前先行切削土体，将土体切割分块，为切刀创造良好的切削条件。先行刀的切削宽度比切刀窄，一般为切刀的一半，切削效率较高。采用先行刀可显著增加切削土体的流动性，大大降低切刀的扭矩，提高切刀的切削效率，减少切刀的磨耗。在松散体地层，尤其是砂卵石地层和钙质结核地层，先行刀的使用效果十分明显。先行刀主要有贝壳刀、齿刀和撕裂刀。

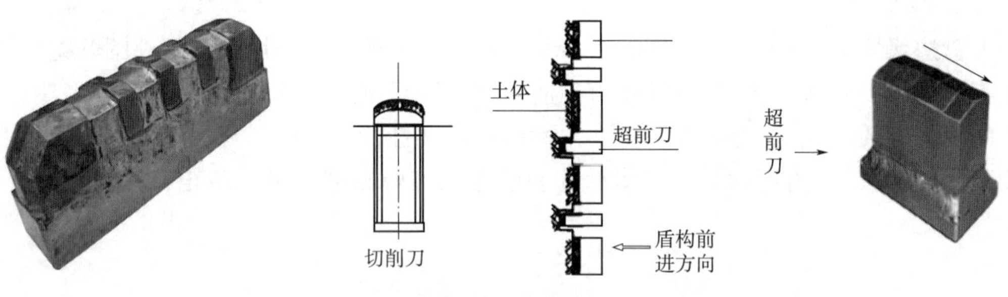

图 3.10 先行刀

7. 超挖刀(仿形刀)

超挖刀装在刀盘外缘，用于增加开挖直径，根据需要可增设仿形功能。超挖刀是为曲线掘进、转弯、纠偏设计的，通过一套仿形系统液压缸来控制仿形刀的伸出量，从而控制超挖范围，如图 3.11 所示。

8. 保径刀

保径刀焊在刀盘外围部分，作用是保护刀盘的外缘，降低对刀盘外缘的直接磨损。刀刃采用双排耐磨合金设计，可延长刀具使用寿命。

9. *滚刀*

滚刀刀盘在纵向液压缸施加的推力作用下，使其上的盘形滚刀压入岩石；刀盘在旋转装置的驱动下带动滚刀绕刀盘中心轴公转，同时各滚刀还绕各自的刀轴自转，使滚刀在岩面上连续滚切。刀盘施加给刀圈推力和滚动力(转矩)，推力使刀圈压入岩体，滚动力使刀圈滚切岩体。通过滚刀对岩体的挤压和剪切使岩体发生破碎，在岩面上切出一系列的同心圆。当推力超过岩石的强度时，滚刀刀尖下的岩石直接破碎，刀尖贯入岩石，形成压碎区和放射状裂纹，进一步加压，当滚刀间距 S 满足一定条件时，相邻滚刀间岩石内裂纹延伸并相互贯通，形成岩石碎片而崩落，滚刀完成一次破岩过程，如图 3.12 所示。

图 3.11　超挖刀

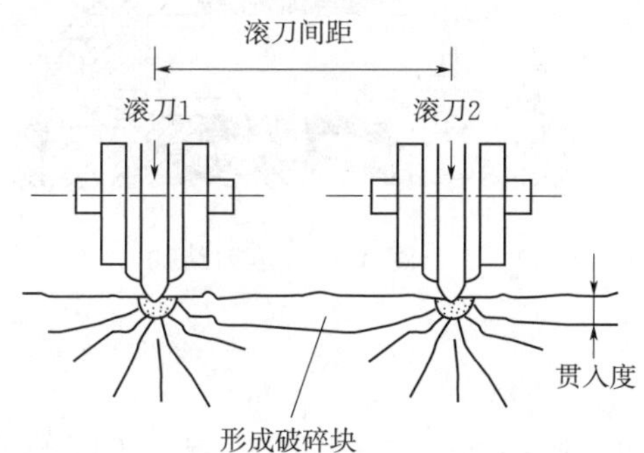

图 3.12　滚刀破岩原理

根据刀刃的形状，滚刀可分为齿形滚刀(钢齿和球齿)、盘形滚刀等，如图 3.13 所示。

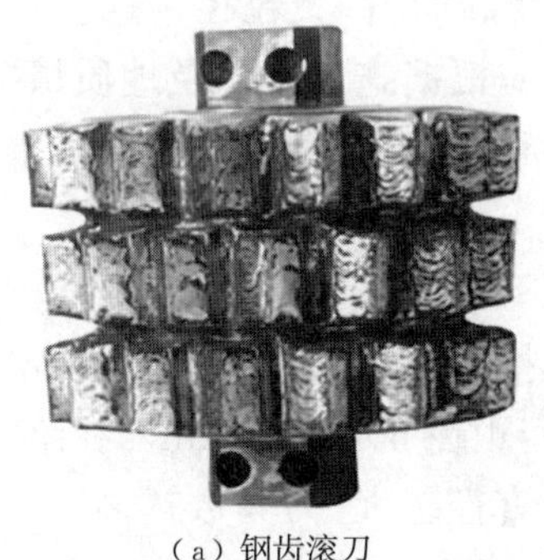

(a) 钢齿滚刀

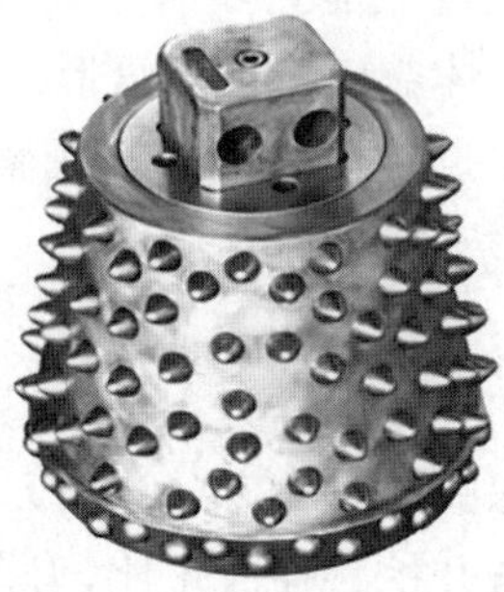

(b) 球齿滚刀

(c) 盘形滚刀

图 3.13　齿形滚刀

根据滚刀刃数可分为单刃滚刀、双刃滚刀和多刃滚刀，如图 3.14 所示。

根据刀刃外径的大小，又分成 13 号、15 号、17 号、19 号等规格。刀圈直径采用目前国内外流行的 17 号滚刀，外径尺寸为 432 mm，17 号滚刀承载能力为 25 t/把，适应 30～200 MPa 的硬岩地层，它的启动扭矩为 25～40 N·m。

（a）单刃滚刀　（b）双刃滚刀　（c）多刃滚刀

图 3.14　单刃滚刀、双刃滚刀和多刃滚刀

根据安装位置，滚刀可分为正滚刀、中心滚刀、边滚刀。

滚刀主要由刀圈、刀体、刀轴、挡圈、轴承、端盖等零件组成，如图 3.15 所示。目前，不论规格大小及安装部位的不同，盘形滚刀的内部结构均采用背对背安装的圆锥滚子轴承组合、油浴润滑、金属浮动密封环的密封形式。

滚刀主要应用于复合式刀盘，适用于硬岩及复合地层。

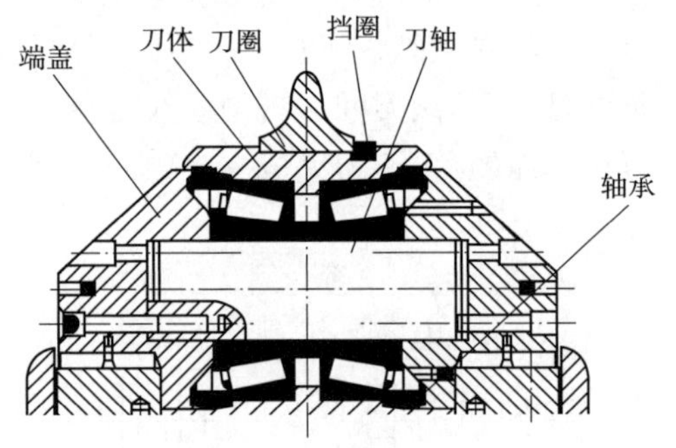

图 3.15　滚刀结构

三、刀盘、刀具配置

1. 刀盘配置

具体应用时采用哪种刀盘形式，由施工条件和土质条件等多种因素决定。不同的刀盘结构形式，在土舱构造、开挖面稳定、土压保持、土砂的流畅性、刀盘负荷和扭矩及检查换刀等方面存在较大的差异。施工实践表明，在软黏土地层条件下，采用辐条式刀盘既能满足工程施工需要，又能保证有较好的掘进性能。在风化岩以及砂卵石（大粒径）等类似复合地层中，一般采用面板式复合刀盘。具体应用哪种刀盘形式，应根据施工条件及地质情况等因素决定。一般而言，土压平衡盾构根据地质条件可选用辐条式、面板式和面板＋辐条式；泥水平衡盾构采用面板式和面板＋辐条式。

2. 刀具配置

在给定地质条件下，刀间距和刀具的推力有关，刀具推力越大，相对刀具的切深就越大，在硬岩情况下，刀间距大约是切深的 10～20 倍，一般刀间距在 60～100 mm。在给定地质条件和刀具推力的情况下，刀具数与开挖直径成正比，刀盘直径越大，刀具数越多。一般来说，刀盘边缘部分的刀间距一般都小于 90 mm，正面刀具的刀间距一般在 100 mm 左右，有的在 115～120 mm。

根据地质条件特点，大致分为四种地层：软弱土地层；砂层、砂卵石地层；风化岩及软硬不均地层；单纯的纯硬岩地层。

（1）软弱土地层，如南京、上海、杭州等，其地质条件主要以淤泥、黏土和粉质黏土为主，在软弱土地层一般只需配置切削型刀具，如切刀、周边刮刀、中心刀、先行刀和超挖刀。

(2)砂层、砂卵石地层,如北京、成都,地质条件主要以砂、卵石地层为主,如遇到粒径较大的砾石或漂石,应配置滚刀进行破碎。在砂层、砂卵石地层施工时,根据需要选择切刀、周边刮刀、先行刀(重型撕裂刀)、中心刀、仿形刀等刀具。

(3)风化岩及软硬不均地层,如广州、深圳,上软下硬,地质不均的地层,一般配置切刀、刮刀、滚刀,同时保证滚刀和齿刀能够互换。

(4)单纯的纯硬岩地层,配置滚刀和刮刀(刮渣板)。一般来说,开挖地层为硬岩时,采用滚刀;地层为较软岩石时,采用齿刀;地层为软土或破碎软岩时,可采用切刀(或刮刀)。

小组讨论

以小组为单位,讨论以下问题:

两个刀盘的结构形式及刀具种类和数量,如图 3.16 所示。

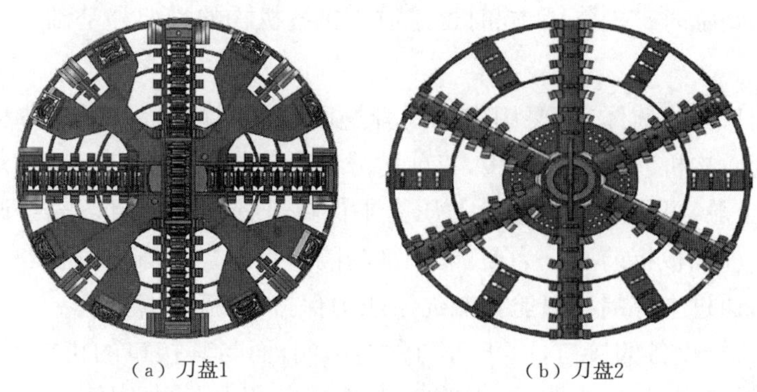

(a) 刀盘1　　(b) 刀盘2

图 3.16　刀盘、刀具

简答题

无锡地铁 2 号线梁溪大桥—五爱广场(简称“梁—五”)区间穿越的主要地层为黏土、粉质黏土、粉土夹粉质黏土、粉质黏土层。右线长 611.013 m,左线长 604.661 m。最小曲线半径 350 m,线间距 13.0～14.0 m,最大纵坡 2.2%,区间埋深 8.1～16.1 m。

1. 根据无锡地铁 2 号线梁—五区间的工程地质情况选择盾构刀盘的类型,并阐述选择依据。

2. 根据无锡地铁 2 号线梁—五区间的工程地质情况选择盾构刀具的类型,并阐述选择依据。

任务 3.2　盾构机支护系统

盾构机是怎样在地下完成工作的呢?盾构机正如它的名字,包含两部分“盾”和“构”。

“盾”是指刀盘与盾壳，用来掘进和防御。“构”是指注浆与管片衬砌，用来构筑与修建。盾构机的支护系统是为了在掘进过程中防止能量失控事故、确保施工人员与设备安全的结构组件。某地铁隧道采用盾构机在地下进行施工，主要依靠盾壳（盾体）来承受地层压力，并起到临时支护作用，保护设备和操作人员的安全。

引导问题

盾壳（盾体）的主要组成部分有哪些？

盾壳（盾体）由前盾、中盾、盾尾组成，整体结构一般采用倒锥形设计，可以有效防止卡盾现象的发生，同时设有铰接装置，便于盾构机转弯。盾壳主要用来承受地层压力、承受推进油缸水平推力、起到临时支护作用，同时也是盾构机各机构的骨架和基础。

一、前盾

前盾（又名切口环或前体）主要用来支承开挖面及周围地层，同时为各种设备提供了安装接口，土压平衡盾构机前盾设有隔板，将前盾分为土舱与隔板后部。前盾隔板与刀盘后部之间形成密闭的土舱，可通过控制土舱的压力来保持开挖面的稳定。气垫调压原理盾构机前盾设有前隔板，前隔板将前盾分为前部、中部与隔板后部。前盾前隔板与刀盘后部之间形成密闭的压力舱，通过中部的气垫舱控制泥浆压力保持开挖面的稳定。

前盾是各种机械设备的接口，由于盾构种类不同，而与其接口的机械设备也不相同，其主要接口的机械设备有刀盘、主驱动、螺旋输送机、人舱以及各种管路接口等。

1. 搅拌棒

隔板上焊接有被动搅拌棒，相对于刀盘上的两根主动搅拌棒对土舱内渣土进行搅拌。被动搅拌棒内分别设置有添加剂注入系统和泡沫膨润土通道，通过该通道注入添加剂可有效改善渣土的流塑性。

2. 剪式防涌门

隔板上设置了一道防涌门机构，在富水地层检修刀盘时，回缩螺旋输送机驱动轴，关闭防涌门，可有效防止喷涌。

3. 径向润滑孔

沿圆周方向布置，注入膨润土等以减小盾壳与土层的摩擦，或临时止水。

4. 人舱与前舱门

人舱与前盾上的过渡舱室法兰连接；过渡舱室内部隔板上部设有人孔和一扇前舱门。工作人员通过前舱门进入开挖舱进行检查、维修等工作。

5. 水气接盒与电气接盒

当维修人员进入土舱进行检查、维修等工作时，水气接盒给土压舱内提供切割部件所需的氧气和乙炔以及人员应急呼吸的新鲜空气；电气接盒给土压舱内提供低压照明电源和焊接电源。

6. 其他

隔板上开有不同规格大小的连接孔，为盾构机液压和电气设备的安装提供接口，如图3.17所示。其中一部分孔作为预留，施工过程中可根据需要选择使用。

二、中盾

中盾是承受盾构机推进反力的主要结构，主要承受地层压力、盾构机推进反力、切口入土的正面阻力以及衬砌拼装时的施工载荷等，如图3.18所示。采用被动铰接连接方式的盾构机盾体，中盾与前盾采用高强度螺栓连接，中盾与盾尾之间采用铰接油缸连接；采用主动铰接连接方式的盾构机盾体，铰接结构设置于前、中盾之间。中盾内配备有盾构机推进油缸，既可全部同时操作，也可分区操作。

（a）前盾正面

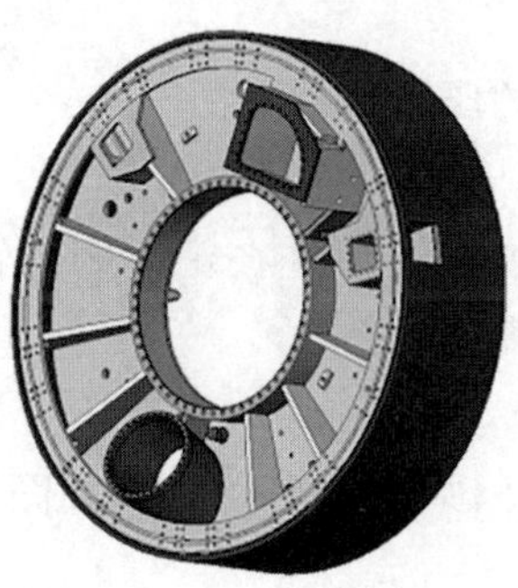

（b）前盾反面

图3.17　前盾结构

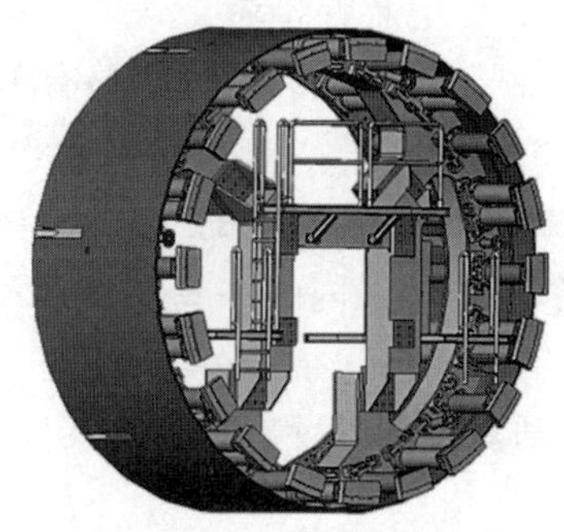

图3.18　中盾结构

设置在中盾的相关部件功能如下：

1. 径向润滑孔

沿圆周方向布置，注入膨润土等以减小盾壳与土层的摩擦，或临时止水。

2. H架

支承管片拼装机。

3. 盾体内行走梯

盾体内行走梯中左右平台和连接桥方便设备维护、检修。左右平台上安装推进油缸、铰接油缸控制阀组以及主轴承润滑油脂存储桶等设备。

4. 超前注浆

沿中盾壳体圆周分布有超前注浆管预留口用以超前加固地层，如图3.19所示。锚杆钻机可通过事先设计的接口安装在管片拼装机抓举头上，从而方便、快捷地实现超前注浆。

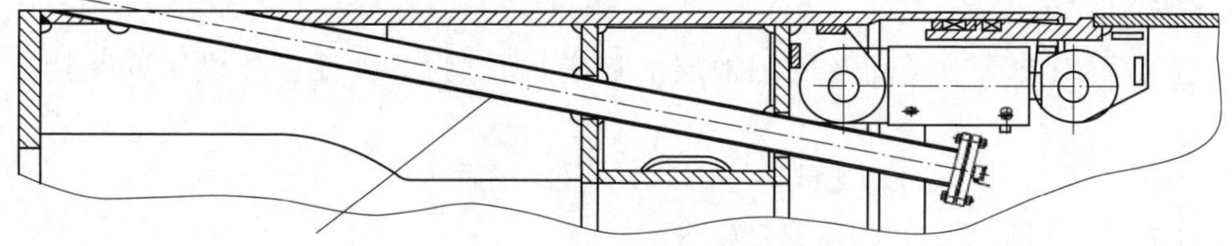

图3.19　超前注浆管示意

三、盾尾

盾尾空间是管片衬砌的作业区域，其尾部设有盾尾密封装置，用以阻止外部的渣土、水、砂浆等进入盾构机主机内，如图 3.20 所示。

图 3.20 盾尾

1. 同步注浆管路

盾尾壳体内设置有同步注浆管道。同步注浆管道一般为半用半备。每路注浆管有单独的砂浆传感器，且在盾尾壳体处设计有两个清洗口，意外堵塞时可采用高压水等进行清洗。

2. 盾尾油脂管路

油脂管为多路设置，每路有单独的压力传感器。

3. 密封刷

盾尾与管片接触的地方安装密封钢丝刷，并在密封刷与管片外径形成的腔内注入密封油脂，防止隧道内的水或砂浆进入盾壳内。

4. 止浆板

盾尾尾部设置有一道止浆板，阻止砂浆流到盾体内，如图 3.21 所示。

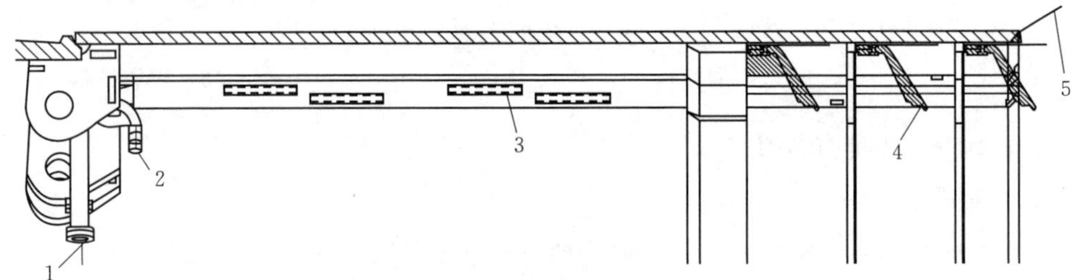

1—盾尾注浆管；2—盾尾油脂管；3—注浆管清洗口；4—盾尾刷；5—止浆板。

图 3.21 盾尾注浆管及油脂管示意

小组讨论

以小组为单位，讨论以下问题：

根据所学内容，讨论盾壳的三大组成部分内部分别有哪些主要部件。

课后巩固

选择题

1. 主要用来支承掌子面及周围地层的稳定，同时为各种设备提供了安装接口的是（　　）。

A. 切口环　　B. 支承环　　C. 尾盾

2. 工作面与切削面之间的通道是（　　）。

A. 前盾　　B. 中盾　　C. 尾盾　　D. 人舱

3. 以下选项中,不是盾构机主机组成部分的是(　　)。

A. 切口环　　B. 支承环　　C. 皮带输送机

4. 盾构的掘进、排土、衬砌等作业都是在(　　)的掩护下进行。

A. 管片环　　B. 盾壳　　C. 后配套拖车　　D. 主控室

5.(　　)是盾构承受推力作用的主要受力结构。

A. 切口环　　B. 支承环　　C. 尾盾

6. 主要用于掩护隧道管片拼装工作的是主机哪部分(　　)。

A. 前盾　　B. 中盾　　C. 尾盾

7. 盾壳中(　　)主要用来切入地层并掩护开挖作业。

A. 切口环　　B. 支承环　　C. 盾尾　　D. 刀盘

8.(　　)盾构机通过刀盘挖出的渣土可以作为支承介质,用于支承隧道面。

A. 硬岩 TBM　　B. 土压平衡　　C. 双护盾 TBM　　D. 泥水平衡

9. 盾构机的隔板将(　　)分成前、后两部分。

A. 前盾　　B. 中盾　　C. 尾盾

10. 盾构机的液压系统属于(　　)。

A 主机　　B. 桥架　　C. 施工配套　　D. 后配套

任务 3.3　盾构机驱动系统

盾构机的主轴承被称为盾构机的“心脏”,承担着盾构机运转过程的主要载荷,是刀盘驱动系统的关键部件。盾构机主驱动系统结构复杂,对制作工艺、装配工艺的要求非常高。盾构掘进施工过程中维修困难,所以要求主驱动系统及其构配件要有较长的使用寿命和较高的稳定性。2019 年 1 月国内首台直径 11 m 级盾构机主轴承在洛阳下线,这是国内在盾构机领域应用的最大尺寸轴承,其直径达 4.8 m,质量约 20 t,能够满足大直径盾构机连续使用 10 000 h 的要求。该主轴承下线后,将应用于国内首台大直径泥水盾构机,在某海底隧道项目中承担掘进任务。

盾构机主驱动的作用是什么?

盾构机主驱动系统给刀盘提供旋转扭矩,驱使刀盘旋转掘进。同时还具有脱困功能、自锁保护功能,在紧急时能自动停机。主驱动是通过高强度螺柱连接在前盾上,为刀盘提供切屑扭矩,并通过设置的电气控制系统在一定转速范围内实现对刀盘的无级调速。主驱动主要由主驱动装置、密封系统、润滑系统等组成,如图 3.22 所示。

一、主驱动装置

图 3.22　主驱动结构

主驱动系统由带减速机的液压马达或电机经过齿轮副传动，驱动安装刀盘的主轴承齿圈来实现刀盘旋转。通常以变速箱为基础，将主轴承、小齿轮、减速机、液压马达或电机、密封等作为一个整体部件组装调试后，再安装在前盾壳体上，以保证主驱动密封与传动的可靠性和安全性。其中，主轴承采用整体内齿圈式大直径三排圆柱滚子轴承，承载轴向推力、反推力、径向力及倾覆力矩，小齿轮与主轴承内齿圈啮合，改善主轴承承载能力。主驱动典型结构示意如图 3.23 所示。

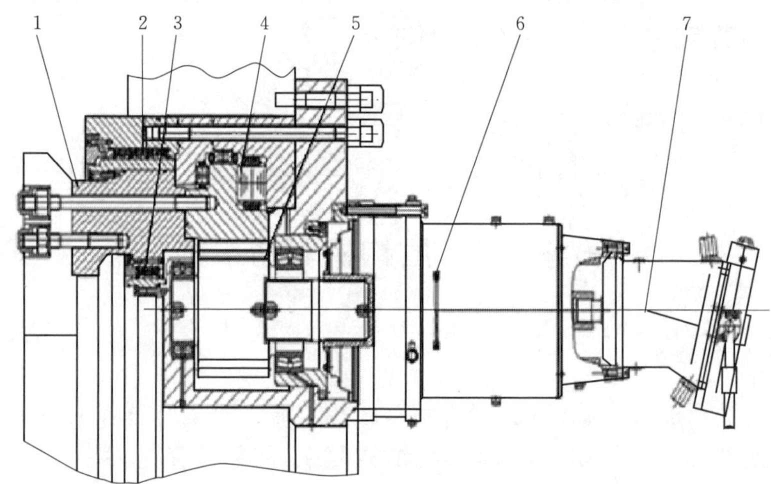

1—法兰；2—外密封；3—内密封；4—主轴承；5—小齿轮；6—减速机；7—液压马达。

图 3.23　主驱动典型结构示意

主轴承采用整体内齿圈式(外齿圈式)大直径双排或三排圆柱滚子轴承，如图 3.24 所示，承载轴向推力、反推力、径向力及倾覆力矩；小齿轮与主轴承内齿圈啮合，改善主轴承承载能力。一般，主轴承的有效寿命在 1 000 h 以上。

图 3.24　主轴承结构

目前盾构机常用的驱动动力源有变频电机和液压马达两种。液压驱动对启动和掘削砾石层等情形较为有利。变频电机的优点是噪声小、维护管理容易，后方台车的规模也可得到相应的缩减。有时为了得到大的旋转力，也有利用液压缸驱动刀盘旋转的方式。两种驱动的性能比较见表 3.1。

表 3.1　两种驱动的性能比较

参数及性能	驱动方式	
	变频电机驱动	液压驱动
驱动部外形尺寸	中	小
后续设备	少	较多
效率	0.95	0.65
启动力矩	大	较大
启动冲击	小	较小
转速微调控制	好	好
噪声	小	大
盾构温度	低	较高
维护保养	易	较复杂

二、密封系统

主驱动有两套密封系统：外密封系统对开挖舱方向进行密封，内密封系统对盾体内部常压进行密封。

外密封通过自动持续注脂防止开挖舱的砂石、污水等进入变速箱。内密封系统主要由两道唇形密封组成，防止盾体内部固体微细颗粒等进入变速箱。注意保护内密封环腔清洁，不可有泥沙、杂质，否则密封寿命会降低。密封唇口采用弹性好，磨损小的橡胶材料。内外密封环进行过表面淬火处理，通过螺栓调整密封环与密封唇口接触位置，可提高密封系统使用寿命。

主驱动密封目前有唇形橡胶密封和聚氨酯密封等形式，其结构形式如图 3.25 所示。唇形橡胶密封单道密封承压能力相对较低，往往需要多道组合。而聚氨酯密封单道承压能力较强，密封条数量可以较少。

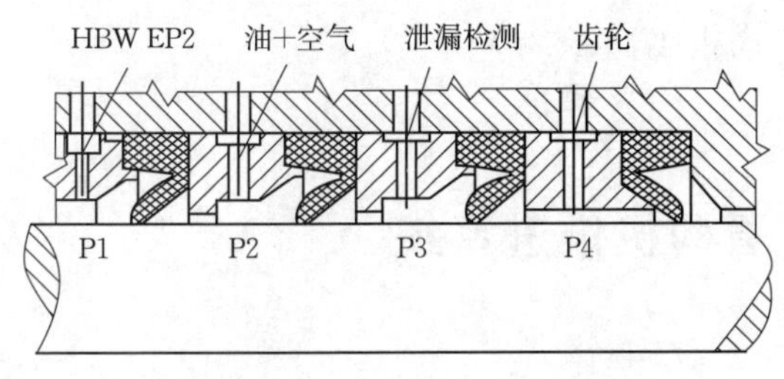

（a）采用唇形橡胶密封的主驱动密封形式

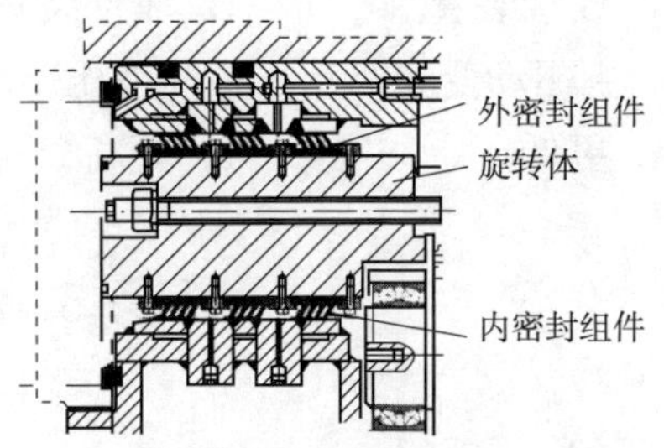

（b）采用聚氨酯密封的主驱动密封形式

图 3.25　主驱动密封结构形式

三、润滑系统

变速箱齿轮油采用循环冷却方式对小齿轮、小轴承进行润滑。

主轴承径向滚道、主推力滚道、反推力滚道也由变速箱齿轮油强制循环润滑。

油脂通过变速箱体、主轴承、环件中径，将分布的注脂孔连续注入内、外唇形密封空腔及相对旋转支承轴表面。油脂既润滑唇形密封唇口，同时也阻止土舱杂物与唇形密封接触。外密封通过集中润滑系统自动注入油脂。内密封腔定期手动注入油脂。

四、安全设置

减速机油温超过 80 ℃，报警并自动停机；变速箱油温高于 55 ℃，报警。

变速箱油温高于 65 ℃，报警并自动停机；变速箱齿轮油液位高于最高液位，报警。

变速箱齿轮油液位低于最低液位，自动停机。

以小组为单位，讨论以下问题：

盾构机主驱动系统是盾构机动力输出的中心，直接起到动力转换和输出的作用，同时起到支承盾体刀盘并使之旋转破岩的作用。分小组讨论主驱动扭矩如何传输？

选择题

1. 主驱动系统的主要作用是(　　)。

A. 支承刀盘旋转　　B. 驱动刀盘旋转　　C. 驱动盾构主机前进

2. 超大直径盾构一般适宜采用(　　)驱动形式。

A. 直流电机　　B. 液压　　C. 变频电机

3. 主驱动装置除要具有脱困功能、在紧急时能自动停机、驱动电机要同步等要求外，还需具有(　　)。

A. 自我保护功能　　B. 推进功能　　C. 爬坡功能　　D. 纠偏功能

4. 当盾构机盾体被注浆体凝固“箍死”时能帮助推进千斤顶松动盾构机脱困，而且还能作为曲线施工的一种辅助手段的装置是(　　)。

A. 铰接装置　　B. 驱动装置　　C. 推进装置　　D. 润滑装置

5. 主驱动变频驱动方式与液压驱动方式相比，其效率(　　)。

A. 更低　　B. 更高　　C. 相等

任务 3.4　盾构机推进系统

“京华号”盾构机整机长 150 m，总质量 4 300 t，最大开挖直径达 16.07 m，是由中国铁建重工

集团股份有限公司、中铁十四局集团有限公司联合研制的 16 m 级超大直径盾构机，于 2020 年 9 月 27 日在长沙下线。“京华号”盾构机头部刀盘质量达 500 t，正面有 364 把刀具，质量最小的刀具也已超过 100 kg，硬度堪比金刚石，背面可以看到一个个蓝色的电机，每台功率都能达到 350 kW。在刀盘后面，还有操作室、台车等，组成了一条入地的“钢铁巨龙”，可同时完成开挖、排土、碎石、出渣、支护、衬砌、封固等工序，在掘进过程中实现隧道主体结构一次成型。

盾构机推进系统的主要组成有哪些？

知识学习

推进系统是盾构机掘进时向前的动力源，使盾构机能够沿着设定路线前进、转弯，具有调整、控制运行姿态的作用。推进系统除了推进开挖、防盾构后退功能外，应具有纠偏和爬坡功能。根据隧道设计曲线的要求，盾构机配置铰接液压缸。推进系统主要由液压泵、推进液压缸、控制阀组和液压管路组成，如图 3.26 所示。

图 3.26　推进系统

一、推进系统工作原理

推进系统油缸的分组通常按图 3.27 所示进行分区，即顶部(A 组)、右部(B 组)、底部(C 组)、左部(D 组)，具体设计会根据不同的盾构机型而配置不同分区，其中每组油缸都单独设置有位移传感器。

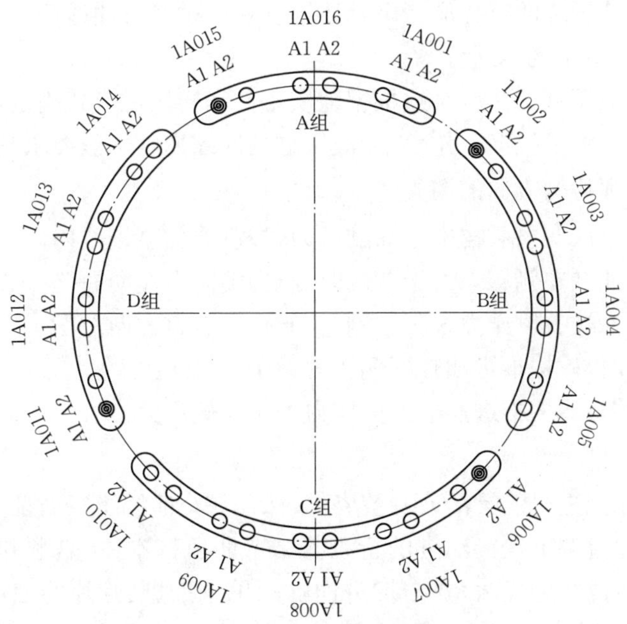

图 3.27　推进系统分组控制示意

以液压缸的数目 32 个为例，目前分为 4 组。盾体内四周装有 32 根(行程 2 100 mm)推进油缸。在活塞杆后端，装有靴撑，以防止因集中负荷造成的管片变形、破损。油缸推力通过 16 个靴撑传递给管片，一对油缸共享一个靴撑。油缸安装有行程传感器，传感器即时测量盾构机前进的进程，信息在控制室被显示出来。每组标记为黑色的油缸兼作即测油缸，显示在操作盘上，如图 3.27 所示。

在推进时，推进油缸伸出，撑靴作用到管片上，提供盾构机前进的反力。油缸的压力可以独立调节，推进速度由一个流量控制阀调节。通过调整每组油缸的推进压力和速度，可实现盾构机纠偏和调向。通过位移传感器，施工人员在主控室内可以实时监控每组油缸的行程和压力。

推进油缸活塞杆前端与撑靴，通过球轴承和碟形弹簧连接，撑靴可以在侧向力的作用下自由转动(≤4°)。撑靴表面和油缸垫板能保证推力均匀、缓和地作用在管片上，防止管片损坏。

二、推进液压缸的选型配置

(1)推进液压缸的选型和配置应根据盾构机的操作性、管片组装施工方便性等确定。一般选用高压液压缸，使推进油缸机构紧凑。目前使用的液压系统压力值为 30～40 MPa。

(2)推进液压缸一般情况下等间距配置在盾构机壳板内侧附近，位置的确定要兼顾管片的强度，且使管片受力均匀。

(3)推进液压缸配置时，应使推进液压缸轴线平行于盾构机轴线。

(4)推进液压缸的数量根据盾构机直径、液压缸推力、管片的结构、隧道轴线的情况综合考虑。一般情况下，中、小型盾构机每只液压缸的推力为 600～1 500 kN，在大型盾构机中每只液压缸的推力为 2 000～4 000 kN。

(5)盾构机推进液压缸的行程应考虑到盾尾管片的拼装及曲线施工等因素，通常取管片宽度加上 100～200 mm 的余裕量。

(6)盾构机推进液压缸的速度必须根据地质条件和盾构机形式确定，一般取 50 mm/min 左右，且可无级调速。为了提高工作效率，液压缸的回缩速度一般要求越快越好。

三、推进油缸实现盾构方向的调整

(1)盾构机采用分区调整盾构推进油缸推力，控制盾构掘进方向。

(2)当盾构推进油缸左侧压力大于右侧时，盾构姿态自左向右摆。

(3)当盾构推进油缸右侧压力大于左侧时，盾构姿态自右向左摆。

(4)在上坡地段时，盾构推进油缸下侧压力大于上侧压力。

(5)在下坡地段时，盾构推进油缸上侧压力大于下侧压力。

四、铰接系统

为满足盾构机在掘进时能灵活地调整姿态，保证在小曲线半径时能顺利通过，盾构机需设置铰接液压缸。通过调节铰接油缸的行程差来弯曲盾构本体，是顺利进行曲线施工的一种辅助手段。在进行曲线施工时，要与推进油缸的单侧推进、管片的使用、超挖的实施共同进行，以实现所设定的曲率半径。一般情况下，当盾构机灵敏系数(机长/外径)大于 1.5 或隧道曲率半径小于 250 m 时，应采用铰接装置。

盾构机的铰接装置是指盾构主机前后盾体采用铰接液压缸连成一个整体，通过调整铰接液压缸的行程差来实现盾构机主机角度调整的一种装置。铰接装置由铰接液压缸、行程传感器、铰接密封组成。

1. 铰接装置作用

(1)有利于盾构转弯或蛇行修正；

(2)使盾构易于保证与管片环的同轴度，保护盾尾钢丝密封刷免受偏心载荷损坏；

(3)可防止盾构主体挤压管片，致使管片碎裂损坏；

(4)当盾体被注浆体凝固“箍死”时，帮助推进油缸松动盾构脱困。

2. 盾构铰接方式

盾体铰接方式主要分为主动铰接和被动铰接两种，如图 3.28 所示，盾构机铰接形式为被动铰接的盾体，在中盾与盾尾连接处设置有铰接油缸，盾构机需要转弯时，通过每组推进油缸的行程差来调节中盾与盾尾之间的夹角，此时铰接油缸进出油相互连通，行程可自行调整，从而实现转弯；采用主动铰接形式的盾体，铰接结构设置于前盾与中盾连接处，此时油缸分区控制，每区设置有一个行程传感器，通过分组控制铰接油缸行程实现盾构机转弯。盾构机直线掘进时，进出油口锁紧。当铰接油缸行程超限时，可手动调节球阀，给铰接油缸供油，防止油缸损坏。

3. 铰接密封

铰接密封主要作用是阻止外部渣土进入主机内部，不同铰接形式的盾构其密封结构形式不同。如图 3.29 所示，一般分以下三种结构形式：

(1)采用一道或多道橡胶唇口式密封；

(2)采用橡胶材料的盘根加气囊式密封；

(3)双排气囊式密封。

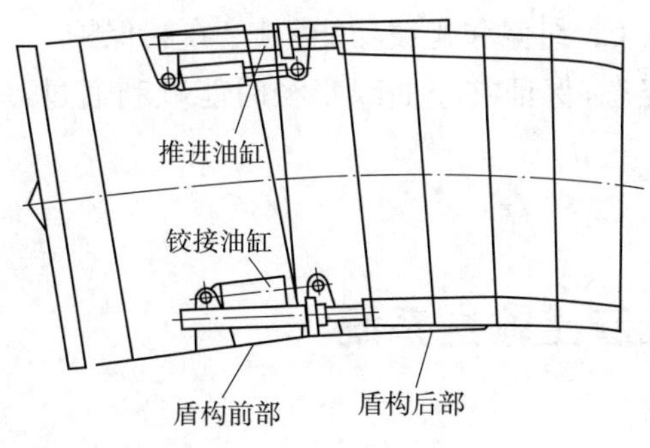

图 3.28 铰接装置

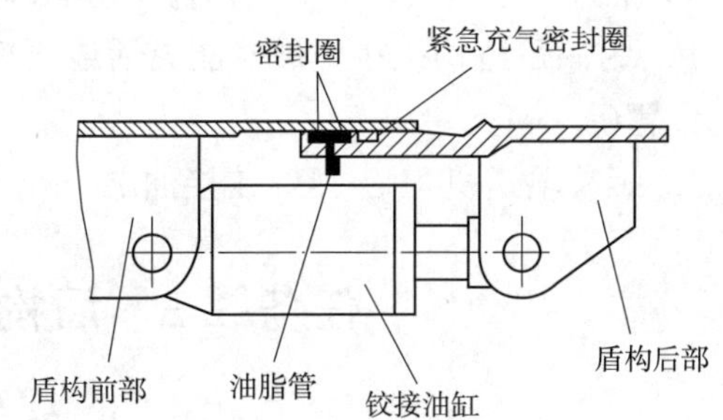

图 3.29 典型铰接密封示意

以小组为单位，讨论以下问题：

盾构机主动铰接和被动铰接的异同。

选择题

1. 盾构机方向的调节是通过(　　)的不同压力来进行调节的。

A. 推进油缸　　B. 盾体铰接油缸　　C. 螺旋输送机伸缩油缸　　D. 后配套拖拉油缸

2. (　　)不是铰接密封结构形式。

A. 采用橡胶唇口式密封　　B. 盘根加气囊式密封　　C. 双排气囊式密封　　D. 压密环密封

3. 在左转弯时,适当加大盾构机(　　)的推力,以保证盾构机的姿态。

A. 上侧油缸　　B. 右侧油缸　　C. 下侧油缸　　D. 左侧油缸

4. 主动铰接设置在中盾与(　　)之间。

A. 前盾　　B. 盾壳　　C. 尾盾

5. 盾构是否能沿设计轴线(标高)方向准确前进的关键是控制好(　　)。

A. 出土量　　B. 掘进速度　　C. 千斤顶推力

6. 当盾构机盾体被注浆体凝固"箍死"时能帮助推进千斤顶松动盾构机脱困,而且还能作为曲线施工的一种辅助手段的装置是(　　)。

A. 铰接装置　　B. 驱动装置　　C. 推进装置　　D. 润滑装置

7. 在曲线段(包括水平曲线和竖向曲线)施工时,盾构机推进操作控制方式是控制和调整(　　)的油压。

A. 螺旋机　　B. 推进油缸　　C. 牵引油缸

8. 在上坡段掘进时,适当加大盾构机(　　)的推力,以保证盾构机的姿态。

A. 上侧油缸　　B. 右侧油缸　　C. 下侧油缸　　D. 左侧油缸

9. (　　)不是推进系统的功能。

A. 推进开挖　　B. 防盾构后退功能外　　C. 纠偏和爬坡功能　　D. 自我保护

10. 为满足盾构机在掘进时能灵活地调整姿态,保证在小曲线半径时能顺利通过,盾构机需设置(　　)。

A. 螺旋输送机　　B. 铰接油缸　　C. 刀盘

任务 3.5　盾构机渣土输送系统

地铁隧道那么深,它是怎么被挖掘的?为何无泥土被运出来?盾构机的原理是一个可移动的钢桶,机头是一个布满锋利刀片的圆形转盘,主要在挖掘过程中把前方的泥土凿开,将一些大型石块打碎,这样就可以将它放在水泥中一起搅拌,制成坚固的混凝土材料,同时在运行过程中,还能顺势挤压周边土壤,使四周土层更加坚固。随后再继续向前推进,因此盾构机能

广泛运用在岩土地层和软土地层，并且不受气候影响，也不会对周边建筑物形成安全隐患。

我们之所以看不到泥土被运出来，首先是因为这些地铁路线一般在浅层区挖掘，施工完成后会将挖掘出来的泥土回填，部分泥土会用于周边绿化建设，剩余泥土会被转移到别的工地使用。转运泥土通常在夜间进行，以避免白天造成污染和安全风险，并提高运输效率。因此，挖掘出来的泥土基本上都被重复利用，不会浪费。

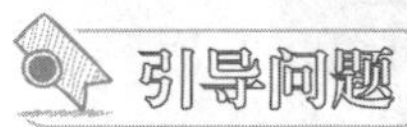

盾构在较深的地下施工时，渣土如何排至地面？

盾构机渣土运输系统主要由螺旋输送机、皮带输送机组成。

一、螺旋输送机

螺旋输送机是土压平衡盾构机的重要部件，将土舱中的渣土输送到后方，同时通过调节出土速度，控制土舱中的压力保持在合理范围。

螺旋输送机主要由筒体、带叶片的螺旋轴、驱动装置、闸门组成，工作时，泥土充满筒体，并随着螺旋轴旋转上升，开挖的渣土从后料门排到皮带机上，最终通过小车送到地面，正常工作时前料门（防涌门）全开，紧急时刻当伸缩液压缸伸出，螺旋输送机头部退出土舱时可关闭前料门，保证人员安全，如图 3.30 所示。

图 3.30　螺旋输送机

1. 螺旋输送机的分类

(1)按螺旋结构，可分为有轴式和带式。

有轴式的螺旋轴采用高强度热轧钢管，重量较轻。螺旋叶片采用钢板压制成型，焊接后整体机加工。有轴式的优点是止水性能好，缺点是可排出的砾石粒径小。带式螺旋优点是通过粒径较大，为同规格螺旋轴式直径的 1.5 倍；缺点是叶片厚重，同时止水性能较差，如图 3.31 所示。

(a) 有轴式螺旋

(b) 带式螺旋

图 3.31　有轴式螺旋和带式螺旋

(2)按驱动方式,可分为中心驱动和周边驱动,如图3.32所示。

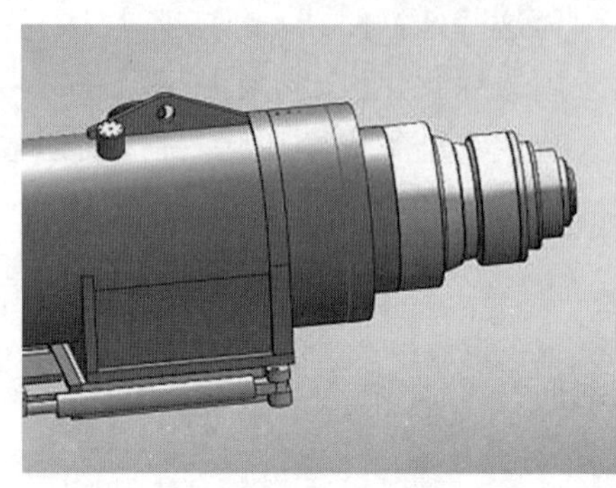
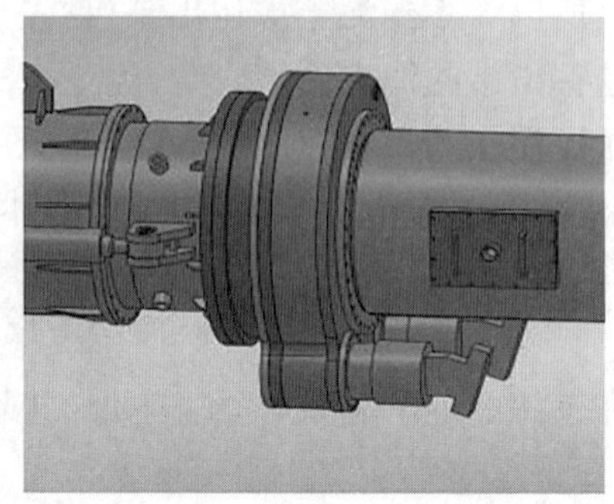

图3.32　中心驱动和周边驱动

(3)按闸门,可分为单闸板出渣门和弧形出渣门,如图3.33所示。

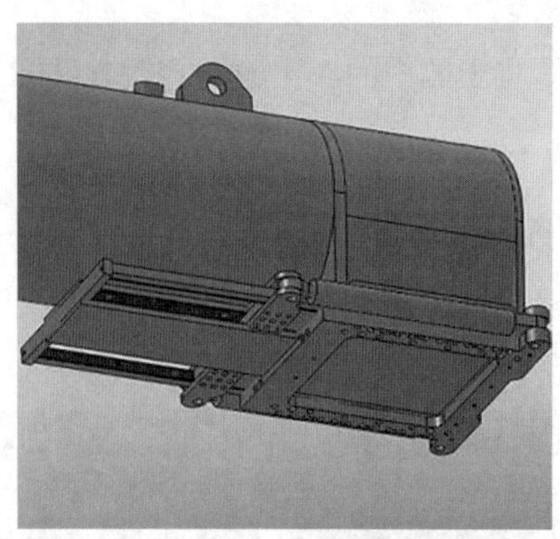
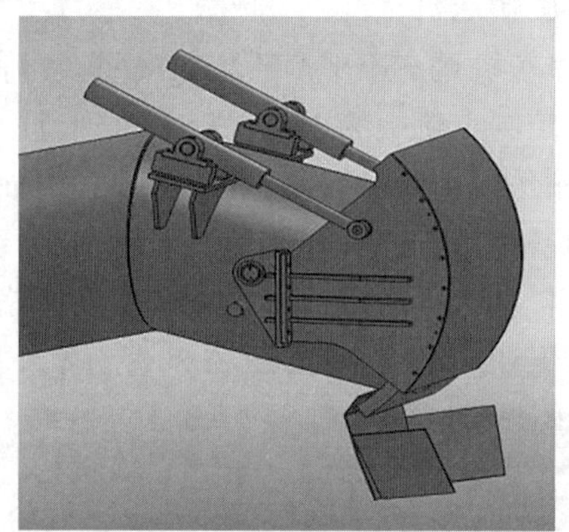

图3.33　单闸板出渣门和弧形出渣门

2. 螺旋输送机的功能和控制

螺旋输送机通过法兰倾斜固定在前盾底部。渣土通过驱动轴输送到皮带输送机上。螺旋输送机筒体沿圆周布置多个膨润土或泡沫注入口,以改善渣土的流动性。螺旋输送机可通过油缸伸缩实现螺旋轴与筒体的相对运动,来处理堵塞现象。筒体沿圆周设有多个检修门,必要时可以打开检修门清理被卡在螺旋叶片间的石块。撤回驱动轴后,关闭防涌门,可阻止渣土进入隧道。突然断电时,后闸门在蓄能器的作用下自动关闭,以防止喷涌。

3. 驱动装置

驱动装置主要包括液压马达、减速机、轴承、驱动轴等。螺旋输送机可以在一定范围内无级调速,以此控制出土量,维持土舱压力的平衡。

4. 耐磨措施

驱动轴前三节叶片及其对应的轴全部堆焊耐磨层,其余叶片和其余轴堆焊耐磨网格,所有叶片周边堆焊耐磨层。其余耐磨设计根据地质情况及相应要求进行合理化设计。

5. 润滑与密封

设置三道唇形密封,形成两个密封腔,通过油道注入润滑脂,同时在三道唇形密封的前部(接触泥沙渣土端)设置有一道迷宫密封,以保证轴承的润滑及密封,从而维持驱动装置的正常运转,如图 3.34 所示。

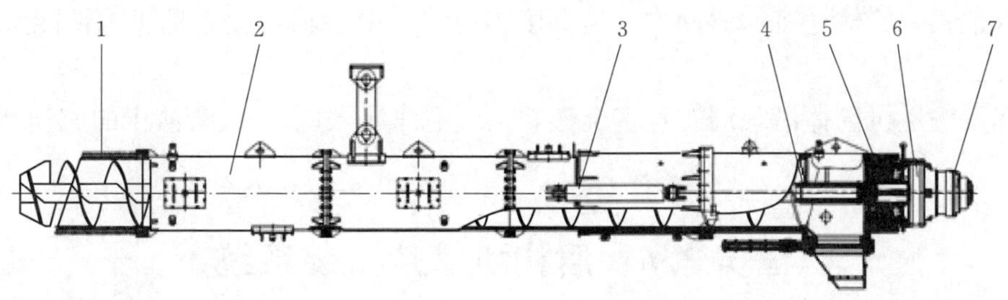

1—底部套筒；2—筒体；3—伸缩油缸；4—螺旋轴；5—关节球轴承；6—减速机；7—液压马达。

图 3.34　螺旋输送机典型示意

二、皮带输送机

皮带输送机用于将螺旋输送机输出的渣土传送到盾构机配套的渣车上。皮带输送机布置在后配套拖车的上面,卸渣口设置在后部拖车顶部。

皮带输送机调偏如图 3.35 所示。当盾构机右转弯时,抬高输送带内曲线,利用输送带和渣土的重力产生向外的离心推力,平衡向心力。通过皮带输送机侧面的调整机构使整个皮带支架中心线与竖直线产生倾斜角 γ,能够很好地实现皮带输送机调偏功能,以适应不同的曲线段掘进。此外,将转弯处托辊组的内侧沿皮带运行方向前移,使托辊组的轴线与输送带中心线的法线方向产生一定角度 λ 也能够很好地防止皮带输送机跑偏。

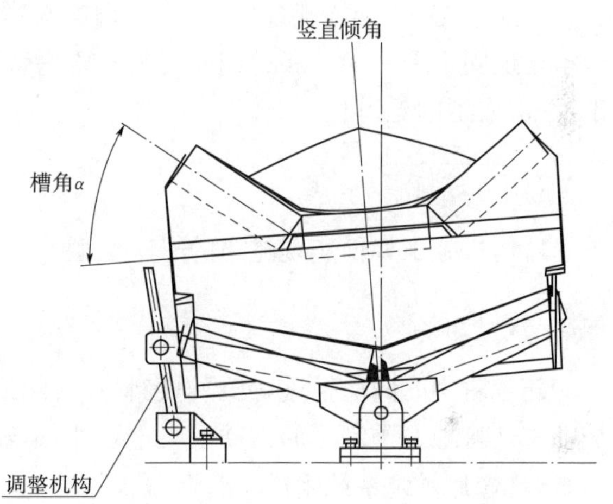

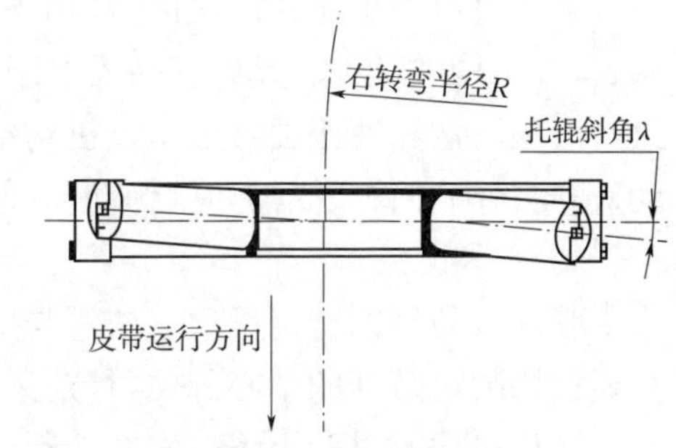

图 3.35　皮带输送机调偏示意

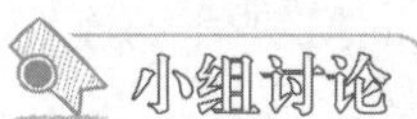

以小组为单位,讨论以下问题:

螺旋输送机的作用有哪些?

判断题

1. 为增强螺旋输送机的耐磨性,螺旋轴常焊有耐磨网格或堆焊耐磨层,卵石地层对螺旋输送机的耐磨性要求更高。（　　）

2. 螺旋输送机只能正旋转,但具有伸缩和脱困功能。（　　）

3. 无轴式螺旋输送机的驱动方式是直接驱动装有叶片的外筒。优点是可排出的砾石粒径大，缺点是止水性能差。 (　　)

4. 有轴式螺旋输送机的驱动方式是直接驱动叶片中心轴。优点是止水性能好，可排出的砾石粒径大。 (　　)

5. 螺旋输送机筒体沿圆周布置多个膨润土或泡沫注入口，以改善渣土的流动性。 (　　)

任务 3.6　盾构机管片拼装系统

任务导入

某地下 18 m 的施工现场，是一条幽深的隧道，其直径约 6 m 的圆形隧道内壁上，加强螺栓牢牢地固定着一环一环的钢筋混凝土盾构管片，犹如一层"铜墙铁壁"，这就是用盾构机施工、一次成型的隧道！

引导问题

盾构机施工如何实现隧道的一次成型？

知识学习

随着盾构的向前推进，需要衬砌管片对隧道进行永久支护。一般情况下，隧道的永久支护通常是将地面预制好的钢筋混凝土管片，运输到盾构尾部，然后用管片拼装机拼装成环。

一、管片拼装系统组成

管片拼装机工作在盾尾区域，用于安装衬砌管片。管片拼装机主要由平移机构、回转机构、举升机构、抓取头、真圆保持器等组成，如图 3.36 所示。由单独的液压系统提供动力，通过对液压马达和液压油缸等执行机构动作的比例控制，可实现拼装管片的纵向移动、径向移动、横向移动、回转、横摇和俯仰动作，使得管片能够快速精确地完成定位并安装。

1. 平移机构

管片拼装机的行走梁通过法兰与中盾 H 梁连接，盾构机主机与拖车之间所有管线连接均通过拼装机敞开的中心部位，行走梁与设备桥之间用液压缸铰接。

平移机构通过两组滚轮安装在行走梁上，可通过两个平移液压缸沿盾构机轴线方向移动，实现平移动作，如图 3.37 所示。

2. 回转机构

回转机架通过法兰与回转支承的内齿圈相连接，随平移机构一起平移，同时液压马达通过齿轮传动，使回转机架同回转支承内齿圈一起实现回转动作。

3. 举升机构

举升机构有两个独立的液压缸通过法兰与回转机构连接，液压缸的伸缩杆和举重钳铰接，能实现升降功能，如图 3.38 所示。

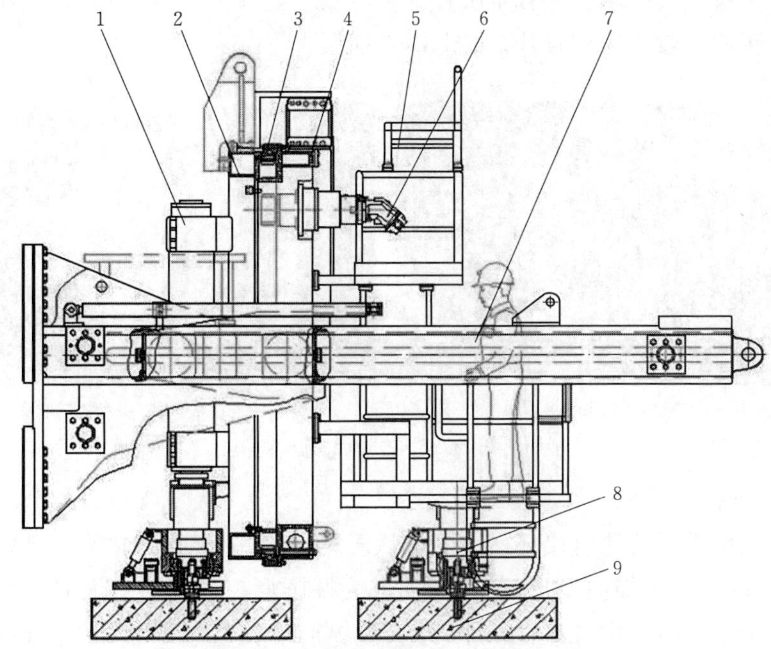

1—提升油缸；2—回转架；3—回转支承；4—移动架；5—工作平台；6—液压马达；7—托梁；8—举重钳；9—管片。

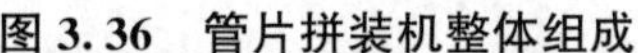

图 3.36 管片拼装机整体组成

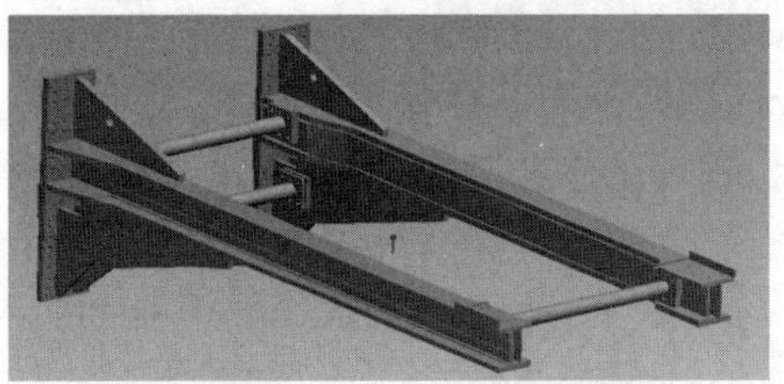

图 3.37 平移机构

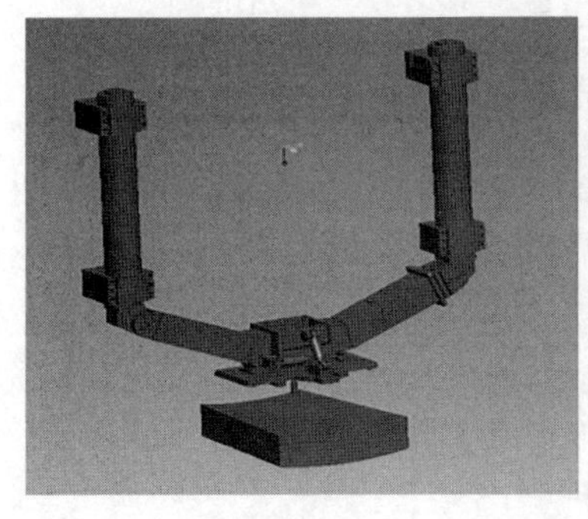

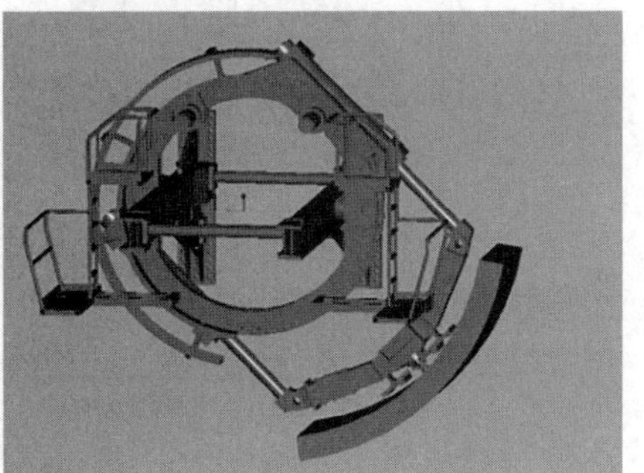

图 3.38 举升机构

4. 抓取头

抓取头通过关节轴承安装在举重钳上，机械式抓取，通过位移和压力双重检测，确保抓持可靠，同时还具有连锁功能。抓取头上的两个小油缸能实现抓取头的俯仰和偏转动作。

抓取头分为机械式抓取头和真空吸盘式抓取头。机械式抓取头适合中、小盾构管片，真空吸盘式抓取头适合较大盾构管片，如图 3.39 所示。

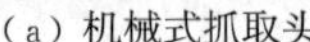

(a) 机械式抓取头

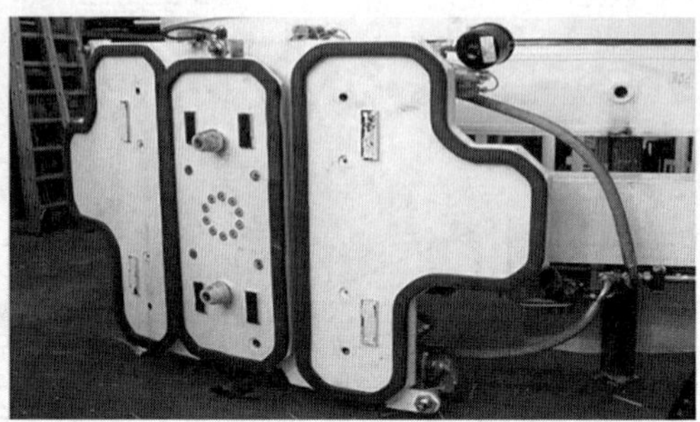

(b) 真空吸盘式抓取头

图 3.39 抓取头

5. 真圆保持器

当盾构向前推进时管片拼接环(管环)就从盾尾脱出，由于管片接头缝隙、自重力和作用土压的原因，管环会产生横向变形，使横断面成为椭圆形。当变形量大时，前面装好的管环和现拼的管环在连接时会出现高低不平，给安装纵向螺栓带来困难。为了避免管环的高低不平，需使用真圆保持器，其作用是修正、保持拼装后管环的正确(真圆)位置。

真圆保持器支柱上装有可上下伸缩的千斤顶，上下两端装有圆弧形的支架，该支架可在动力车架的伸出梁上滑动，如图 3.40 所示。当某一环管环拼装结束后，就把真圆保持器移到该管环内，当支柱上的千斤顶使支架紧贴管环后，盾构就可推进。盾构推进后由于真圆保持器的作用，故管环不产生变形，且一直保持真圆状态。

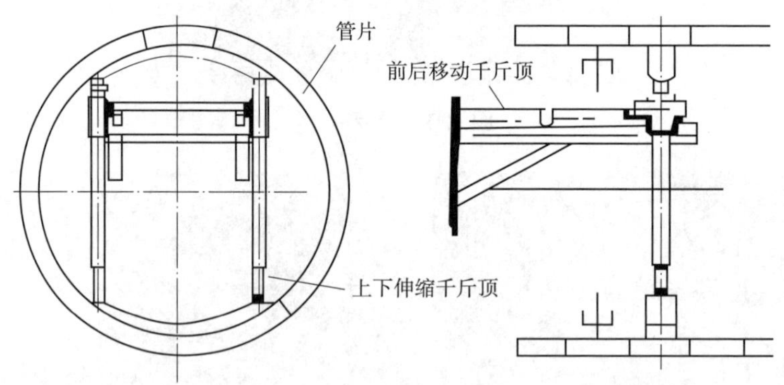

图 3.40 真圆保持器

二、管片运输系统

管片运输系统主要由管片吊运系统与喂片机组成。

1. 管片吊运系统

管片吊运系统将管片从位于盾构机一号拖车中部的管片卸载区运至喂片机上，再由喂片机转运至管片拼装机拼装工作区域。喂片机最多可以同时存放 3 块管片。吊运系统也可以不使用喂片机,直接将管片吊运至管片拼装工作区域,提高管片吊运效率。

管片吊运系统润滑:主要包括定期在电动葫芦环链表面喷涂适量的220或320齿轮油(先清理后喷涂);定期在行走驱动链条或齿条表面涂抹适量的润滑脂;同时,为了保证抓取头的灵活工作,在平衡梁支座的外表面涂抹适当的润滑脂。

管片吊运系统安全设置:在电动环链葫芦和行走驱动电机内部均配置有制动装置,确保管片在上下升降与前后运送过程中的安全制动;同时,管片吊机应在20°的坡度安全范围内运行。另外,管片吊运系统在行走轨道的两端设置电控限位装置和缓冲装置,防止管片运送行程超限。

2. 喂片机

喂片机主要由底架、内托梁、外托梁、拖拉油缸、顶升油缸、输送油缸等组成。

喂片机润滑:喂片机拖轮、输送油缸及拖拉油缸两端铰接处通过油杯注入油脂进行润滑;输送轨道直接涂抹油脂进行润滑。

小组讨论

以小组为单位,讨论以下问题:

管片拼装机拼装管片能实现几个自由度?并绘制其示意图。

课后巩固

选择题

1. 拼装隧道管片时,盾构千斤顶应(　　)。

A. 同时全部缩回　　B. 先缩回上半部

C. 随管片拼装分别缩回　　D. 全部拼装完成后缩回

2. 管片拼装必须从隧道(　　)开始,然后依次安装相邻块,最后安装封顶块。

A. 顶部　　B. 底部　　C. 中部　　D. 侧面

3. 能够使隧道保持真圆状态的是(　　)。

A. 平移机构　　B. 回转机构　　C. 托梁　　D. 真圆保持器

4. 隧道管片中不包含(　　)管片。

A. A型　　B. B型　　C. C型　　D. K型

5. 加工制作比较容易,耐腐蚀,造价低,且最为常见的管片是(　　)。

A. 铸铁管片　　B. 钢管片　　C. 钢筋混凝土管片　　D. 复合管片

任务3.7 激光导向系统

任务导入

盾构机是地铁建设的关键设备,而导向系统就是盾构机的“眼睛”。盾构自动导向系统应用于盾构掘进过程中,实时测量盾构机的位置,计算并显示盾构机相对于设计隧道中心线的偏差及其姿态。导向系统为盾构机严格按照设计路线掘进提供重要的导向信息,是保证隧道的准确贯通的重要组成部分。

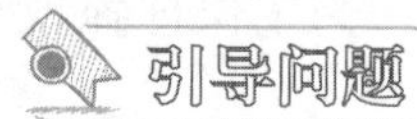

盾构机导向系统有哪些功能?

一、激光导向系统

激光导向系统利用有良好直线性光束的激光,投射到盾构里,使操纵者及时地了解盾构的偏离、偏转情况,并随时纠正顶进方向,确保施工质量,提供施工速度。

激光导向系统作用:盾构激光导向系统可以实时地监测盾构的位置、姿态,确保盾构沿着隧道设计轴线正确地掘进,使盾构掘进顺利地进行。

激光导向系统由激光发射装置、检查和转换装置、监控装置等组成。

常见激光导向系统有 VMT(SLS-T)、PPS、ENZAN。

1. 盾构机姿态描述

盾构机姿态是盾构机前端刀盘中心(以下简称"刀头")的三维坐标,体现了盾构机筒体中心轴线在三个相互垂直平面内的转角等参数,如图 3.41 所示。

(1)大地坐标系统(O-XYZ)。

整个工程现场的测量工作都与该坐标系统有关。大地坐标系统用来计算所有的固定点、起点及导线点。

(2)盾构坐标系统(F-xyz)。

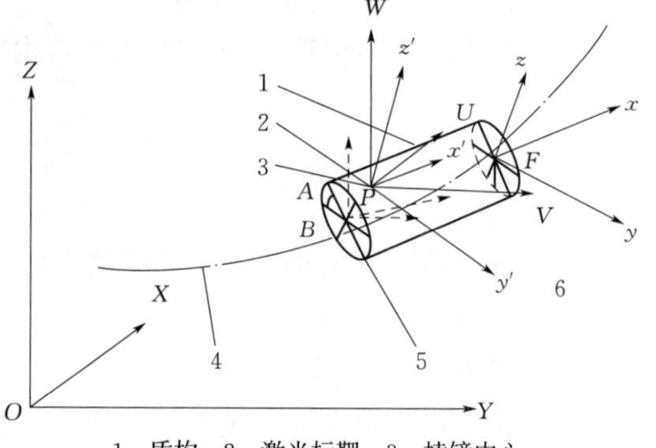

1—盾构;2—激光标靶;3—棱镜中心;
4—隧道设计中线;5—盾尾中心;6—刀盘中心。

图 3.41 激光导向系统涉及的坐标系

盾构机的目标安装位置、盾构的控制点与基准点都需要在此坐标系统中预先计算出来,这些数据在盾构机出厂前即由厂家提前设定。

(3)棱镜中心坐标系(P-$x'y'z'$)。

设计隧道轴线坐标系统用于测算盾构各个相关点的水平/垂直偏离值及里程。

2. 盾构机姿态参数

盾构机姿态参数包括水平姿态、垂直姿态、俯仰姿态及扭滚姿态等。姿态数据可以体现盾构机的各种旋转角度。

(1)水平偏角、偏航角:盾构中心轴线和设计隧道中线在水平投影面的夹角。

(2)倾角、俯仰角:盾构中心轴线和设计隧道中线在纵向竖直投影面的夹角,上仰为正、下仰为负。

(3)旋角、滚动角:盾构绕自身中心轴线相对于水平位置旋转的角度,右转为正(顺时针)、左转为负,如图 3.42 所示。

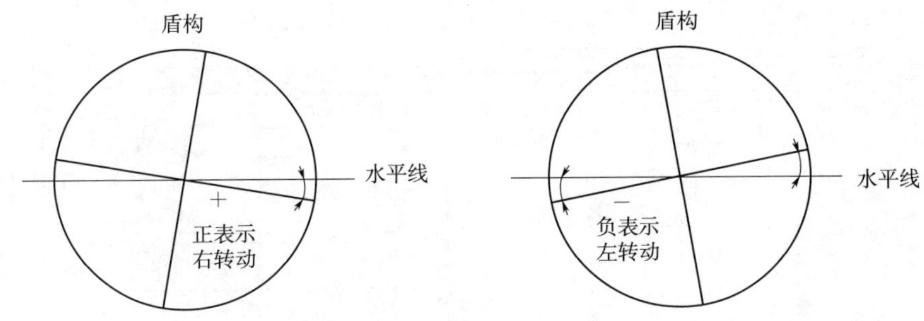

图 3.42　盾构机滚动角示意

3. 盾构偏差

盾构偏差是盾构在掘进过程中，盾构机上某些特定点相对于此位置设计隧道中心的相对位移，单位为 mm，如图 3.43 所示。

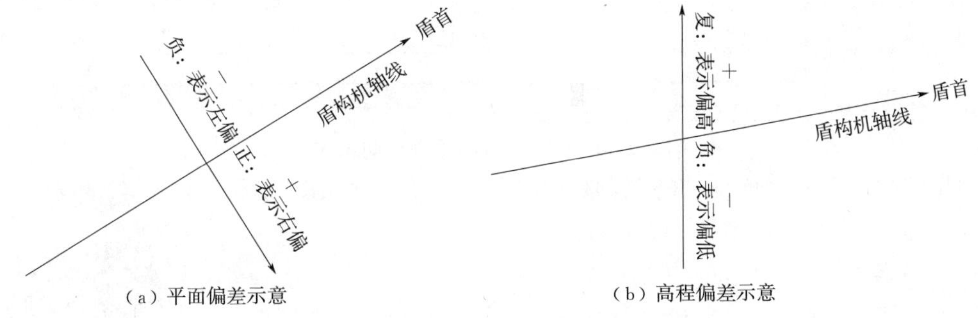

图 3.43　平面偏差和高程偏差示意

(1)盾首水平偏差：盾构机刀盘中心至平面设计轴线(DTA)的垂直距离，右正、左负。

(2)盾首垂直偏差：盾构刀盘中心至设计竖曲线的垂直距离，上正、下负。

(3)平面趋势：按照当前盾构掘进情况掘进，每掘进 1 m 产生的平面偏差，单位为 mm/m。

(4)垂直趋势：按照当前盾构掘进情况掘进，每掘进 1 m 产生的垂直偏差，单位为 mm/m。

二、激光导向系统主要部件

以 SLS-T 自动掘进导向系统为例，激光导向系统主要部件如图 3.44 所示。

1. 激光全站仪(TCA)

激光全站仪(TCA)是一种精密的大地测量仪器，能够精确地测量角度(水平及竖向)和距离，并能发射一束可见的基准激光，如图 3.45 所示。

激光全站仪临时固定在安装好的管片上，随着盾构机的不断向前掘进，激光全站仪也要不断地向前移动，被称为移站。

2. 电子激光接收靶

激光靶用来接收激光束，得到激光束的水平及竖向入射点。激光靶被固定在中盾的双室气闸上，如图 3.46 所示。

滚动角和俯仰角也通过集成于激光靶内部的测角仪来测得。

偏航角通过照射在激光靶上的激光的入射角来决定。

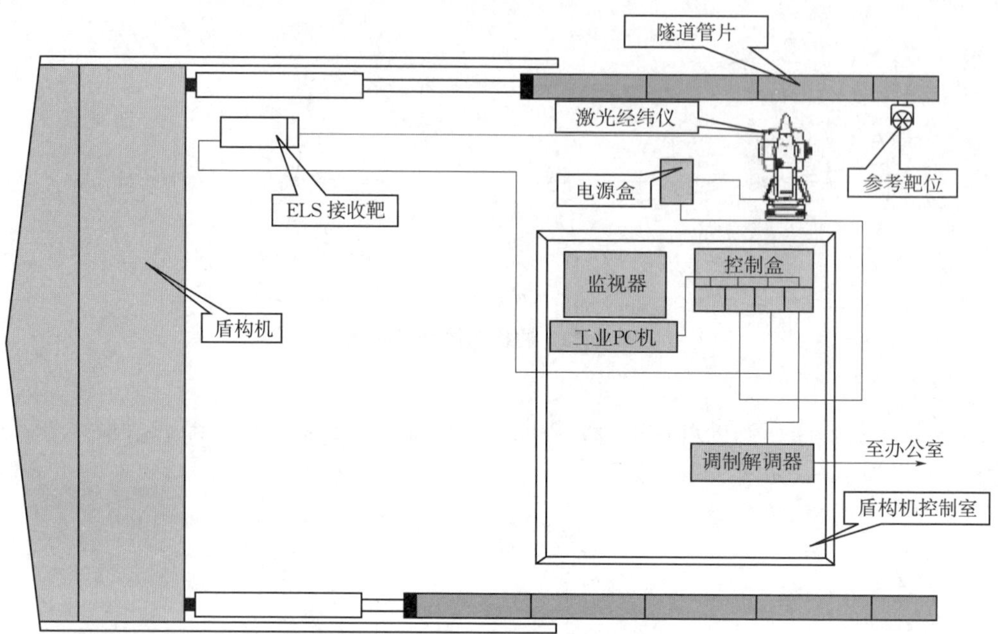

图 3.44　SLS-T 自动掘进导向系统

激光靶固定在盾构前部，在安装激光靶时，激光靶的确切位置已经被确定，激光靶跟隧道中线 DTA 的关系也已经确定。

3. 后视棱镜

后视棱镜为导向系统提供后视点。

4. 黄盒子

黄盒子是一种信号传输和供电装置，即给激光全站仪提供电源，同时也用于实现 PC 机和激光全站仪之间的通信，如图 3.47 所示。

5. 盾构机主控室

由程控计算机(预装隧道掘进软件，具有显示和操作面板)、控制盒、网络传输 Modem 和可编程逻辑控制器(PLC)四部分组成。其中，隧道掘进软件是盾构机激光导向系统的核心，如图 3.48 所示。

图 3.45　激光全站仪

图 3.46　电子激光接收靶

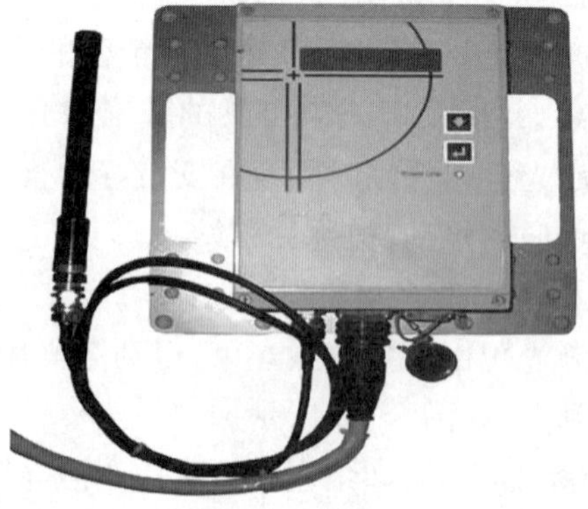

图 3.47　黄盒子

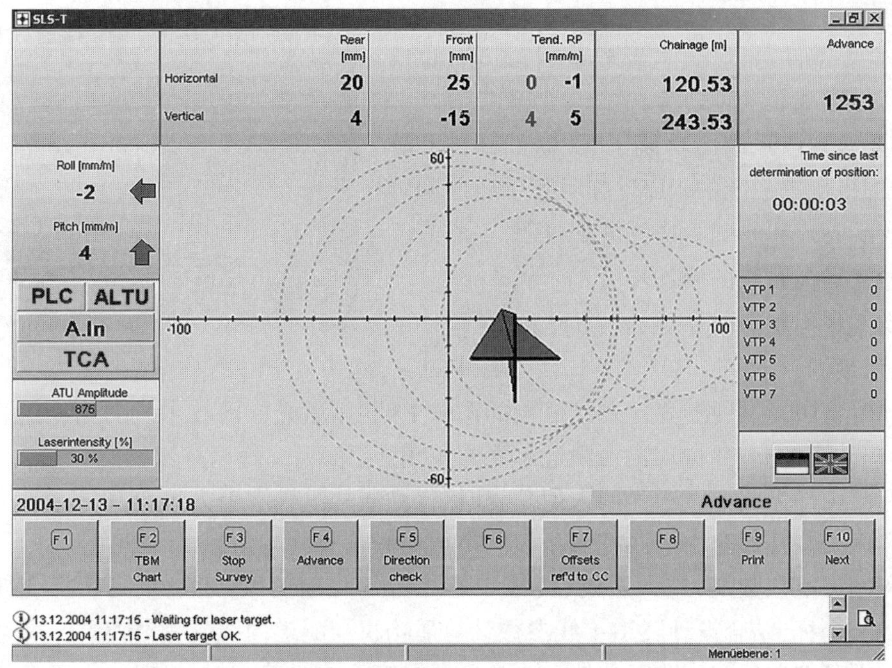

图 3.48　隧道掘进软件界面

软件主界面:以图形和数字方式显示刀头、盾尾横向偏差和竖向偏差,以数字方式显示滚动角、俯仰角、水平和垂直偏角、水平和垂直趋势、推进里程等参数,如图 3.49 所示。

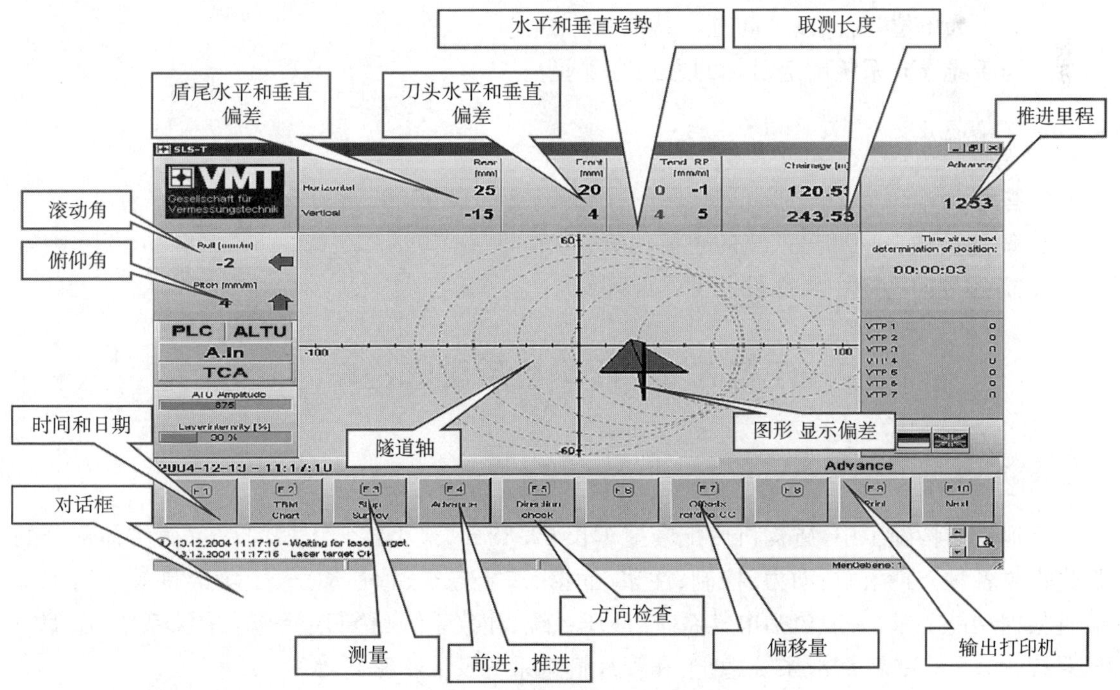

图 3.49　主控室软件界面介绍

6. 其他

图 3.50 控制箱

其他主要部件有网卡、电缆卷盘、控制箱(也叫数据终端,如图 3.50 所示)等。

此外要实现该系统的功能,相关联的部件和软件还有盾构机掘进系统的 PLC、自动测量盾尾间隙的部件、实现管片环收敛等量测的部件等。

三、激光导向系统的操作步骤

(1)由系统控制激光全站仪实时测定盾构棱镜的三维地面坐标。

(2)同时将激光发射器固定在已成洞的洞壁上,利用激光导向技术发射出来的直线光束投射到盾构的靶板上,并自动记录激光水平方位角。

(3)标靶内部光栅捕获激光的入射角,间接得到盾构纵轴水平方位角。

(4)利用安装在标靶中的两把测角仪测得盾构倾角和旋转角。

(5)利用以上参数及刀头、盾尾、棱镜中心三者的几何关系,通过空间坐标变换解算刀头、盾尾中心坐标,结合设计隧道中线参数计算盾构机与隧道中线的相对偏差。

(6)依据各偏差值拟合改正曲线,由 PLC 根据修正曲线控制机械装置,调整各油缸杆在不同时刻的伸长量。如此反复,指导盾构机掘进。

小组讨论

以小组为单位,讨论以下问题:

盾构激光导向系统确定目标的方式有哪些?

课后巩固

简答题

1. 简述盾构自动导向系统的主要功能。

2. 简述导向系统主要部件及工作原理。

任务 3.8 盾构机后配套拖车

某地铁盾构施工中,盾构机后配套拖车长 67.88 m,最小转弯半径 150 m,为主体部分的掘进提供各种支持,包括动力、控制、注浆、润滑、渣土输送、管片输送、土壤改良等。后配套装置根据功能要求,一般包括电气系统、液压系统、注浆系统、膨润土系统、泡沫系统、压缩空气系统、循环水系统、润滑系统、渣土和管片输送系统及油脂密封等。

引导问题

盾构机的后配套拖车主要包括哪些部分？

一、后配套拖车的功能

后配套拖车包括连接桥和拖车，其上装有保证盾构机正常工作的各种设备和系统。主要包括控制室、注浆搅拌系统，渣土改良系统，风、水、电、气供应系统，润滑系统，带式输送机出渣或泥浆管路系统，后配套辅助系统及安全、生活设施。

连接桥前端通过拖拉液压缸与托梁连接，后端通过销轴与1号拖车连接；拖车铺设有人员通道，拖车之间用拉杆相连。一般盾构机由5节或6节台车组成，如图3.51所示。

图3.51　后配套拖车

二、后配套拖车的结构形式

1. 行走方式

行走多采用钢制轮，轨道行走。有些盾构机采用在管片内壁上行走的方式。

2. 主体结构

连接桥为桁架结构，它处在管片拼装机轨道梁和1号拖车之上。后配套拖车结构形式主要为门形双侧拖车。

3. 牵引方式

牵引方式有上部牵引和下部牵引两种。上部牵引在中间设置一个拉杆或在上部两侧各设1个拉杆；下部牵引在下部两侧各设1个拉杆；当采用2个拉杆时，通常做成螺旋扣（左右旋螺纹）的形式，以便在曲线段时调整两侧牵引杆的长度以调节转弯。

4. 拖车及设备桥布置

拖车及设备桥布置考虑以下几方面：

（1）设备布置是否紧凑，是否便于维保；

（2）人行通道是否方便，安装是否方便；

（3）运输是否方便。

三、后配套拖车系统的主要设备

盾构机后配套拖车主要安装设备见表3.2。

表3.2　盾构机后配套拖车主要安装设备

拖车号	主要安装设备
连接桥	皮带机随动轮及接渣支架装置、管片吊机
1号拖车	控制室、注浆泵、砂浆罐、小配电柜、泡沫发生装置

续上表

拖车号	主要安装设备
2 号拖车	主驱动系统泵站、膨润土罐及膨润土泵
3 号拖车	主配电柜、泡沫箱及泡沫泵、油脂站
4 号拖车	两台空压机、风包、主变压器、电缆卷筒
5 号拖车	空压机、水管卷筒、通风机、皮带机出料装置
6 号拖车	内、外循环水系统

小组讨论

以小组为单位，讨论以下问题：

盾构机常见的管线有哪些？如何区分？

选择题

1. 盾构机液压油管路一般是(　　)色。

A. 黄　　B. 棕　　C. 白　　D. 绿

2. 盾构机主控室位于(　　)。

A. 主机　　B. 连接桥　　C. 后配套拖车

3. 连接桥前端通过(　　)与中盾处的托梁连接。

A. 推进油缸　　B. 拖拉液压缸　　C. 铰接油缸

4. (　　)不属于盾构机后配套拖车上的设备。

A. 液压泵　　B. 主配电柜　　C. 人舱

5. 盾构机后配套系统不包括(　　)。

A. 电气　　B. 渣土改良　　C. 液压系统　　D. 推进系统

项目4

盾构机电气控制系统

知识目标

1. 掌握盾构机主要电气设备的种类、功能和特性；
2. 了解盾构机供配电系统的组成；
3. 掌握盾构机高压/低压供电系统的功能；
4. 掌握盾构机 PLC 控制系统的功能及维护要求。

能力目标

1. 能够根据工程项目的要求，选择适宜的电气设备类型；
2. 能够计算盾构机变压器的容量，并对变压器选型；
3. 能够根据工程项目的要求，选择供配电系统的形式；
4. 具备盾构机 PLC 控制系统设置、操作、故障排查的能力。

职业素养目标

1. 培养科学分析问题的能力；
2. 培养归纳总结及语言表达能力；
3. 培养吃苦耐劳、勇于创新、敢于创新的精神；
4. 培养团队合作能力和沟通能力。

任务 4.1 常用的电气设备和元器件

某土压平衡式盾构机，拆机存放在设备场地，现准备维修后用于地铁线路某区间，需对电气部分进行清洁维修，检查所有电气柜及其内部元件、阀组电控部分、高压电缆、变压器、

电机、传感器、电缆等设备，对损坏的元器件进行更换。

学习相关知识，说明盾构机主要的电气设备及元器件都有哪些？

列出盾构机各类电气设备及元器件的组成、功能和特性。

一、变压器

变压器是用来改变交流电压大小的电气设备。它是根据电磁感应的原理，以相同的频率，在两个或更多的绕组之间，变换交流电压和电流而传输电能的静止电气设备。变压器主要由铁芯和套在铁芯上的两个（或两个以上）相互绝缘的线圈组成，线圈之间有磁的耦合，但没有电的联系。

变压器主要有油浸式变压器和干式变压器两种类型。

油浸式变压器是将变压器的器身浸泡在绝缘油里，依靠油箱上的散热片与外界交换热量，将变压器的热量带走。大容量的变压器油箱装有油泵，将油箱内的热油抽出，与专用的散热装置交换热量，再将冷油送入油箱，如此循环，达到冷却变压器的目的，如图 4.1 所示。

干式变压器是指铁芯和绕组不浸泡在绝缘油中的变压器，如图 4.2 所示。冷却方式分为自然空气冷却和强迫空气冷却。干式变压器主要分为开启式、封闭式、浇注式三种形式。

图 4.1　油浸式变压器

图 4.2　干式变压器

开启式：一种常用的形式，其器身与大气直接接触，适应于比较干燥而洁净的室内。

封闭式：器身处在封闭的外壳内，与大气不直接接触（由于密封、散热条件差，主要用于矿用，属于防爆型）。

浇注式：用环氧树脂或其他树脂浇注作为主绝缘，它结构简单、体积小，适用于较小容量的变压器。

盾构机常用的变压器有波纹密封油浸式和干式变压器两种。油浸式变压器具有体积小、价格低等优点，但其维护不便；而干式变压器维护方便，过载能力强，但体积大、价格贵。因此目前一般常见的盾构机采用的是全密封油浸式变压器，它使变压器内部与大气隔离，防止油的劣化和绝缘受潮，增强了运行的可靠性。

二、断路器

断路器是指能够关合、承载和断开正常回路条件下的电流，并能关合、在规定的时间内承载和断开异常回路条件下的电流的开关装置，如图 4.3 所示。

图 4.3　断路器

断路器一般由触头系统、灭弧系统、操作机构、脱扣器、外壳等几部分构成。

断路器可用来分配电能，不频繁地启动异步电动机，对电源线路及电动机等实行保护。当发生严重的过载、短路或欠压等故障时能自动切断电路，其功能相当于熔断器式开关与过欠热继电器等的组合。

当短路时，大电流（一般 10～14 倍）产生的磁场克服反力弹簧，脱扣器拉动操作机构动作，开关瞬时跳闸。

当过载时，电流变大，发热量加剧，双金属片变形到一定程度，推动机构动作（电流越大，动作时间越短）。

采用电子型的断路器时，使用互感器采集各相电流大小，与设定值比较，当电流异常时微处理器发出信号，使电子脱扣器带动操作机构动作。

三、变频器

变频器是一种交流电气传动系统，是将交流工频电源转换成电压、频率均可变的适合交流电机调速的电力电子变换装置，英文简称 VVVF（variable voltage variable frequency），如图 4.4 所示。盾构中变频器常见于主驱动系统，用于精确调节电机转速与转矩。

变频器结构示意如图 4.5 所示。

整流单元主要由整流桥构成，通过将整流器与交流电源相连接，产生脉动的直流电压，分为可控整流和不可控整流两种。

中间电路使脉动的直流电压变得稳定或平滑，供逆变器使用，同时为各个控制线路供电，其可以配置滤波或制动装置以提高变频器的性能。

逆变单元采用可变或固定直流电压型的逆变器，将固定的直流电压变换成可变电压和

图 4.4　变频器

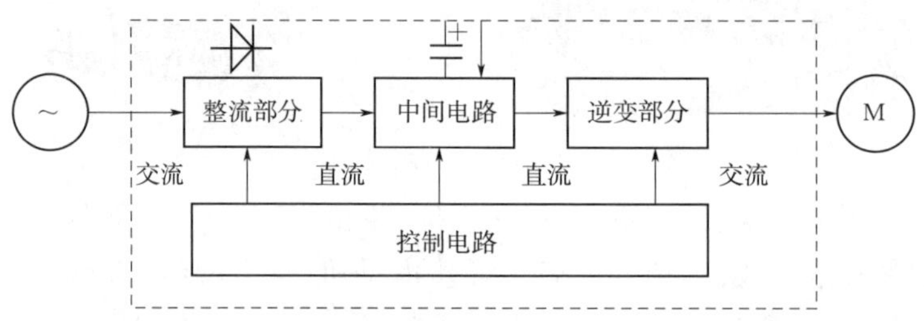

图 4.5　变频器结构示意

频率的交流电压,用不同的调制极数使半导体器件通断,从而改变变频器的输出频率。

控制电路的作用为控制变频器半导体器件启动、控制变频器和周边电路的数据交换、收集和报告故障信息,执行对变频器和电机的保护功能。

四、软启动器

功率较大的电动机直接启动时有较大的冲击电流,为了避免启动电流对电网的冲击,对大功率的电动机采用软启动器启动,中小功率的电动机采用星—三角启动或直接启动方式。

软启动器是一种集软停车、轻载节能和多种保护功能于一体的新型电机控制装置。它的主要构成是串接于电源与被控电机之间的三相反并联晶闸管及其电子控制电路,如图 4.6 所示。

运用串接于电源与被控电机之间的软启动器,控制其内部晶闸管的导通角,使电机输入电压,从零以预设函数关系逐渐上升,直至启动结束,赋予电机全电压,即为软启动。

在软启动过程中,电机启动转矩逐渐增加,转速也逐渐增加,直到晶闸管全导通,电动机工作在额定电压的机械特性上,实现平滑启动,降低启动电流,避免启动过流跳闸。待电机达到额定转数时,

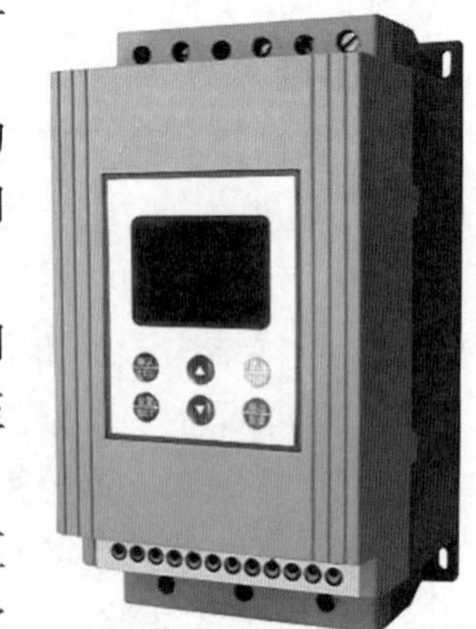

图 4.6　软启动器

启动过程结束，软启动器自动用旁路接触器取代已完成任务的晶闸管，为电动机正常运转提供额定电压，以降低晶闸管的热损耗，延长软启动器的使用寿命，提高其工作效率，同时使电网避免了谐波污染。

软启动器还提供软停车功能，软停车与软启动过程相反，电压逐渐降低，转速逐渐下降到零，避免自由停车引起的转矩冲击。

五、接触器

接触器是利用线圈流过电流产生磁场，使触头闭合，以达到控制负载的电器，如图 4.7 所示。接触器由电磁机构、触头系统和灭弧装置等组成。原理是当接触器的电磁线圈通电后，会产生很强的磁场，使静铁芯产生电磁吸力吸引衔铁，并带动触头动作，常闭触头断开，常开触头闭合，两者是联动的。当线圈断电时，电磁吸力消失，衔铁在释放弹簧的作用下释放，使触头复原，常闭触头闭合，常开触头断开。

图 4.7　接触器

六、电动机

电动机是一种旋转式电动设备，它将电能转变为机械能，主要包括一个用以产生磁场的电磁铁绕组或分布的定子绕组和一个旋转电枢或转子。在定子绕组旋转磁场的作用下，转子中有电流通过并受磁场的作用而转动。根据电机可逆性原则，如果电机在结构上没有发生任何改变，既可以做电动机使用，也可作发电机使用，如图 4.8 所示。

通常电动机的做功部分作旋转运动，这种电动机称为转子电动机；作直线运动的称为直线电动机。电动机能提供的功率范围很大，从毫瓦级到兆瓦级。

图 4.8　电动机

三相异步电动机的两个基本组成部分为定子（固定部分）和转子（旋转部分）。三相定子绕组在空间按互差 120°的规律对称排列，与三相电源相连，电流在定子绕组中通过，会产生旋转磁场。由于定子绕组与旋转磁场垂直，当磁场旋转时，切割转子绕组，从而在转子绕组中感应电流。通电的导体切割磁力线时，会在导体中产生电磁力，从而带动转子旋转。

七、接近开关

接近开关是一种不需与运动部件进行机械接触而可以操作的位置开关，当物体接近开关的感应面时，不需要机械接触，不需要施加任何压力即可使开关动作，从而驱动交流电器、直流电器或给计算机装置提供控制指令。接近开关是一种开关型传感器（即无触点开关），它既有行程开关、微动开关的特性，同时具有传感性能，且动作可靠，性能稳定，频率响应快，应用寿命长，抗干扰能力强并具有防水、防振、耐腐蚀等特点，如图 4.9 所示。

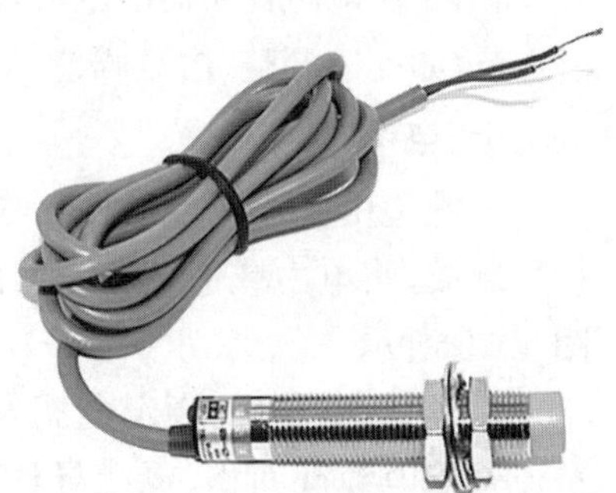

图 4.9　接近开关

当有物体移向接近开关,并接近到一定距离时,位移传感器才有感知,开关才会动作,通常把这个距离叫检出距离,不同的接近开关检出距离也不同。有时被检测物体是按一定的时间间隔,一个接一个地移向接近开关,又一个一个地离开,这样不断地重复。不同的接近开关,对检测对象的响应能力是不同的,这种响应特性被称为响应频率。

对于不同的材质的检测体和不同的检测距离,应选用不同类型的接近开关,以使其在系统中具有高的性能价格比。

八、继电器

继电器是一种电控制器件,是当输入量的变化达到规定要求时,在电气输出电路中使被控量发生预定的阶跃变化的一种电器。它具有控制系统(又称输入回路)和被控制系统(又称输出回路)之间的互动关系。通常应用于自动化的控制电路中,它实际上是用小电流去控制大电流运作的一种自动开关,因此在电路中起着自动调节、安全保护、转换电路等作用,如图 4.10 所示。

图 4.10　继电器

电磁继电器一般由铁芯、线圈、衔铁、触点簧片等组成。只要在线圈两端加一定的电压,线圈会流过一定的电流,从而产生磁场,衔铁就会在电磁力吸引的作用下吸向铁芯,从而带动衔铁的动触点与静触点吸合。当线圈断电后,电磁的吸力也随之消失,衔铁就会在弹簧的反作用力下返回原来的位置,使动触点与原来的静触点释放。

九、比例阀放大器

比例阀放大器又叫电液比例放大板,是一种对比例电磁铁提供特定性能的电流,并对电液比例阀或电液比例控制系统进行开环或闭环调节的电子装置,是电液比例元件或系统的主要组成单元,如图 4.11 所示。

比例电磁铁为了克服弹簧力和液动力,必须有足够的电流,工业控制标准信号通常是 0～5 V、0～10 V、−5～+5 V、−10～+10 V 的电压信号或 0～20 mA、4～20 mA 的电流信号,这些信号带负载能力很弱,不足以推动比例电磁铁。

比例阀放大器起到一个信号匹配的作用,接收微弱的控制信号,输出比例电磁铁所需的电流,同时比例阀放大器加入了各种必要环节,如死区调整、增益调整、斜坡时间调节、颤振调节等。

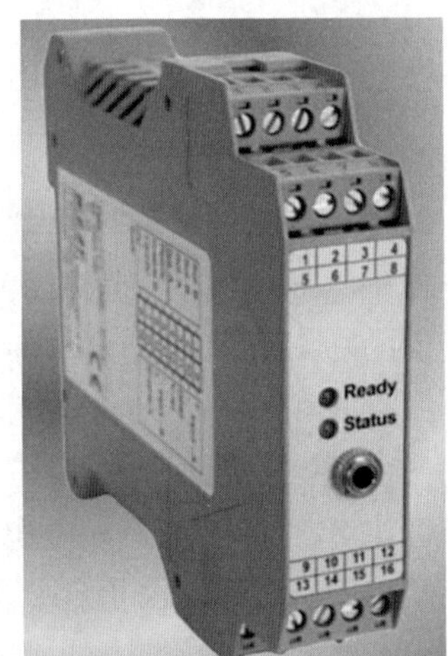

图 4.11　比例阀放大器

十、电缆

电缆是由一根或多根相互绝缘的导体和外包绝缘保护层制成,将电力或信息从一处传输到另一处的导线,如图 4.12 所示。

电缆允许通过的额定电流为电缆的载流量。电缆的载流量受电缆截面积、电缆导体类型、敷设方式、环境温度等的影响,电缆截面积越小,其单位截面积的载流量越

图 4.12　电缆

大;环境温度越低,电缆载流量越大。在选用电缆时,不同截面积的电缆载流量,均应查询电缆手册。

电缆无论是存放还是使用,都会慢慢老化,护套开裂、变脆,这些老化和损坏的原因有外力损伤、绝缘受潮、化学腐蚀、长期过负荷运行、接头故障、紫外线照射、油腐蚀等。

以小组为单位,讨论以下问题:

变频器由哪几部分组成?各部分的作用是什么?

课后巩固

填空题

1. 变压器主要有__________和__________两种类型。
2. 断路器在电路发生__________、__________或__________等故障时能自动切断电路。
3. 大功率的电动机采用__________启动,中、小功率的电动机采用__________启动或__________启动方式。
4. 交流接触器的电磁机构由__________、__________和__________组成。

判断题

5. 三相异步电动机能产生感应电流的结构部分是定子绕组。 (　　)
6. 电缆接头压接不紧会导致电缆头绝缘能力降低。 (　　)
7. 比例阀放大器可对比例电磁铁提供特定性能的电流。 (　　)
8. 交流接触器的接通电流小于负载的启动电流。 (　　)

简答题

9. 简述电磁继电器的工作原理。

任务 4.2　盾构机供配电系统

任务导入

某地铁隧道掘进主要选用土压平衡式盾构机 2 台,每台盾构机配置 2 台 1 000 kV·A 的移动式变压器,左、右洞口各设 2 台功率为 74 kW 的通风机,通过风管往洞内送空气。

学习相关知识,说明盾构机的供配电系统包括哪些部分。

引导问题

盾构机高压供电系统由哪几部分组成?各有什么功能?盾构机的接地系统都有哪些?

盾构机的供配电系统分为高压供电、低压配电、控制供电、应急配电和照明供电五个部分。

一、盾构机的高压供电系统

我国城域配电电压等级为 10 kV，一般用电容量满足下列条件之一时，应采用 10 kV 高压供电：

(1)用电容量大于 250 kV·A；

(2)供电距离大于 200 m。

盾构机属于三级用电负荷，由于我国大、中城市城域电网供电可靠性已达 99.9%以上，所以采用一路 10 kV 高压电源供电，经过变压器变压成 400 V 低压，给电动机、照明和控制系统供电。盾构机高压供电系统主要由进线端子箱、高压开关柜、变压器构成。端子箱是盾构机 10 kV 高压供电的接口，高压开关柜对变压器进行短路和温升保护，变压器实现 10 kV 到 400 V 的变换。

盾构机的高压供电电缆采用三相四线制 10 kV 软电缆(L_1，L_2，L_3，PE)，隧道内应沿隧道采用支架安装，活套部分在后配套车的变压器车后盘放，其中 PE 接变压器的极地端子。由地面引入地下的电缆采用 YJV42 防水型铠装电缆。

为了保障施工人员及设备的安全，地下照明可按二级负荷考虑。在一些特殊地区，如在隧道内设有排水泵的环境中，排水泵可按一级负荷考虑。对于这些一、二级负荷，可采用 EPS 作为第二路电源，其中 EPS 技术又可分为集中式和分散式。当这些一、二级负荷的容量较大时，也可用能自启动的自备柴油发电机作为第二路电源。自备柴油发电机容量选取的原则要能保证所带负荷正常运行，又要保证所带电动机的启动。一般 1 kV·A 自备柴油发电机允许直接启动电动机的容量为 0.12 kW。

二、盾构机变压器的容量计算

选择变压器的容量需要进行负荷计算，在供配电系统的负荷计算中常用的是需要系数法。对于同类型的用电设备，其负荷曲线具有大致相似的形状。由于电动机实际上不一定都同时运行，而且运行的电动机也不可能都满负荷，同时设备本身及配电线路也有有功功率损耗，因此考虑这些因素后对电动机的有功计算负荷应为

$$P_{30}=K_{\mathrm{d}}\times P_{\mathrm{e}}$$

式中 P_{30}——有功计算负荷，kW；

K_{d}——需要系数，不同的设备有不同的需要系数；

P_{e}——经过折算后的设备容量，kW。

再根据设备的功率因数计算出无功功率 Q_{30} 及 S_{30}，有

$$Q_{30}=P_{30}\times\tan\varphi$$

$$S_{30}=P_{30}/\cos\varphi$$

计算出每台设备的 P_{30} 及 Q_{30} 后，再计算总的负荷 $\sum P_{30}$ 及 $\sum Q_{30}$，进而计算总的视在功率 $\sum S_{30}$；如果总的功率因数 $\cos\varphi$ 较低，要进行无功补偿，以降低总的视在功率 $\sum S_{30}$。

根据计算出来的 $\sum S_{30}$ 选择变压器的容量，应使变压器的容量 S 大于 $\sum S_{30}$；而且还要保证供电系统的功率因数不能过低，否则应进行功率因数补偿。功率因数一般要补偿到

0.9 以上。盾构机常用变压器的容量有以下系列：800 kV・A、1 000 kV・A、1 250 kV・A、1 600 kV・A、2 000 kV・A、2 500 kV・A。

变压器的负荷率一般在 70%～80%，过高会减少变压器的寿命，还会增加变压器的故障；变压器的负荷率过低会增加变压器的损耗，起不到节能的效果。

三、盾构机的低压配电系统

1. 盾构机的接地系统

由于盾构机的工作环境复杂，为了保障盾构机在工作时设备及人员的安全，盾构机的接地系统应做到万无一失。盾构机的接地系统包括供电接地系统、计算机接地系统、静电接地系统及等电位接地系统等。

(1)供电接地系统

供电接地系统分为 TN、TT 和 IT 接地系统。TN 接地系统是变压器的零线和接地线 PE 共用接地极；TT 接地系统是电力系统中有一点直接接地，受电设备的外露可导电部分通过保护线接至与电力系统接地点无直接关联的接地极；IT 接地系统中变压器中心点不接地。

TN 接地系统的变压器的工作零线 N 与接地线 PE 共用接地极，接地装置在变压器侧。TN 接地系统又可分为 TN-S、TN-C 及 TN-C-S 接地系统。

TN-S 接地系统的工作零线 N 与接地线 PE 在供配电系统中不共用，供配电系统为三相五线制，工作零线 N 接设备的工作零线，接地线 PE 接设备正常工作时不带电的金属外壳。TN-S 接地系统的安全性在 TN 系统最好，但系统的投资较高。图 4.13 为 TN-S 系统的接线形式。

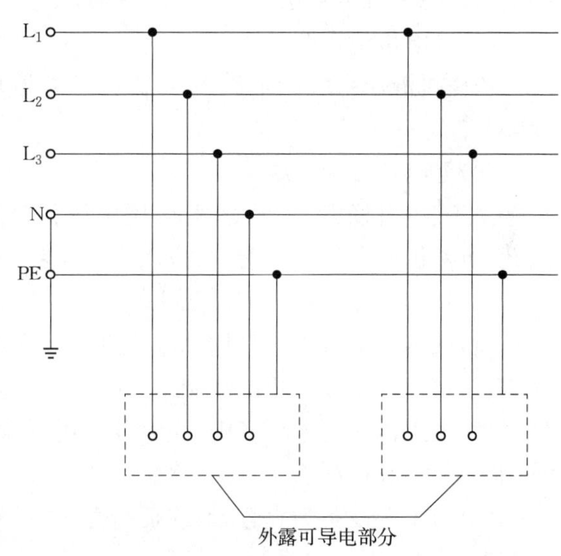

图 4.13　TN-S 系统的接线形式

TN-C 接地系统的工作零线 N 与接地线 PE 在供配电系统中共用，供配电系统为三相四线制，第四根线既接设备的工作零线，又接设备正常工作时不带电的金属外壳。TN-C 接地系统的安全性在 TN 系统较差，但系统的投资较低。图 4.14 为 TN-C 系统的接线形式。

TN-C-S 接地系统的工作零线 N 与接地线 PE 在供配电系统中有时共用，有时不共用。采用 TN-C-S 系统时，当保护线与中性线从某点(一般为进户处)分开后就不能再合并，且中性线绝缘水平应与相线相同。一般在供配电系统的前段共用，在供配电系统的后段不共用，供配电系统为三相五线制和三相四线制混合供电。在供配电系统的前段为三相四线制，第四根线既接设备的工作零线，又接设备正常工作时不带电的金属外壳。在供配电系统的后段为三相五线制，工作零线 N 接设备的工作零线，接地线 PE 接设备正常工作时不带电的金属外壳。图 4.15 为 TN-C-S 系统的接线形式。

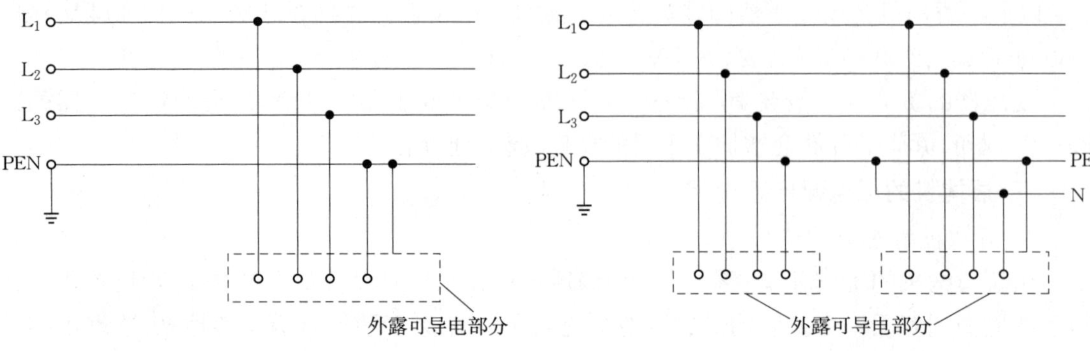

图 4.14 TN-C 系统的接线形式　　**图 4.15 TN-C-S 系统的接线形式**

由于盾构机工作的环境复杂，为了设备和人身的安全，盾构机的主要接地系统多采用 TN-S 接地系统。

(2)计算机接地系统

盾构机由于有计算机系统的数字地和模拟地，这些接地可以和供电系统的接地共用接地极，但是接地排要分别设置，且接地电阻不能大于 1 Ω。有条件时还可考虑计算机控制系统的防电磁干扰屏蔽接地。

(3)静电接地系统

盾构机液压系统的油路管道及气压管道均要做防静电接地，以防管道静电放电产生故障。

(4)等电位接地系统

由于盾构机的工作环境潮湿，用电设备繁多，一旦发生漏电会对设备及人身产生危害。因此，盾构机需做等电位接地，应用 40×4 镀锌扁钢作等电位连接。

2. 盾构机低压配电系统的形式

(1)低压配电电压应采用 230/400 V。带电导体系统的型式宜采用单相二线制、两相三线制、三相三线制和三相四线制。

(2)在正常的用电环境中，当大部分用电设备为中小容量，且用电设备无特殊要求时，宜采用树干式配电方式。

(3)当用电设备为大容量，或负荷性质重要，或在有特殊要求的用电环境中，宜采用放射式配电方式。

(4)当部分用电设备距供电点较远，而彼此相距很近、容量很小的次要用电设备，可采用链式配电方式，但每一回路环链设备不宜超过 5 台，其总容量不宜超过 10 kW。

采用何种配电方式要根据用电设备的情况具体而定。一般盾构机中大容量的油泵电机、空气压缩机电机、刀盘驱动电机、螺旋输送机的驱动电机及注浆泵电机等都采用放射式供电，而其他的负荷多数采用树干式配电方式或链式配电方式。

3. 盾构机配电保护形式

(1)盾构机变压器低压侧出线总开关应设长延时脱扣保护(15 s)、短延时脱扣保护(0.2～0.5 s)、欠压保护和接地保护。

(2)盾构机中用电设备的配电线路应设短路保护、过负载保护和漏电保护，用于切断供电电源或发出报警信号。

(3)对于操作人员直接接触的用电设备，所选断路器应具有 0.03 A 的剩余电流动作保护功能，确保在故障情况下可靠切断电源，保护人身安全。

(4)盾构机中用电设备配电线路采用的上下级保护电器，其动作应具有选择性；各级之间应能协调配合。但对于非重要负荷的保护电器，可采用无选择性切断。

4. 低压配电电器元件的选择

(1)盾构机变压器低压侧出线

盾构机变压器低压侧出线一般采用电缆出线或封闭式母线出线，出线电缆由变压器低压侧至配电柜后续台车沿电缆桥架明敷。若盾构机变压器低压侧出线采用封闭式母线，由变压器低压侧至配电柜后续台车的封闭式母线槽应沿支架敷设，并应在台车之间设拉紧装置，防止母线槽受力而损坏。

(2)盾构机变压器低压侧出线总开关

盾构机变压器低压侧出线总开关采用智能型框架式断路器，其规格依变压器的容量而定。

(3)盾构机变压器低压侧各馈出线开关

各馈出线开关一般采用塑壳断路器，其规格主要有额定电压、额定电流、脱扣器的额定电流等参数，这些参数依所供回路的负荷大小而定。

5. 盾构机用电设备线缆的选择

(1)导体的类型应按敷设方式及环境条件选择。绝缘导体除满足上述条件外，应符合工作电压的要求。

(2)导体的允许载流量不应小于线路的负荷计算电流。

(3)线路电压损失应满足用电设备正常工作及启动时端电压的要求。从变压器低压侧母线至用电设备受电端的线路电压损失，一般不超过用电设备额定电压的 5%。

(4)PE 线采用单芯绝缘导线时，按机械强度要求，截面不应小于下列数值：

①有机械性的保护时为 2.5 mm^2；

②无机械性的保护时为 4 mm^2。

四、控制供电

控制供电主要有 AC 230 V、DC 24 V 两个电压级别。AC 230 V 主要为接触器线圈和除照明外的单相负载供电，控制回路与动力回路由变压器隔离。DC 24 V 为阀、PLC、工控机、传感器等供电，DC 24 V 由开关电源供电。

五、盾构机的照明供电

根据我国《施工现场临时用电安全技术规范》(JGJ 46—2005)(以下简称《规范》)，隧道内应设一般照明和局部照明。一般照明为照亮整个场所而设置的均匀照明，包括盾构机工作面的照明及隧道照明。局部照明为特定视觉工作用的或为照亮某个局部而设置的照明，包括盾构机工作面的局部照明及后配套车的局部照明等。

《规范》规定：停电后，操作人员需要及时撤离现场的特殊工程，必须装设自备电源的应急照明。根据此规定，隧道内应设置供人员疏散用的应急照明，以便确保疏散通道被使用人员有效地辨认和使用；还应设置供人员疏散时使用的备用照明。

《规范》规定：隧道、比较潮湿或灯具离地面高度低于 2.5 m 等场所的照明，电源电压不应大于 36 V。

由于盾构机施工现场及隧道内比较潮湿，应选用密闭型防水防尘照明器或配有防水灯头的开启式照明器具。隧道内灯具离地面高度低于 2.4 m 等场所的照明，电源电压应采用不大于 36 V 的安全电压。在特别潮湿的场所或导电良好的地面内工作的照明电源电压应采用不大于 12 V 的安全电压。为安全起见，隧道内的照明还应遵循以下几点：

(1)安全照明变压器必须使用双绕组型变压器，严禁使用自耦变压器。

(2)携带式照明变压器的一次侧电源引线应采用橡皮护套电缆或塑料护套软线。

(3)其中保护零线中间不得有接头，长度不宜超过 3 m，电源插销应选用有接地触头的插销。

(4)照明系统中的每一单相回路上，灯具和插座数量不宜超过 25 个，并应装设熔断电流为 15 A 及 15 A 以下的熔断器保护。

(5)潮湿或特别潮湿场所，灯具应选用密闭型防水灯具。

(6)照明灯具的金属外壳必须作保护接地，单相回路的照明开关箱(板)内必须装设漏电保护器。

(7)电器、灯具的相线必须经开关控制，不得将相线直接引入灯具。

(8)对于盾构机附近的照明器，由于存在较大振动源，应选用防振型照明器。

(9)对于隧道疏散应急照明应采用自带蓄电池的应急灯具或采用 EPS 应急电源供电，且应能够保证灯具在正常电源断电后自动点亮。EPS 的额定输出功率不应小于所连接的应急照明负荷总容量的 1.3 倍，EPS 的蓄电池初装容量应保证备用时间不小于 90 min，EPS 用作疏散照明及备用照明电源装置的切换时间不应大于 5 s。

小组讨论

以小组为单位，讨论以下问题：

供电系统的接地有哪些形式？盾构机的供电接地系统采用的是什么形式？

课后巩固

填空题

1. 供电接地系统分为__________、__________和__________三种接地系统。

2. 盾构机的接地系统包括__________、__________、__________和__________。

3. 在特别潮湿的场所或导电良好的地面内工作的照明电源电压，应采用不大于________的安全电压。

判断题

4. 盾构机属于三级用电负荷，采用一路 10 kV 高压电源供电。 (　　)

5. TN-C 接地系统的工作零线 N 与接地线 PE 线在供配电系统中不共用。　(　　)

6. 盾构机不需要做等电位接地。　(　　)

7. 盾构机的主要接地系统多采用 TN-S 接地系统。　(　　)

问答题

8. 变压器的容量要如何选择?

9. 简述盾构机低压配电系统的形式。

任务 4.3　盾构机 PLC 控制系统

任务导入

盾构机 PLC 控制系统调试时,泡沫泵一启动就跳闸。检查 PLC 输入输出端后,发现其输出端在启动时有信号输出,但在启动后输出信号就没有了,说明有条件未满足导致跳闸。流量计将测得的泡沫流量输入到 PLC 中,用万用表测量 PLC 模拟量输入端子(PEW618)的电流值,发现输入电流为 0(正常情况下,即使没有流量,也应有 4 mA 的电流通过)。进一步检查,发现其中一根线断了,将它接好后能正常工作。学习相关知识,说明盾构机 PLC 控制系统的基本原理。

引导问题

1. 盾构机 PLC 控制系统的基本要求有哪些?

2. 简述盾构机信息传输系统的功能。

知识学习

盾构机是一个机、电、液一体化的工厂化隧道开挖施工机械,是大型化、自动化、流程化的大型联动机。由于其控制环节多,工序复杂,并且相互关联,相互影响,任何一个环节出现故障都将影响正常掘进,甚至停机修理。为了保障盾构机工作的高度可靠性、安全性和易维护性,其控制系统采用了 PLC 可编程控制系统。PLC 可编程控制系统具有系统功能强、可靠性高、抗振性能好、编程容易、修改方便、扩充维修容易等一系列优点。

某盾构掘进控制层配备核心部分 PLC 采用的是高性能模块化 S7-400 系列 PLC,原始数据在此进行采集,各种控制调节命令最后也在此发出,因此 PLC 是盾构机的控制中枢,是整个控制系统中重要的、对可靠性要求很高的"一线"控制设备。

一、PLC 的结构及通信方式

1. PLC 的结构

PLC 由 CPU、编程器、存储器、输入/输出模块等部分组成,如图 4.16 所示。

S7-400PLC 为模块化结构,除必配的几种模块外,可以根据实际需要选配其他模块。主要有以下几个模块组成:中央处理单元(CPU)模块、信号模块(SM)、通信处理器(CP)、功能

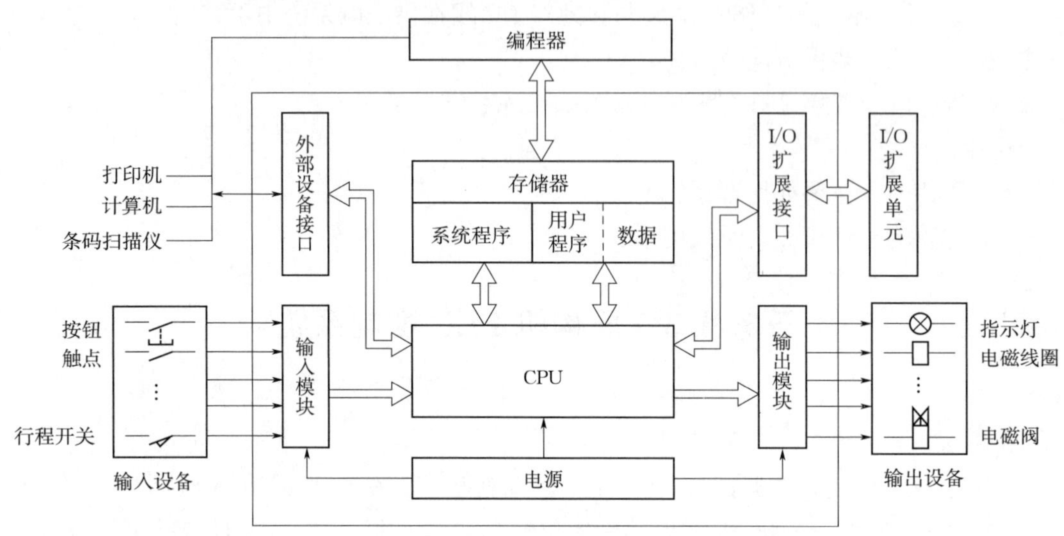

图 4.16　PLC 结构示意

模块(FM)、负载电源模块(PS)、接口模块(IM)。

S7-400PLC 根据系统要求总体配置如下：中央处理模块(CPU)选用 1 块 CPU414-2DP 模块；接口模块选用 2 块 IM460-3 模块；开关量输入模块(DI)选用 17 块 SM421 模块；开关量输出模块(DO)选用 14 块 SM422 模块；模拟量输入模块(AI)选用 7 块 SM431 模块；模拟量输出模块(AO)选用 3 块 SM432 模块；电源模块选用 3 块 PS407 模块；以太网通信模块选用 1 块 CP443-1 模块。

CPU：进行逻辑运算、数学运算，并协调整个系统。

存储器：存放系统编辑程序、监控运行程序、用户程序、逻辑及数学运算的过程变量及其他所有信息。

数字量输入模块(SM421)：连接开关、接近开关。

数字量输出模块(SM422)：连接电磁阀、接触器、灯、电动机启动器。

模拟量输入模块(SM431)：连接电压、电流传感器、热电阻。

模拟量输出模块(SM432)：将数字量转换成模拟量。

电源：采用 PS407，将交直流网络电压转换成 DC 5 V 及 DC 24 V 的工作电压。

2. PLC 的功能

S7-400PLC 位于 1 号车架的控制室内，它的主要功能如下：

(1)数据处理：S7-400 具有数学运算(包括矩阵运算、函数运算、逻辑运算)、数据传递、转换、排序和查表、位操作等功能，也能完成数据的采集分析和处理。

(2)控制功能：能对设备进行联锁控制。例如：若要推进，则会检查推进泵是否打开，盾尾油脂是否工作正常等一些条件，这些条件全部满足才能推进。

(3)调节功能：能对压力、速度、流量等模拟量参数进行调节。

(4)模拟量输入处理功能：利用模拟量输入模块将现场的模拟量转换成过程值。例如：将温度传感器测得的油温与设定值进行比较，将结果转换成开关量输入(“0”或“1”)，从而实现对油温的监控报警。

(5)工艺参数信号处理功能:对于模拟量,通过相关信号进行处理。例如:可以采集和处理千斤顶行程传感器提供的信号,把它传输到 PLC 系统中,并显示在屏幕及控制面板上。

(6)报警功能:对报警信号进行多种形式的处理。例如:在显示屏上显示故障信息、指示灯闪烁或声音报警。

3. PLC 的通信方式

盾构综合自动化系统的网络结构是一个基于以太网连接和调制解调器的实时通信网,在盾构掘进控制层,也可称为操作手工作站。操作手通过控制面板对 PLC 发出指令,PLC 通过 100 Mbit/s 快速以太网进行连接,采用标准 TCP/IP 通信协议,将采集的数据传输给 PG60 工控机的 GraphPic 参数系统及 VMT 测量系统,两个系统进行标度变换、越限报警、数据打包等处理后,显示在电脑屏幕上,供操作手参考。同时,地面监控层的 PDV 系统通过 19.2 kbit/s 调制解调器远程采集 PLC 数据,并处理、存储,供值班经理和机电人员参考,以便提高现场施工进度,减少维修时间,并为日后掘进提供数据分析。

二、盾构机 PLC 控制系统的基本要求与特点

1. 系统可靠性与先进性

盾构机工作环境恶劣、条件复杂、维护条件差,所以电气控制系统的可靠性对于保证盾构机稳定、高效、可靠地工作至关重要。另外,在保证系统可靠性与性价比的前提下,尽力追求系统的先进性,经实践检验,先进的控制设备与控制技术也是提高系统可靠性的重要措施。因此,目前盾构机电气控制系统均在保证盾构系统整体可靠性与性价比的前提下,采用当代最先进的自动控制技术。

2. 手动操作与自动控制功能完备

盾构机在工作过程中,有很多需要人工判断与人工干预的环节,希望实现完全的自动控制是不现实也不科学的。盾构机电气控制系统实现科学合理地处理手动操作与自动控制功能的关系,一方面要尽可能发挥自动控制的优势,提高生产率;另一方面也要尽可能地采用检测、控制等技术辅助人工操作,帮助操作人员快速、准确、可靠地完成操作。

3. 系统故障诊断

盾构机系统复杂、工作环境恶劣,电气控制系统应充分考虑这些问题,除了尽力提高系统自身的可靠性之外,还要具有完善的故障诊断功能,从而在系统出现故障时,能够帮助操作人员快速判断故障原因与故障点,并加以解决,使损失减少到最小。

三、盾构机 PLC 控制系统

土压平衡式盾构机是应用最广泛的盾构设备,在很多大型地下工程项目中表现优异。下面以土压平衡式盾构机电气控制系统为例,对盾构机电气控制系统的基本要求、总体结构形式及土压平衡控制原理等进行介绍。

1. 盾构机 PLC 控制系统总体结构形式

(1)单 PLC 电气控制系统

电气控制系统由一台 PLC 为控制核心,完成数据采集与控制任务,PLC 通过串行通信

接口与控制室内数据采集系统的计算机通信，实现数据采集与存储、显示、统计、打印，并通过调制解调器将数据远传至洞外的数据采集系统，如图 4.17 所示。

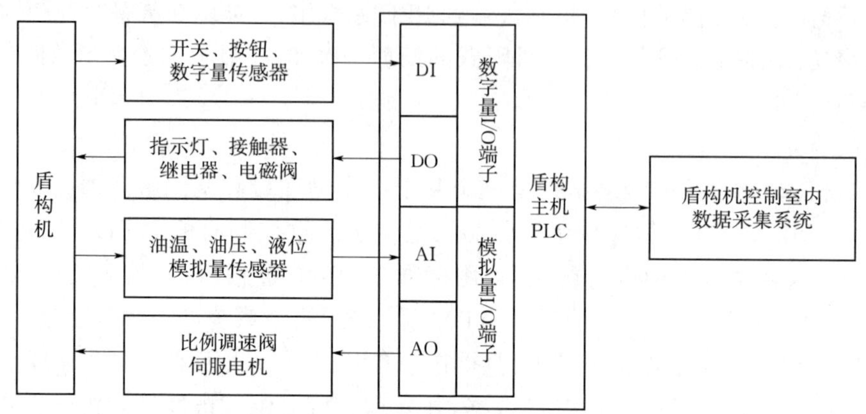

图 4.17 单 PLC 电气控制系统结构示意

盾构机的控制及数据采集、显示有关的各种数字量(如开关、按钮状态及各种数字量传感器状态等)、模拟量(如油温、油压、液位等)均通过各种传感器经数字量输入接口(DI)与模拟量输入接口(AI)接入 PLC。同时，根据各种控制经 PLC 内部控制程序运算分析后形成各种控制，经数字量输出接口(DO)控制各指示灯、接触器、继电器、电磁阀等执行相应动作或经模拟量输出接口(AO)控制相应的比例调速阀、伺服电机等执行机构动作。这种 PLC 控制系统采用常规集中控制方式，PLC 集中安装在主控制室，所有的控制线和信号线都经过控制室，电缆数量繁多。因此，控制室内部走线困难，故障查找和维护检修都不方便。

(2)总线式 PLC 电气控制系统

由于盾构机控制系统被控对象分布范围大，数量相对较多，约有上千个测控点，因此采用主从式、分布式结构，有利于提高系统的可靠性与可维护性。总线式 PLC 电气控制系统结构示意如图 4.18 所示。

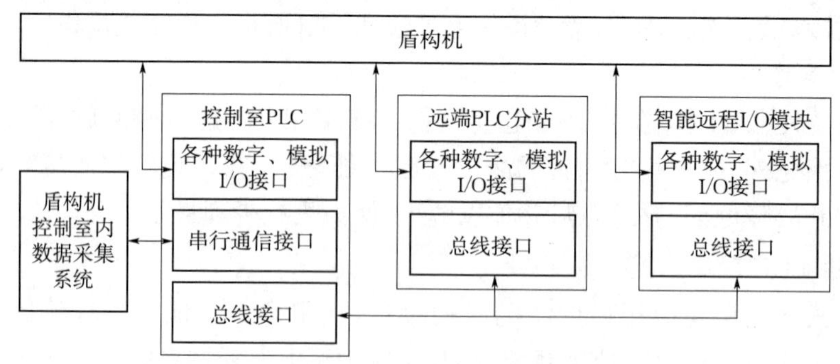

图 4.18 总线式 PLC 电气控制系统结构示意

这种以可编程控制器为主站，远端 PLC，智能远程 I/O 模块为从站的基于现场总线的盾构机电气控制系统主要包括控制室内主 PLC、若干远端 PLC 分站、若干智能远程 I/O 模块以及控制室内数据采集系统与洞外数据采集系统。

盾构机 PLC 采用现场总线控制技术，在主控制室设置 PLC 主站，再根据设备的分布情况，在电气设备相对集中的盾体和低压配电柜处设置 PLC 分站。之后，按照就近接线的原则，在分站附近的设备就近接入分站，这样就可以减少大量的接线，节约电缆，主站与分站之间通过现场总线组成一个通信控制网络。

2. 土压平衡控制系统原理及组成

(1)土压平衡控制系统原理

盾构机土压平衡控制是土压平衡式盾构机最关键的控制环节之一，影响土舱内压力平衡的因素包括：掘进面土压、环境地下水压力、刀盘推进速度、螺旋输送机排土速度等。因此，保持土舱内土压力平衡的控制策略如下：

①控制进土量，通过调整盾构机推进液压缸的推进速度控制进土量。

②控制排土量，通过调整螺旋输送机的转速控制排土量。

③同时控制进土、排土量。

其中控制排土量模式简单方便，因此它的应用最为广泛，盾构机土压平衡控制的特性直接影响盾构机施工稳定性和施工效率。

(2)土压平衡控制系统组成

盾构机土压平衡控制的系统组成如图 4.19 所示。

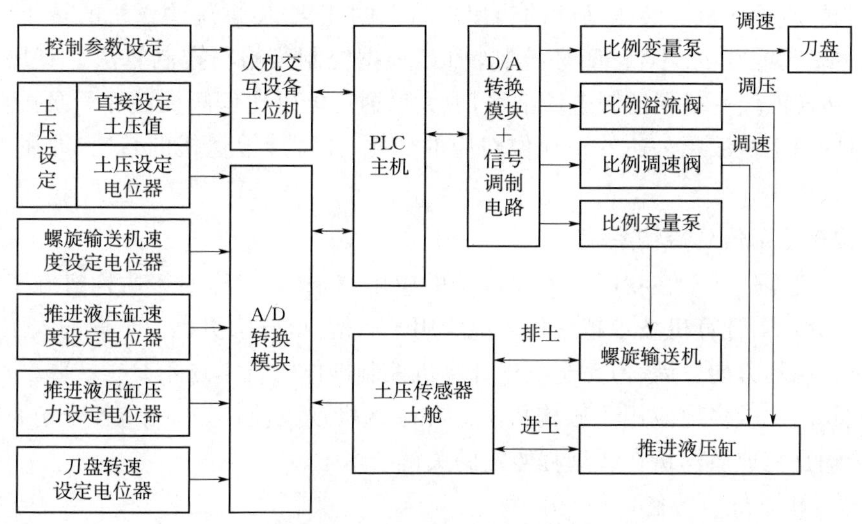

图 4.19　土压平衡控制系统组成

①参数设定

a. 土舱压力设定。一般可以有两种设定方式，一是由土舱压力设定电位器设定压力后经 A/D 转换为数字量后输入 PLC，另外一种是直接由触摸屏/上位机等人机交互设备设定输入压力值。

b. 控制参数设定。经人机交互设备设定输入。

c. 调节参数设定。主要包括螺旋输送机速度设定、推进液压缸速度设定、推进液压缸压力设定、刀盘转速设定，均通过相应的设定电位器设定后经 A/D 转换为数字量再输入 PLC。

②控制输出

a. 刀盘转速控制。它通过比例变量泵进行控制，盾构机掘进时，调整控制面板上的刀盘转速设定电位器，将设定值通过 A/D 转换模块输入到 PLC，PLC 根据设定值经 D/A 转换模块输出到比例变量泵，通过控制变量泵的排量来实现刀盘转速的连续调节，刀盘转速的控制属于开环控制。

b. 推进液压缸速度与压力控制。盾构机的推进系统一般由多个左右对称的推进液压缸组成。推进液压缸可分别进行调压和调速控制，调压值和调速值分别通过速度设定电位器和压力设定电位器给定，推进液压缸的速度、压力控制可以是开环控制，也可以是闭环控制，这要根据实际掘进情况而定，对于开环控制，设定值通过 A/D 转换模块输入 PLC，PLC 根据设定值再经 D/A 转换模块输出到相应的推进液压缸的比例溢流阀和比例调速阀，对推进液压缸进行速度和压力控制。对于闭环控制，PLC 根据控制策略与控制算法计算出控制输出量，经 D/A 转换模块后输出到相应的推进液压缸的比例溢流阀和比例调速阀，对推进液压缸进行速度和压力控制。

c. 螺旋输送机转速控制。与推进液压缸速度与压力控制类似，它的控制可以是开环控制，也可以是闭环控制。对于开环控制，设定值通过 A/D 转换模块输入到 PLC，PLC 根据设定值再经 D/A 转换模块后得到控制电流信号，放大后通过电磁比例阀控制变量泵排量的变化，从而控制螺旋输送机的液压马达的转速作对应的变化，使螺旋输送机的转速（即泥土排出量）也随之增大或减少。对于闭环控制，PLC 根据控制策略与控制算法计算出控制输出量，经 D/A 转换模块后得到控制电流信号，放大后通过电磁比例阀控制变量泵排量的变化，从而控制螺旋输送机液压马达的转速作对应的变化，使螺旋输送机的转速（即泥土排出量）也随之增大或减少。

四、盾构机施工信息传输系统

随着盾构机掘进技术在我国城市建设中的应用越来越广泛，对于盾构机施工的要求也就越来越高。目前，计算机技术越来越多地应用于盾构机，盾构机也由早期的人工操作逐渐向着计算机控制的方向发展，但完全实现计算机控制操作的技术还不是很成熟。因此，目前计算机监控技术比较多地应用于盾构机上。在盾构机远程监控系统中，各个子系统之间有效的信息传输是完成盾构机在线远程监控的关键技术。

1. 信息传输系统的功能

信息传输系统以及时获取盾构机工作面前方实时情况、盾构施工参数、设备运转情况以及综合处理地面、地下信息为目的，并确保所需要的监控数据能顺利传输到施工单位总部监控中心的电脑上，以实现统一监控、集中管理的功能，具有开放性、可靠性、先进性、可扩展性等特点。

2. 信息传输系统的基本结构

(1)盾构机监控 PLC 与井下控制室 PC 的通信

盾构机自身有一套非常完善的监控系统，它的上位监控 PLC 起着监控盾构设备各个系统的作用。在设计盾构机远程监控系统的时候充分利用这一特点，不需要再去设置传感器来采集信号，所要做的就是把盾构机上位监控 PLC 的监控数据读取出来传输到井下控制室 PC 上。

由于盾构机监控 PLC 的监控数据量比较大，采取何种方式来采集和传输将直接影响盾构机远程监控的实现。盾构机监控 PLC 的数据采集是远程监控的前提条件，它不但要能够实现数据的采集，更要能够实现向井下控制室 PC 的传输，同时应具有一定的安全性，并能对所有数据进行分类和保存。

在采集盾构机监控 PLC 数据时，采用上、下位机形式的控制结构，由井下监控室的 PC 作为上位机，盾构机监控 PLC 作为下位机，工业组态软件来采集盾构机监控 PLC 的数据，并通过组态软件将这些数据传输到井下监控室 PC 上。

(2)井下控制室 PC 与地面监控室 PC 之间的通信

因为隧道施工现场的特殊环境，完成从井下控制室到地面控制室的数据传输，一般情况下都采用有线传输方式。当前有线传输技术主要有双绞线传输、电话线传输和光纤传输。随着施工的进行，从井下盾构机施工控制室到地面现场需要很长的一段传输距离，为了确保极低的误码率和传输性能的稳定，并且从现场情况考虑，使用原有的电话线进行数据传输是比较合理的选择。不但可以确保数据的有效传输，同时还能做到铺设线路的一路多用，既可以传输数据，又可以应用于电话通信。

近年来，随着 DSL 高速宽带互联网接入技术飞速发展，SDSL 技术应运而生。SDSL 技术是 DSL 技术发展的产物，是以一对双绞线为传输媒介的计算机联网技术。它可同时在线路上传输语音和数据，在双绞线上传输距离可达 5～7 km，数据速率 256～2 304 kB/s 可调。因此我们利用已有电话线路，用一对基于 SDSL 技术的 Megabit L Modem 300S，连接井上和井下控制室的 PC。我们先用网线将井下控制室 PC 与放置在井下控制室内的一个 Modem 连接，通过原有的电话线将两个 Modem 连接，再将放置在井上控制室的 Modem 通过网线与井上控制室 PC 进行连接。

连接成功后，通过对井上和井下电脑的设置实现两台电脑上 SQL 数据库的同步，这样所需要的数据就能够传输到地面控制室的 PC 上了。

(3)地面控制室 PC 和公司总控制中心之间的传输

地下空间的迅速发展要求施工单位在多个场所同时进行施工，并且盾构机向复杂化、巨型化发展。要实现多个盾构机施工现场同公司总部之间的盾构机状态参数信息的可靠传输达到统一监控管理的目的，必须选择合适的传输网络形式。根据数据量、采集和传输频率，选择适用、经济的网络传输方案是实现目标的根本。

由于多台盾构机分布在各个施工地点，要实现各个盾构机施工监测点与公司监控中心之间的数据传输必须借助于 internet 网络或者无线通信的方式。由于盾构机施工有时限的特点，如果在各个施工地点的地面监控中心均铺设有线网络，会极大地增加成本；虽然利用有线的方式可以实现与 internet 的连接，但是一旦工程完成，原有的线路就会被闲置，造成资源的浪费。

根据盾构机施工监测点的分布特点，目前可实现监测点与监控中心数据无线传输的技术主要有无线超短波、GSM短信(SMS)、GPRS。其中GPRS是一种分组交换系统,有实时在线、按量计费、快捷登录、高速传输等特点。这种方式传输数据实时性好,传输速率高,不受地形或地域的限制,按传输的数据流量计费,平均费率低,适合大规模应用。

因此,选择无线GPRS网络是最合适的一种通信方式。系统在井上监控室选择GPRS无线上网的方式,来实现井上监控室与公司总监控中心的通信。利用无线GPRS网络,不但可以节约成本,而且也省去了网络布线的麻烦,可以做到不受时空的拘束,自由地无线通信上网。

五、盾构机PLC控制系统的维护

1. PLC系统维护

(1)检查PLC插板是否松动。

(2)检查PLC连接线是否松动,紧固接线端子。

(3)检查PLC通信口插头连接是否正常。

(4)定期清洁PLC及控制柜内的灰尘。

(5)定期进行PLC的冷启动。

(6)备份PLC程序。

2. 上位机维护

(1)检查上位机与PLC的通信线连接是否可靠。

(2)定期清洁上位机和控制柜内的灰尘。

(3)备份上位机的程序。

3. 控制面板维护

(1)检查面板内接线的连接状况,必要时进行紧固。

(2)定期清洁灰尘(注意防水)。

(3)定期检查按钮和旋钮的工作情况,如有损坏及时更换。

(4)检查控制面板上的LED显示是否正常。

(5)定期对控制面板上的LED显示进行校正。校正时要使用标准信号发生器,先校正零点,再校正范围,二者要反复校正。

(6)定期对推进油缸和铰接油缸行程显示与油缸实际行程进行测量校对,如有误差应及时校准。

4. 传感器维护

(1)检查各种传感器的接线情况,如有必要紧固接线、插头、插座。

(2)清洁传感器,特别是接线处或插头处要清洁干净,防止水和污物造成故障。

(3)检查传感器的防护情况,如有必要须采取防护措施,防止损坏传感器。

(4)定期用压力表对压力传感器在控制面板上的显示情况进行检查和校准。

以小组为单位,讨论下面的问题:

盾构机的PLC都有哪些功能?

课后巩固

填空题

1. PLC主要由________、________、__________和__________________等部分组成。
2. S7-400PLC模拟量输出模块可将____________转换成______________。
3. 盾构机的推进系统由推进液压缸组成，可分别进行__________和__________控制。

判断题

4. 盾构机单PLC控制系统由两台PLC为控制核心。（　　）
5. 盾构机PLC采用现场总线控制技术可以减少大量的接线，节约电缆。（　　）
6. PLC通过控制变量泵的排量来实现刀盘转速的连续调节。（　　）

简答题

7. 影响土舱内压力平衡的因素有哪些？简述保持土舱内土压力平衡的控制策略。
8. 简述盾构机PLC控制系统维护的内容。

项目5

盾构机液压系统

知识目标

1. 掌握液压系统的组成；
2. 掌握典型液压回路；
3. 掌握盾构机刀盘驱动液压系统工作原理；
4. 掌握盾构机推进液压系统的组成及工作原理；
5. 掌握盾构机铰接液压系统的构造及工作原理；
6. 掌握盾构机管片拼装液压系统的组成及工作原理；
7. 掌握螺旋输送机伸缩、转向及转速控制的原理；
8. 掌握后配套拖拉油缸的功能。

能力目标

1. 能够识读液压泵、液压缸、马达、各种控制阀的符号；
2. 能够掌握各种控制阀在液压系统中的作用；
3. 能够识读盾构机刀盘驱动液压系统原理图；
4. 能够掌握掘进过程中，如何调整推进油缸的压力；
5. 能够识读盾构机推进液压系统原理图；
6. 能够识读盾构机铰接液压系统原理图；
7. 能够识读管片拼装液压系统原理图；
8. 能够识读螺旋输送机液压系统原理图；
9. 能够正确查询、运用行业规范、标准。

职业素养目标

1. 培养科学分析问题的能力；
2. 培养归纳总结及语言表达能力；

3. 培养吃苦耐劳、勇于创新、敢于创新的精神；

4. 培养团队合作能力和沟通能力。

任务5.1　常见的液压元件

盾构机液压系统的主要作用是实现机械机构的运动和控制，其他介质系统起辅助作用。液压系统以其机械结构按从头部到尾部的顺序看，有扩挖刀液压系统、刀盘驱动液压系统、推进液压系统、螺旋输送机液压系统、拼装机液压系统、液压辅助系统、过滤器系统。其中用于刀盘驱动、推进、螺旋输送和管片拼装4项为主要液压系统。由于盾构设备复杂，因而从功用上讲辅助系统较多，有水冷却系统、齿轮油润滑系统、脂润滑系统、盾尾密封系统、同步注浆系统、压缩空气系统、隧道通风系统、排水系统、膨润土系统、泡沫系统等。

引导问题

盾构机的液压系统的组成有哪些？常用的控制阀有哪些？

知识学习

一、液压系统的组成

液压传动：是一种以液压油为工作介质，以液体的压力能进行运动和动力传递的传动方式。液压系统主要由五部分组成：

（1）动力元件：把机械能转换成流体压力能，即液压泵。

（2）执行元件：把液体的压力能转换成机械能，指作直线运动的液压缸和做回转运动的马达。

（3）控制元件：控制和调节液压系统中流体的压力、流量和流动方向，如溢流阀、节流阀、换向阀等各种控制阀门。

（4）辅助元件：各种油管、油箱、滤油器等元件，是保证系统正常工作不可缺少的组成部分。

（5）工作介质：传递能量的液体，通常指液压油。液压油不仅是液压传动的工作介质，还起到润滑、冷却和防锈作用。

二、液压动力元件—液压泵

液压泵是液压系统的动力元件，它把电动机或其他原动机输出的机械能转换成液压能，是一个能量转化装置，其作用是向液压系统提供压力油。

液压泵从基本结构上分为柱塞泵、齿轮泵、叶片泵、摆线转子泵、螺杆泵等。

1. 液压泵的工作原理

液压泵是依靠密封容积交替变化来完成吸油和压油，故一般称为容积式液压泵。容积变大，吸油；容积变小，排油。液压泵的工作原理如图5.1所示。

2. 常用液压泵

(1)齿轮泵:齿轮泵分外啮合齿轮泵和内啮合齿轮泵。

(2)叶片泵:叶片泵分为单作用式叶片泵(变量泵)和双作用式叶片泵(定量泵)两种。

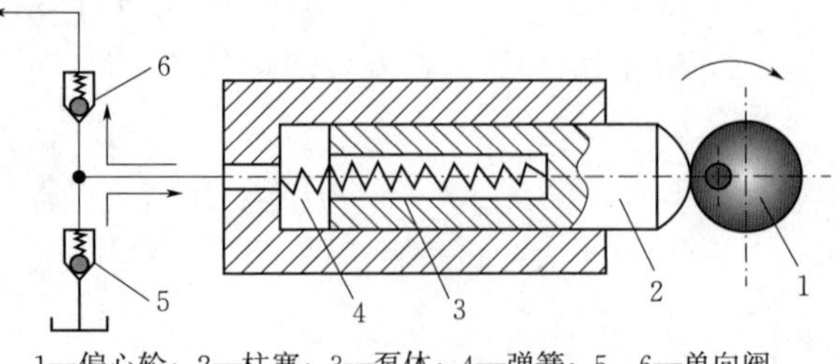

1—偏心轮;2—柱塞;3—泵体;4—弹簧;5,6—单向阀。

图 5.1 液压泵的工作原理

单作用式叶片泵的定子是一个与转子偏心放置的圆环。转子每一转,转子、定子叶片和配流盘形成的密封容积只变换一次,吸油、压油各一次。

双作用式叶片泵是转子每一转,吸油、压油各两次。

(3)柱塞泵:柱塞泵分为径向柱塞泵和轴向柱塞泵两种。

轴向柱塞泵依靠柱塞在缸体内的往复运动,使密封容积变化,实现吸油和压油。

三、液压执行元件

液压执行元件的作用是将液压能重新转化成机械能,克服负载,带动机器完成所需的运动。执行元件分为马达和液压缸两大类,马达的输出是角位移,即旋转运动,液压缸的输出是线位移,即直线运动。

1. 马达

马达是将液压泵提供的液压能转变为机械能的能量转换装置。

马达的图形符号如图 5.2 所示。

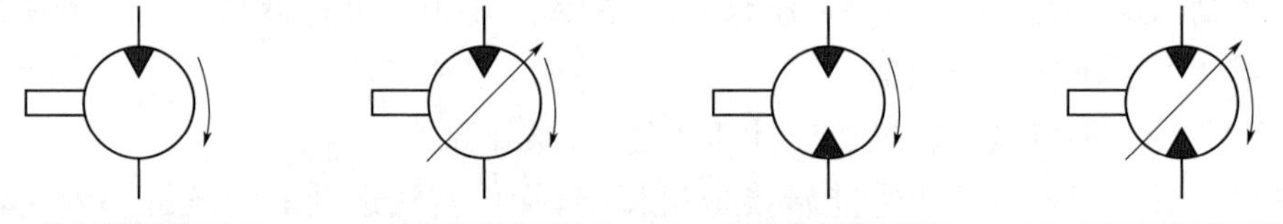
(a)单向定量液压马达 (b)单向变量液压马达 (c)双向定量液压马达 (d)双向变量液压马达

图 5.2 液压马达的图形符号

2. 液压缸

液压缸按作用方式分为单作用液压缸和双作用液压缸;按结构分为活塞缸和柱塞缸。液压缸的分类如图 5.3 所示。

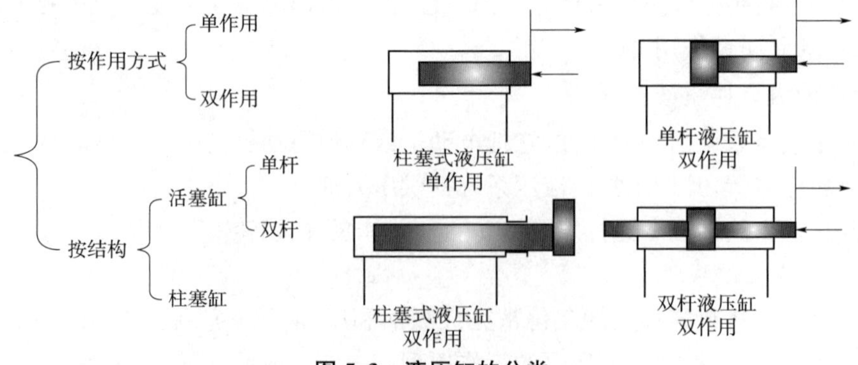

图 5.3 液压缸的分类

四、液压控制元件

在液压系统中起改变作用的是各种液压控制阀。液压控制阀在液压系统中被用来控制液流的压力、流量和方向，保证执行元件按照要求进行工作，属于控制元件。

液压控制阀基本结构：包括阀芯、阀体和驱动阀芯在阀体内作相对运动的装置。

液压控制阀基本工作原理：利用阀芯在阀体内作相对运动来控制阀口的通断及阀口的大小，实现压力、流量和方向的控制。流经阀口的流量 q 与阀口前后压力差 Δp 和阀口面积 A 有关。

根据用途分类：方向控制阀，用来控制和改变液压系统液流方向的阀类，如单向阀、液控单向阀、换向阀等；压力控制阀，用来控制和调节液压系统液流压力的阀类，如溢流阀、减压阀、顺序阀等；流量控制阀，用来控制和调节液压系统液流流量的阀类，如节流阀、调速阀、分流集流阀、比例流量阀等。

1. 方向控制阀

控制油液流动方向的控制阀，包括单向阀和换向阀。

(1)单向阀

单向阀是保证通过阀的液流只向一个方向流动而不能反方向流动(正向导通、反向截止)的方向控制阀。

(2)液控单向阀

液控单向阀的图形符号如图 5.4 所示。它比普通单向阀多 1 个控制口，当控制油口 K 不通压力油时，其工作情况和普通单向阀一样，正向导通、反向截止。当控制油口 K 通压力油时，油液在正、反方向上均可流动。

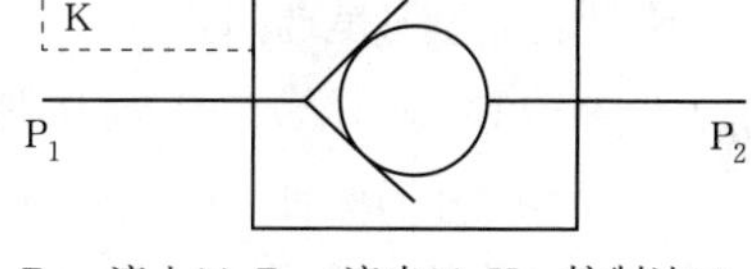

P_1—流入口；P_2—流出口；K—控制油口。

图 5.4 液控单向阀的图形符号

(3)换向阀

换向阀是利用阀芯对阀体的相对位置改变来控制油路接通、关断或改变油液流动方向。

按阀芯相对于阀体的运动方式不同，换向阀可分为：滑阀(阀芯移动)和转阀(阀芯转动)。

2. 压力控制阀

在液压传动系统中，控制液压油压力高低的液压阀称之为压力控制阀，这类阀的共同点主要是利用在阀芯上的液压力和弹簧力相平衡的原理来工作的。

常用的压力控制阀有溢流阀、减压阀、顺序阀和压力继电器等。

(1)溢流阀

作用：溢流和稳压作用，保持液压系统的压力恒定；限压保护作用，防止液压系统过载。

(2)减压阀

作用：降低系统某一支路的油液压力，使同一系统有两个或多个不同压力。

(3)顺序阀

作用：利用液压系统中的压力变化来控制油路的通断，从而实现某些液压元件按一定的顺序动作。

溢流阀、减压阀和顺序阀的结构和性能比较见表 5.1。

表 5.1 溢流阀、减压阀和顺序阀的结构和性能比较

项目	名称		
	溢流阀	减压阀	顺序阀
使阀开启的压力油	进油口	出油口	进油口、独立的油源
泄油形式	内泄式	外泄式	外泄式、内泄式
阀口状态	常闭	常开	常闭
出油口情况	出油口与油箱相连	与减压回路相连	与执行元件、油箱相连
在系统中的连接方式	并联	串联	顺序动作时串联 作泄荷阀时并联
功用	限压、保压、稳压	减压、稳压	控制回路的通断
工作原理	利用控制压力与弹簧力相平衡的原理，通过改变阀开口量大小，控制系统的压力		
结构	结构基本相同，只是泄油路不同		

(4)压力继电器

压力继电器是一种将液压信号转变为电信号的转换元件。

3. 流量控制阀

作用：控制液压系统中液体的流量，简称流量阀。

原理：流量阀是通过改变阀口过流断面积来调节通过阀口的流量，从而控制执行元件运动速度的控制阀，分为节流阀和调速阀。

(1)节流阀：节流阀主要是与定量泵、溢流阀和执行元件等组成节流调试回路。调节节流阀的开口大小，就可调节执行元件运动速度的大小。

(2)调速阀：调速阀是由减压阀和节流阀串联而成的组合阀。节流阀调节通过的流量，定差减压阀能自动保持节流阀前后的压力差为定值，使通过节流阀的流量不受负载变化的影响。

4. 液压辅助元件

液压系统的辅助元件有过滤器(滤油器)、蓄能器、油管、管接头和油箱。

小组讨论

以小组为单位，讨论以下问题：

溢流阀、减压阀和顺序阀的作用及在液压回路中连接的位置。

选择题

1. 当先导式减压阀的主阀口全开时，其先导阀的阀口处于(　　)状态。

A. 打开　　　　B. 关闭　　　　C. 卸荷

2. 顺序阀是用(　　)控制多个执行元件的顺序动作的一种压力阀。

A. 压力信号　　　　B. 电信号　　　　C. 油液压力

任务 5.2　典型液压回路

液压基本回路是由某些液压元件和附件所构成的能完成某种特定功能的回路,包括方向控制回路、压力控制回路、速度控制回路、顺序动作控制回路。

引导问题

1. 锁紧回路的工作原理?

2. 容积调速回路有哪几种形式?

知识学习

一、方向控制回路

方向控制回路的功用是利用各种方向阀来控制油液流动的通、断或换向,使执行元件启动或停止。常用的方向控制回路有换向回路、锁紧回路。

1. 换向回路

采用二位四通电磁换向阀的换向回路如图 5.5 所示。

2. 锁紧回路

锁紧回路可使液压缸活塞在任一位置停止,并可防止其停止后因外界影响而发生漂移或窜动。采用 O 型中位机能三位四通电磁换向阀的锁紧回路如图 5.6 所示,采用液控单向阀的锁紧回路如图 5.7 所示。

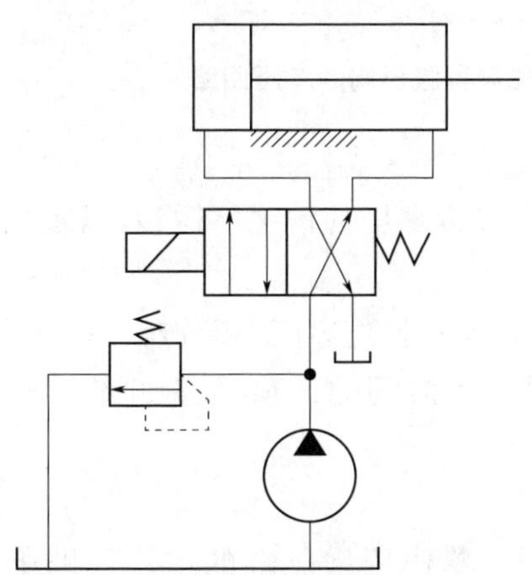

图 5.5　采用二位四通电磁换向阀的换向回路

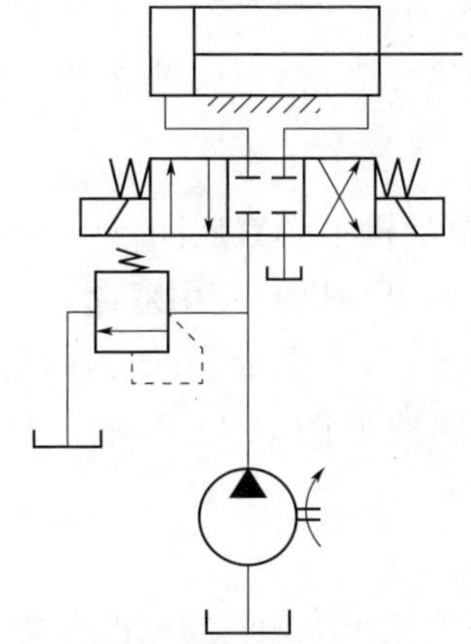

图 5.6　采用 O 型中位机能三位四通电磁换向阀的锁紧回路

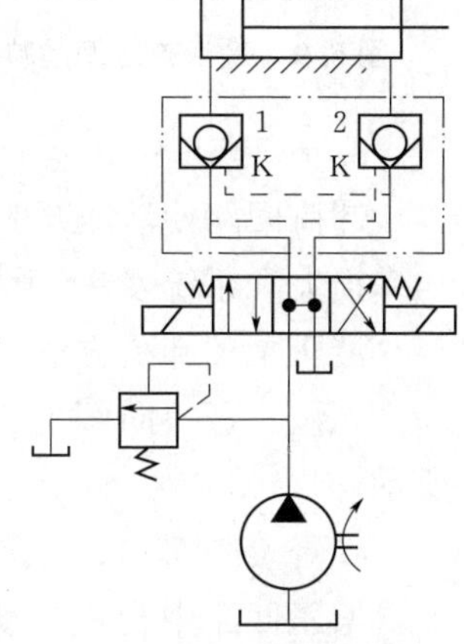

图 5.7　采用液控单向阀的锁紧回路

二、压力控制回路

利用压力控制阀来调节系统或系统某一部分的压力的回路。压力控制回路可以实现调压、减压、卸荷、增压等功能。

1. 调压回路

调压回路使液压系统整体或某一部分的压力保持恒定或不超过某个数值。调压功能主要由溢流阀完成，采用溢流阀的调压回路如图 5.8 所示。

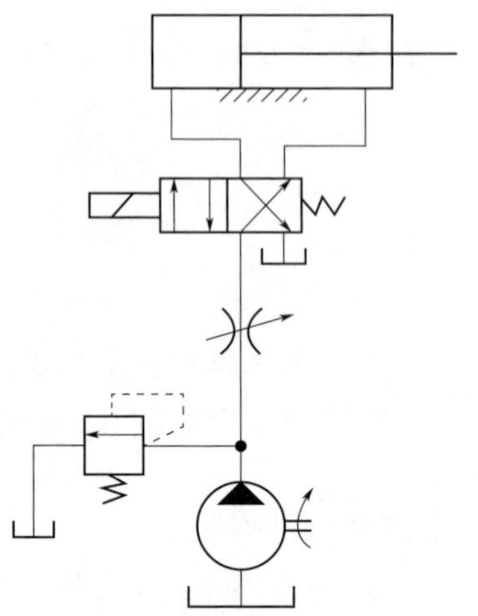

图 5.8　采用溢流阀的调压回路

2. 减压回路

减压回路使系统中的某一部分油路具有较低的稳定压力。减压功能主要由减压阀完成。

采用减压阀的减压回路如图 5.9 所示。图 5.10 所示的减压回路利用先导型减压阀 5 的控制口接一远控溢流阀 2，则可由先导型减压阀 5、溢流阀 2 各调得一种压力。

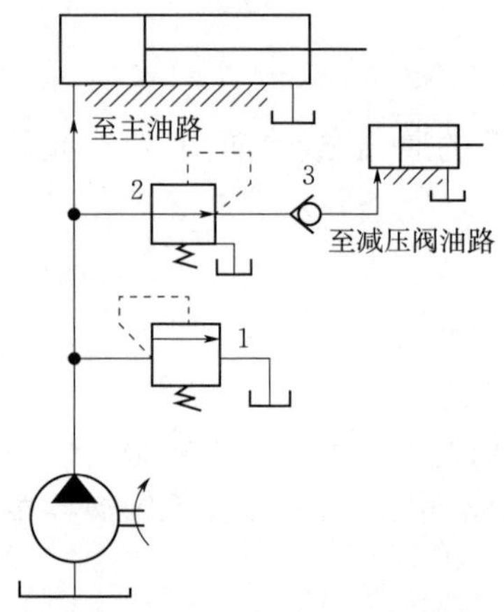

1—溢流阀；2—减压阀；3—单向阀。

图 5.9　采用减压阀的减压回路

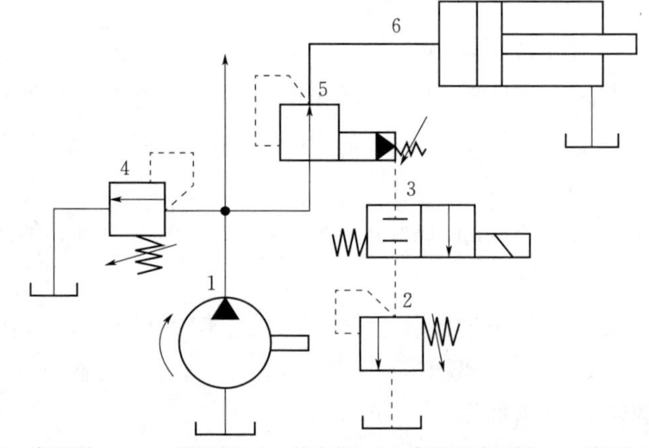

1—定量泵；2，4—溢流阀；3—换向阀；5—先导型减压阀；6—液压缸。

图 5.10　采用先导型减压阀的减压回路

3. 卸荷回路

卸荷回路使液压泵驱动电动机不频繁启闭，让液压泵在接近零压的情况下运转，以减少功率损失和系统发热，延长泵和电动机的使用寿命。

液压泵的卸荷方法：流量卸荷，用变量泵；压力卸荷，液压泵在接近零压下运转。

二位二通换向阀的卸荷回路如图 5.11 所示，三位四通换向阀的卸荷回路如图 5.12 所示。

4. 增压回路

增压回路中提高压力的主要元件是增压缸或增压器。单作用增压缸的增压回路如图 5.13(a)所示；双作用增压缸的增压回路如图 5.13(b)所示。

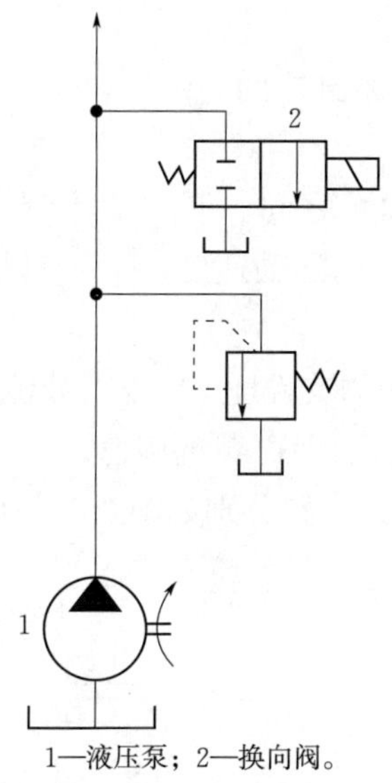

1—液压泵；2—换向阀。

图 5.11　二位二通换向阀的卸荷回路

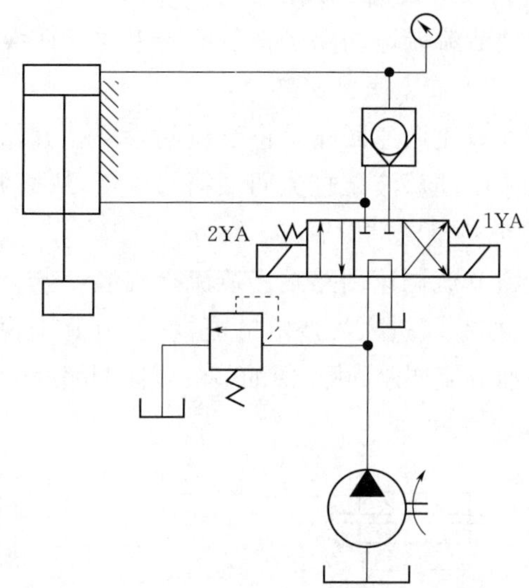

图 5.12　三位四通换向阀的卸荷回路

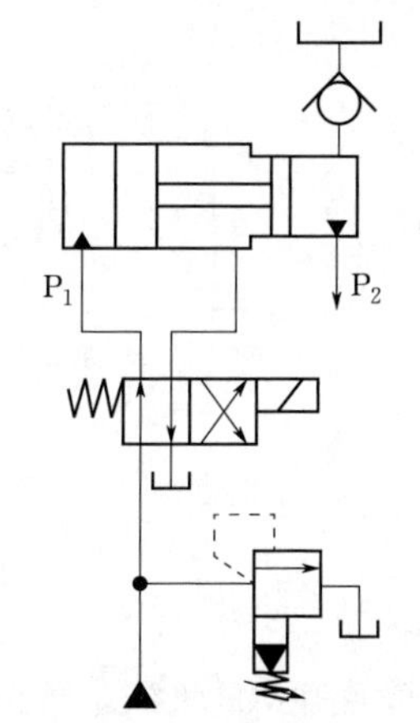

（a）单作用增压缸的增压回路

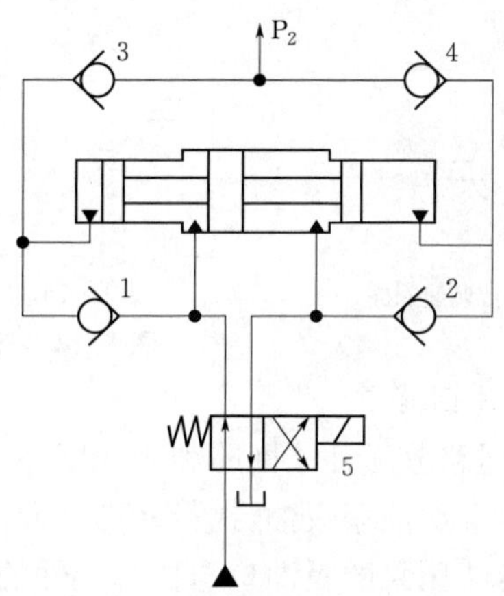

（b）双作用增压缸的增压回路

1，2，3，4—单向阀；5—换向阀；P_1—流入口；P_2—流出口。

图 5.13　采用增压缸的增压回路

三、速度控制回路

速度控制回路是控制执行元件运动速度的回路，一般是采用改变进入执行元件的流量来实现的。速度控制回路包括：

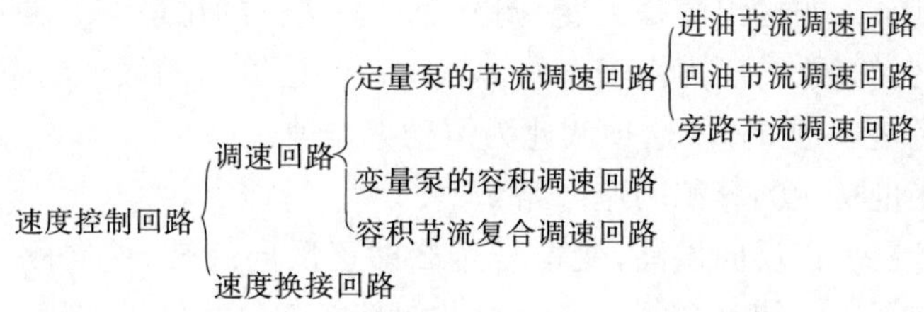

1. 进油节流调速回路

进油节流调速回路是将节流阀串联接在液压泵与液压缸之间。

2. 回油节流调速回路

回油节流调速回路是将节流阀串联接在液压缸与油箱之间。调节节流阀流通面积,可以改变液压油从液压缸流回油箱的流量,从而调节液压缸的运动速度。

3. 旁路节流调速回路

旁路节流调速回路是将节流阀安装在与液压缸并联的支路上,节流阀分流了油泵的流量,从而控制了进入液压缸的流量,调节节流阀的通流面积,即可实现调速。

进油节流调速回路、回油节流调速回路及旁路节流调速回路分别如图 5.14 中(a)、(b)、(c)所示。

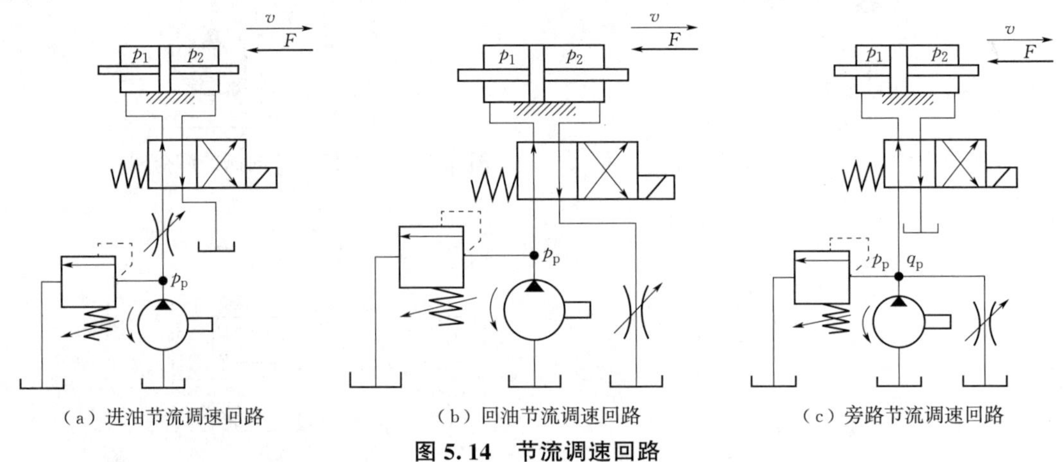

(a) 进油节流调速回路　(b) 回油节流调速回路　(c) 旁路节流调速回路

图 5.14　节流调速回路

4. 容积调速回路

容积调速回路分为开式回路和闭式回路两种。

开式回路:泵从油箱吸油,执行元件的回油返回油箱。

闭式回路:液压泵的吸油口与执行元件的回油口直接连接,油液在系统内循环。

容积调速回路的形式包括:变量泵和定量马达(或液压缸);定量泵和变量马达;变量泵和变量马达。

(1)变量泵和定量马达(或液压缸)的容积调速回路

图 5.15(a)所示为变量泵和液压缸组成的容积调速回路,图 5.15(b)所示为变量泵和定量马达组成的容积调速回路。这两种回路均采用改变变量泵 1 的输出流量 q_p 来调速的。

(2)定量泵和变量马达的容积调速回路

图 5.16 中定量泵 1 的输出流量不变,调节变量马达 3 的排量 V_m,便可改变其转速。定量泵输出流量是不变的,泵的压力由安全阀 2 调定。马达输出的最大功率 $P=pq$(p 为泵的压力,q 为泵的流量)是不变的,故这种调速为恒功率调速。

(3)变量泵和变量马达的容积调速回路

图 5.17 中变量泵 1 正反向供油,变量马达 2 即正反向旋转,单向阀 6 和 9 用于使定量泵 4 双向补油,单向阀 7、8 使安全阀 3 在两个方向都能起过载保护作用。

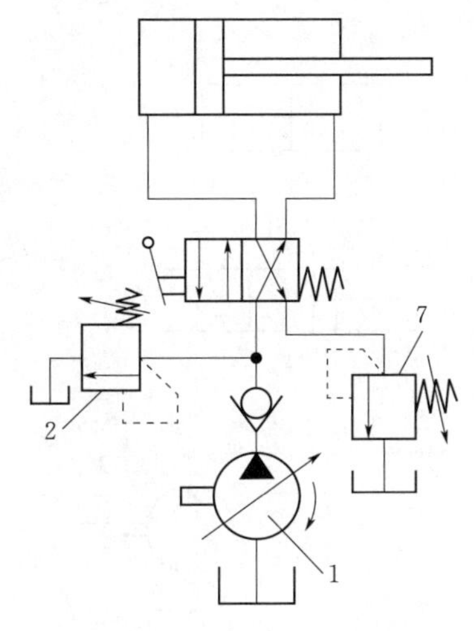

（a）变量泵和液压缸的容积调速回路

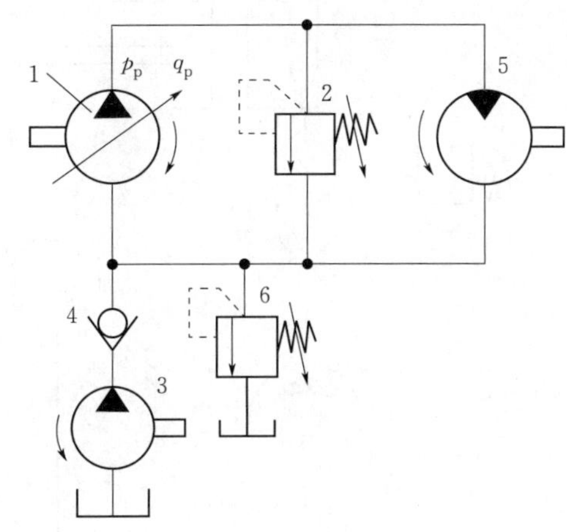

（b）变量泵和定量马达的容积调速回路

1—变量泵；2，6溢流阀；3—辅助泵；4—单向阀；5—定量液压马达；7—背压阀。

图 5.15　容积调速回路

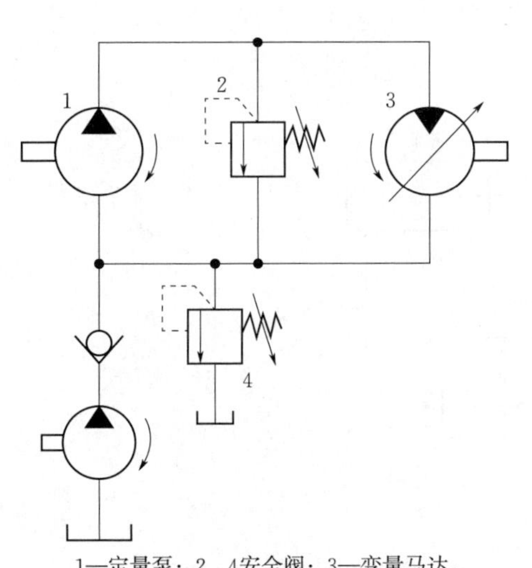

1—定量泵；2，4安全阀；3—变量马达。

图 5.16　定量泵和变量马达的容积调速回路

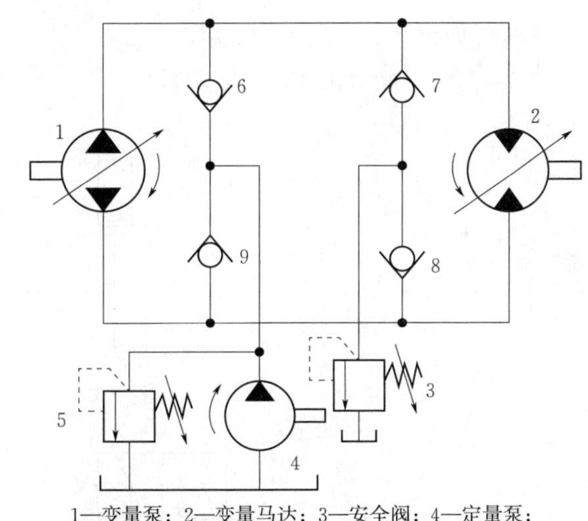

1—变量泵；2—变量马达；3—安全阀；4—定量泵；5—溢流阀；6，7，8，9—单向阀。

图 5.17　变量泵和变量马达的容积调速回路

（4）容积节流调速回路

容积节流调速回路如图 5.18 所示。调速阀装在进油路上，调节调速阀就可以控制进入液压缸的流量，限压式变量泵的输出流量 q_p 和液压缸所需流量 q_c 相适应。

（5）速度换接回路（液压缸差动连接）

速度换接回路是利用液压缸差动连接获得快速运动的回路。液压缸差动连接时，当相同流量进入液压缸时，其速度提高。图 5.19 是用一个二位三通电磁换向阀来控制快慢速度的转换。

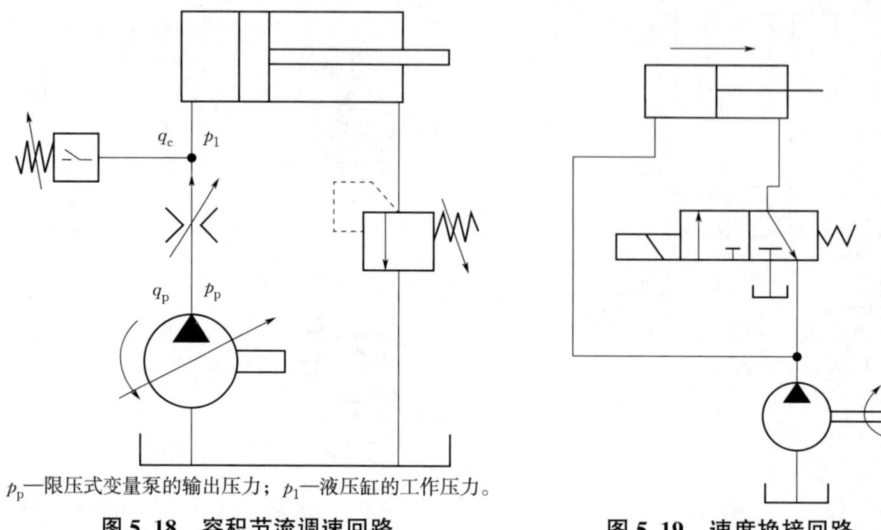

p_p—限压式变量泵的输出压力；p_1—液压缸的工作压力。

图 5.18 容积节流调速回路

图 5.19 速度换接回路

小组讨论

以小组为单位，讨论以下问题：

1. 分析图 5.20 的顺序动作回路。

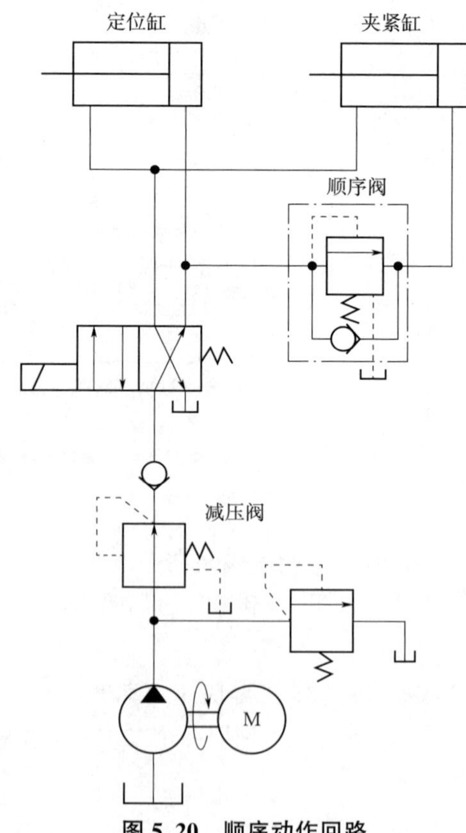

图 5.20 顺序动作回路

2. 分析图 5.21 的双泵供油快速运动回路。

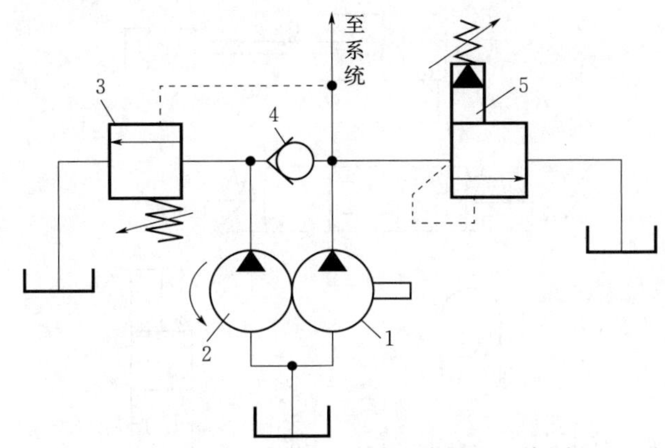

1—高压小流量泵；2—低压大流量泵；3—液控顺序阀；4—单向阀；5—溢流阀。

图 5.21　双泵供油快速运动回路

分析题

1. 分析图 5.22 所示的快速运动回路。
2. 分析图 5.23 所示的速度换接回路。

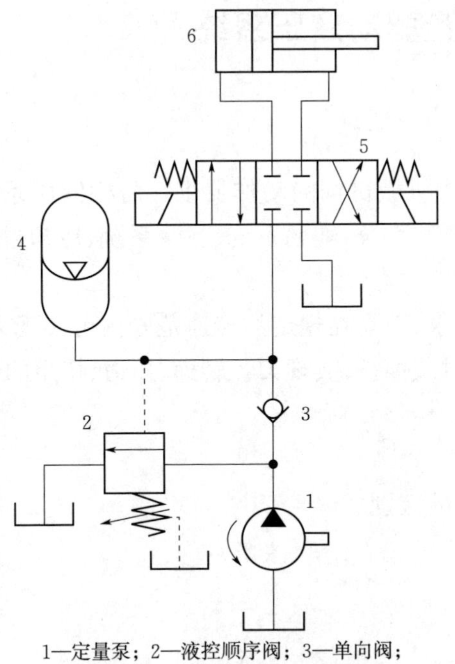

1—定量泵；2—液控顺序阀；3—单向阀；
4—蓄能器；5—换向阀；6—液压缸。

图 5.22　快速运动回路

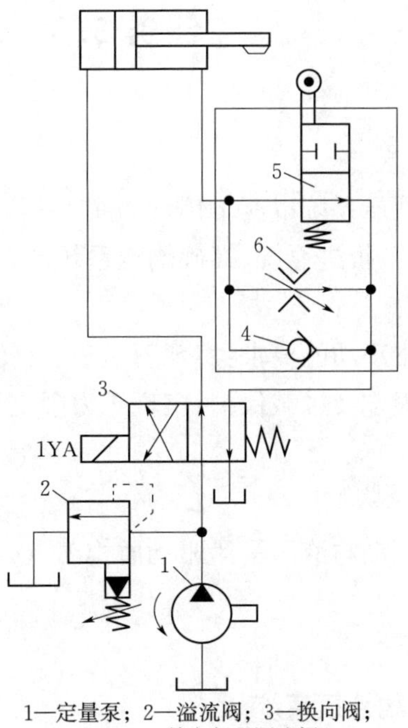

1—定量泵；2—溢流阀；3—换向阀；
4，5，6—单向行程调速阀。

图 5.23　速度换接回路

3. 分析图 5.24 所示的卸荷回路。

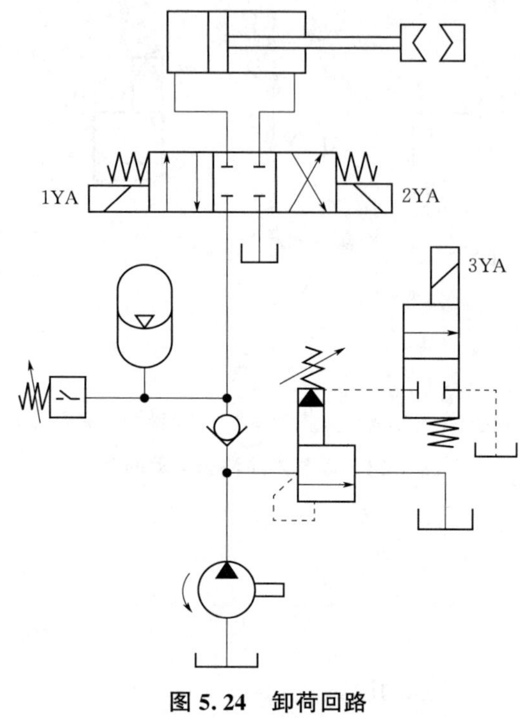

图 5.24 卸荷回路

任务 5.3 刀盘驱动液压系统

任务导入

盾构液压系统以能量传动为主，主要完成机械机构的动作要求。盾构液压系统包括刀盘驱动系统、推进系统、螺旋输送系统、管片拼装系统、辅助系统、注浆系统、冷却过滤系统及超挖刀系统。

刀盘驱动功能要求：实现刀盘正、反转要求；刀盘在规定的转速范围内可实现无级调速；实现功率限定及过载保护；实现压力限定及过载保护；实现刀盘转速、压力、扭矩的显示。

引导问题

电机驱动与液压马达驱动盾构刀盘旋转的区别。

知识学习

一、盾构液压系统

盾构液压系统包括动力源、执行单元、操作和控制单元。

(1)动力源：主要由主泵、补油泵、控制泵和油箱组成，主泵采用恒功率比例控制变量泵，液压油为难燃液压油。采用的主泵形式有两种：一种是双向变量泵，另一种是开式变量泵。

(2)液压系统执行单位：包括液压油缸和马达。

(3)操作和控制单元：

为了使液压系统满足设计功能，执行元件实现要求的动作，在液压系统回路上添加了具有控制系统传动介质的压力、流量和方向的各种阀类元件。这些元件按完成的功能组合在一起成为操作和控制单元。

盾构的操作是通过控制液压系统中的比例电磁阀实现的，比例电磁阀阀芯行程与输入电流的大小成正比，阀芯行程决定通过液流的流量和压力，因此通过比例电磁铁对阀芯行程的控制可以实现对压力、流量的调节。

二、刀盘驱动液压主系统回路

盾构液压系统回路实现的功能有直线运动和回转运动。根据负载和工况不同，可分为液压主系统回路和辅助系统回路。

刀盘驱动液压主系统为刀盘旋转提供动力，通过几个变量柱塞泵和若干个变量柱塞马达组成的液压闭式系统带动减速机、大齿轮驱动刀盘旋转。刀盘在规定的转速范围内可实现无级调速；实现功率限定及过载保护；实现压力限定及过载保护。刀盘驱动液压系统原理如图5.25所示。

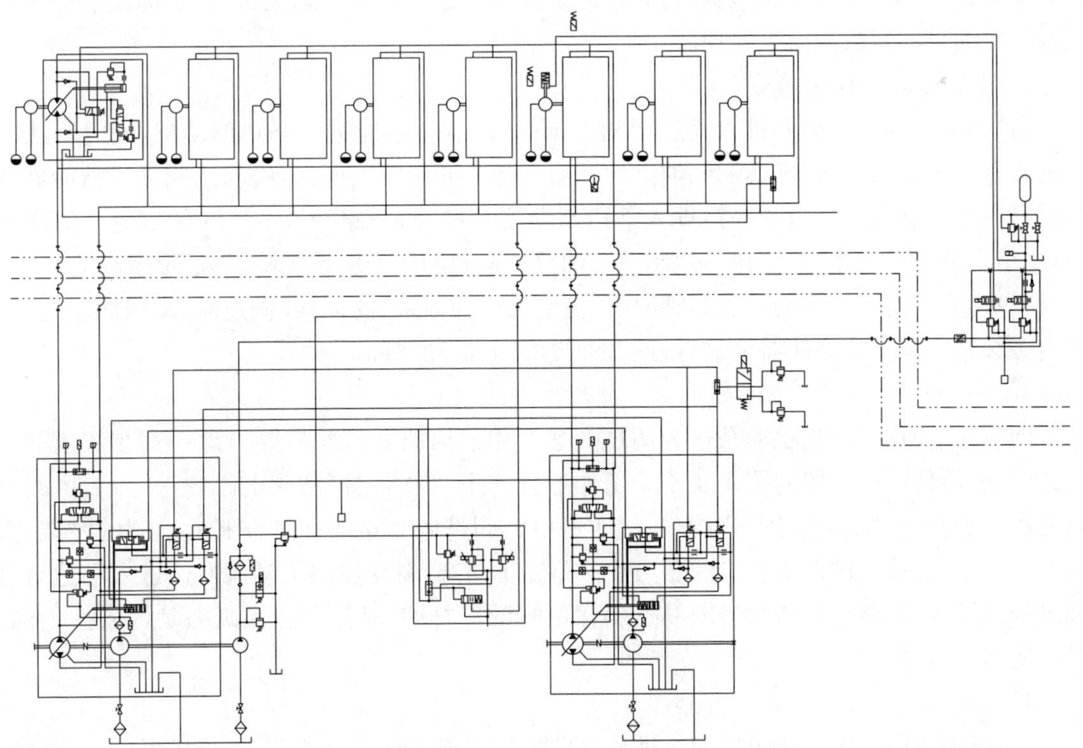

图5.25　刀盘驱动液压系统原理

盾构刀盘的旋转采用液压马达驱动，驱动泵为双联泵，整个系统采用闭式传动方式。驱动泵的辅助泵除了为主泵补油外还作为主泵变量机构的控制油源。变量马达的控制油源由单独的控制泵提供。马达驱动的目的是驱动刀头旋转、提供挖掘需要的扭矩。刀盘的旋转是由 8 个液压马达驱动一个和刀盘支承环一体的齿圈来实现的。可变速马达的控制是由变量液压泵实现的。

刀盘驱动系统主要由 2 个 315 kW 泵站、8 个液压马达、8 个变速器、主轴承、补油系统及伺服系统等组成。液压泵站由 2 台 315 kW 电动机驱动 2 台双向变量泵合流供油，由 1 台 37 kW 电机驱动定量泵对闭式回路进行补油。系统控制方式为闭路。液压泵的形式为复合控制方式，即液压泵根据先导压力的变化自动调整其斜盘角度以便适应不同的工况。液压马达采用两挡变速，按照工作压力的变化自动调整斜盘角度，从而实现变速。

工作原理：因主工作回路是闭式回路，加之系统功率大，需要进行补油和散热，所以设置了一套补油回路对其进行补油和散热。为增大散热效率，补油回路采用低压大流量的定量泵来带走闭式回路中的大量热量，同时也对其进行了补油。补油泵从油箱泵出的油经两个滤清器进入 3 个主泵的油口，并通过两个单向阀分别对闭式回路的低压端进行补油，然后经主泵的高压端为液压马达提供动力油。

1. 马达的正反转

为了克服盾构机在掘进过程中的滚动现象（当主油泵斜盘角度不能根据外界阻力变化而改变时，刀盘即会出现滚动现象），必须通过液压马达的正反转来进行调整，即通过控制单元改变主油泵的斜盘方向来实现。

2. 马达制动与解除制动

（1）马达制动。当需要进入马达制动工况时，控制油不能进入马达制动器，同时马达制动油缸有杆腔接回油箱，马达制动油缸的活塞在弹簧的作用下伸出，将马达制动。蓄能器的作用是在马达制动时压力油一路进入马达制动器有杆腔，一路经 0.3 mm 的节流口流回油箱，由于有节流口的作用，使得马达制动器油缸有杆腔的压力缓慢下降，马达缓慢制动。

（2）解除制动。当制动器控制阀通电，控制油经伺服泵、滤清器、调速阀、减压阀、二位二通电磁阀进入马达的制动器油缸有杆腔，油缸收回，制动解除。

3. 马达低速挡位

调节如前所述，刀盘驱动马达为两挡变速。如根据地质情况需要刀盘一直在低速情况下运转，也可使用挡位控制阀来实现。工作原理如下：当挡位控制阀电磁铁得电，二位四通电磁阀处于左位，控制油经调速阀、二位四通电磁阀进入马达的斜盘控制液动阀的左端，将阀芯推至左位，马达进口或出口的压力油一路经单向阀、斜盘控制液动阀左位进入马达斜盘油缸的无杆腔；一路经单向阀进入马达斜盘油缸的油杆腔，马达斜盘实现差动，马达一直处于低速挡。

4. 刀盘掘进工况

（1）正常掘进。控制油源的油经过泵、过滤器、减压阀到控制单元，主液压泵先导控制油到达电磁阀，当系统压力超过溢流阀调定压力时，溢流阀打开，油泵控制先导油压力由溢流阀控制。当低于阀的调定压力时，泵的斜盘根据先导压力的变化自动调节。系统压力升高时，电磁阀换向，溢流阀工作，泵可以输出比恒功率变量高一些的功率。

(2)刀盘脱困。当控制单元反向控制泵时，主油泵的油液方向与正常掘进相反，使得马达的转向相反。

三、刀盘驱动液压辅助系统回路

辅助系统回路以扩挖刀液压系统为例介绍。

扩挖刀液压系统原理如图5.26所示。扩挖刀数目一般是2个，沿直径方向对称布置在刀盘上。扩挖刀的作用是开挖大于刀盘直径的断面，仅在隧道方向改变阶段才被使用，为盾构转弯拓出空间。扩挖刀刀头的伸出长度可以通过控制油缸来调整，最大行程50～65 mm，伸出的长度扩大了隧道断面的直径，并通过中心控制室的屏幕显示出来。

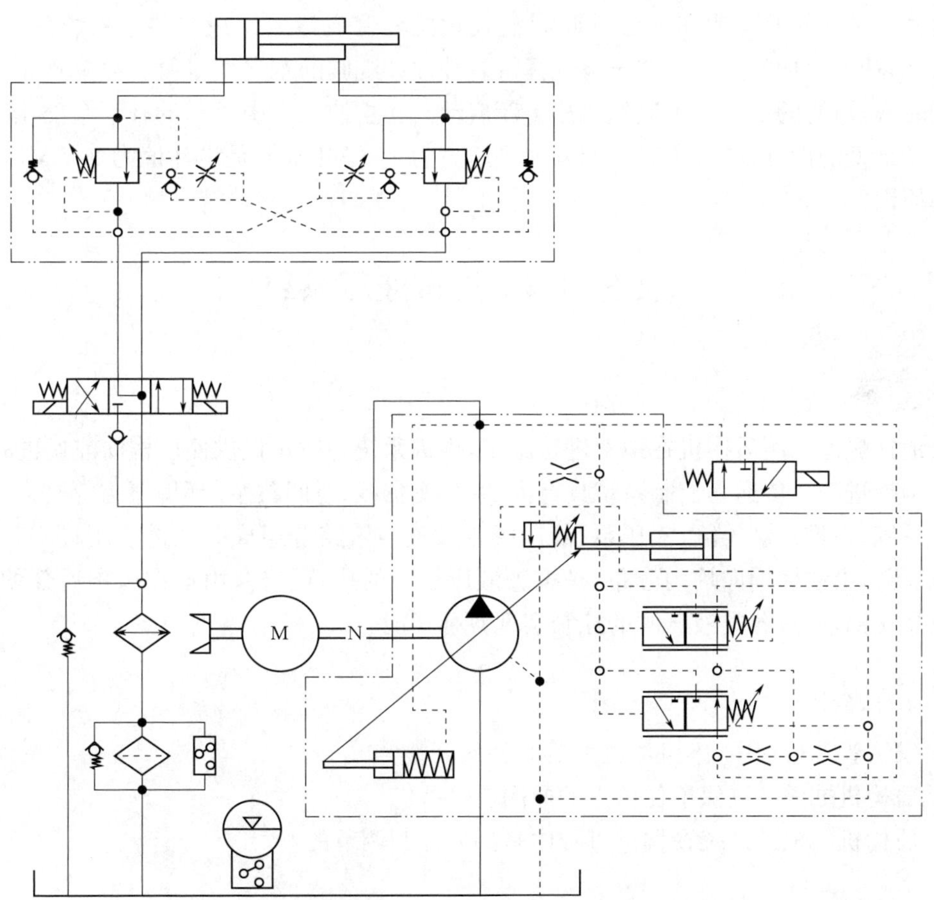

图5-26　扩挖刀液压系统原理

扩挖刀液压系统由变量泵和电磁比例阀、平衡阀、伸缩油缸组成。系统原理图比较简单，就是通过泵出的压力油流经电磁换向阀、平衡阀，然后到达油缸，通过油缸的运动来控制超挖刀的行程。驱动泵的电机同时驱动风扇，用来冷却回油。为了防止回油滤油器堵塞，回油路增加了一个旁通单向阀支路。

小组讨论

以小组为单位，讨论以下问题：

1. 液压马达驱动盾构液压系统的主要作用及组成是什么？
2. 简述驱动装置的工作原理。

简答题

1. 动力源主要由哪些液压泵组成，主泵采用何种液压泵？

分析题

2. 广州某地铁施工项目使用的土压平衡盾构机，其刀盘驱动系统选择闭式传动系统，由 8 台并联轴向柱塞马达和 3 台并联斜盘式轴向柱塞变量泵组成。整个系统为电比例调速，选择恒功率保护的方式。液压泵选择带有补油冲洗阀的双向变量泵。故障现象：在进行掘进的时候，盾构的 3 个刀盘突然无法重新启动。在主控室之中显示的补油泵的压力不足，无法满足最低的设计要求，该时段的补油泵压力为 1.8 MPa，但是设计值为 2.7 MPa。试分析故障原因。

任务 5.4　推进液压系统

任务导入

某地铁隧道采用盾构机在地下进行施工，推进系统为盾构提供使盾构向前掘进的推力。

盾构推进动力传递和控制系统具有大功率、变负载、空间狭窄、环境恶劣等特点，一般采用液压系统，由推进液压缸、液压泵、液压阀件及液压管路等组成。推进液压缸安装在密封舱隔板后部，沿盾体周向均匀分布，是推进液压系统的执行机构，由设在盾构后部的液压泵站提供高压油，通过各类液压阀的控制实现各种功能。

引导问题

1. 安装管片过程中，推进油缸的压力如何调整？
2. 盾构机推进油缸保不住压力的原因有哪些？
3. 盾构机的推进系统在掘进过程中是如何控制调节的？

知识学习

推进系统主要为盾构提供使盾构向前掘进的推力，反力通过推进油缸顶在管片上，管片是静止的，通过推进油缸顶紧管片，使盾构向前推进，通过调整部分区域油缸的压力来改变盾构掘进的方向。

一、推进系统关键元件

1. 推进系统液压油源——推进泵

采用动态恒压控制柱塞泵，由比例溢流阀控制出口压力，泵出口装有安全阀及压力传感器，输出流量与负载相关。

2. 推进系统液压油源——控制泵

控制泵采用轴向柱塞泵，排量 45 mL/r；控制泵的主要功能是为推进液压系统的电液换向阀提供换向的控制油源。

3. 推进油缸

推进油缸分四组周向分布，每组中设一个内置式位移传感器；带传感器的推进油缸布置如图 5.27 所示。

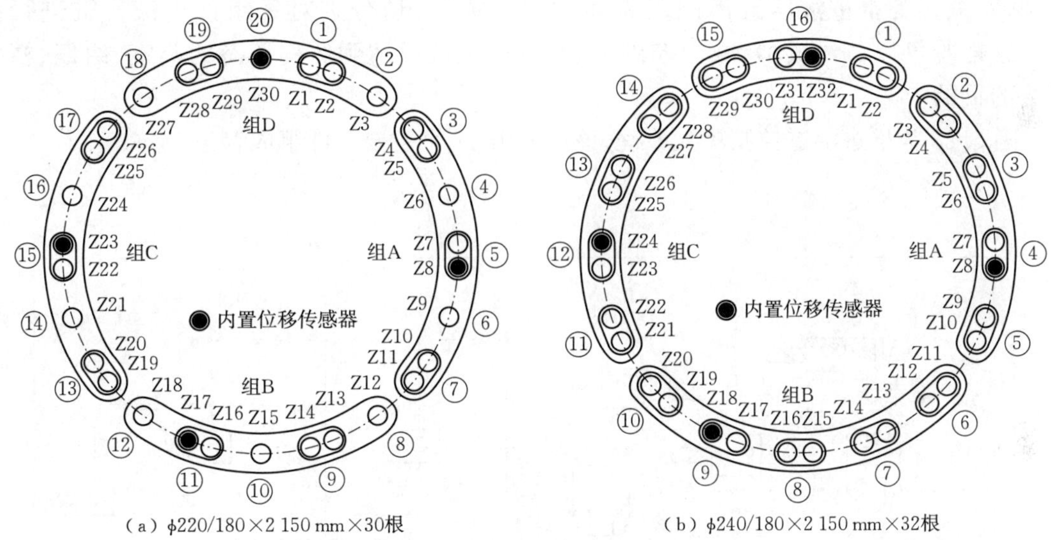

（a）ϕ220/180×2 150 mm×30根

（b）ϕ240/180×2 150 mm×32根

（c）ϕ260/220×2 100 mm×22根

图 5.27 推进油缸布置

4. 推进控制阀组

①比例溢流阀:设定压力与控制电流相关。

②比例调速阀:通流能力与控制电流相关,不受负载影响。

二、推进系统工作原理

在掘进施工中,盾构需要按照指定的路线轨迹轴向前进,而被切削的地质比较复杂,整个盾构机盾体受到地层的阻力往往不均,使盾构的掘进方向发生偏离,这时就需要通过协调精确控制推进液压缸来实现盾构的纠偏,达到盾构沿设计路线轨迹推进的目的。另外,盾构进行曲线推进时,有时要前倾、有时要后仰、有时要左右摆动或向其复合方向上的掘进,这也需要通过协调、精确控制液压缸来实现,即姿态调整。由于推进系统液压缸数量比较多,每个液压缸都进行单独控制,成本高,控制较为复杂,为此,可采用成对分组控制,将众多的推进液压缸沿圆周方向均匀分成几组,分别对每组推进液压缸进行控制。这样既可以节约成本、减少控制复杂程度,又可以达到盾构姿态的调整、纠偏、精确控制的目的。

图 5.28 为推进油缸控制单元原理,该单元由 12 个主要元件组成。

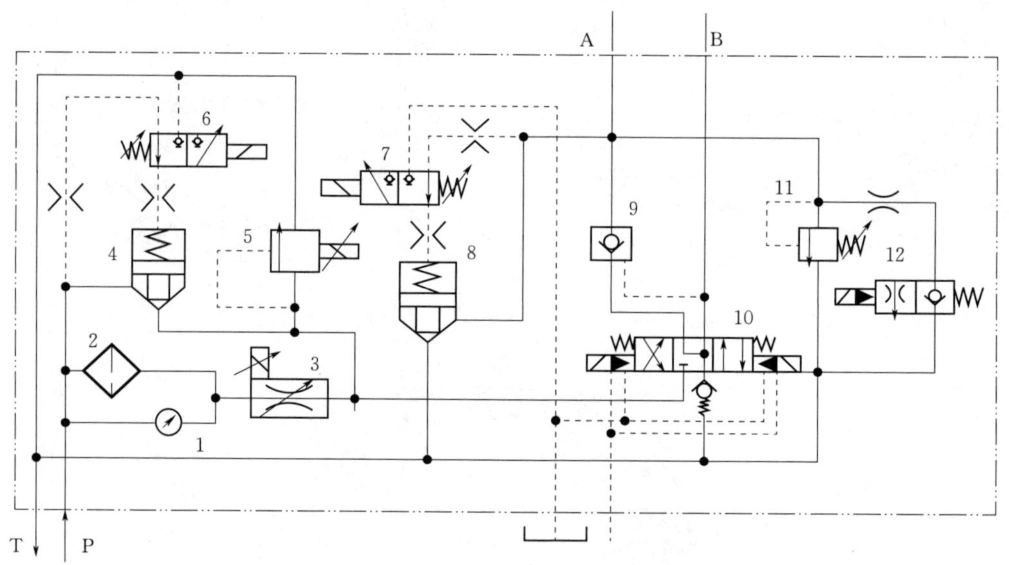

1—进油滤油器的压差发信和显示装置;2—进油滤油器;3—电磁调速阀(调节油缸的运动速度);4,8—逻辑阀和电磁先导换向阀;5—调节油缸浮动时的进油压力阀;6,7—二位三通电磁球阀;9—液控单向阀(锁定推进油缸);10—电液换向阀(实现推进油缸的换向);11—安全阀;12—缓冲阀;P—进油口;T—回油口;A,B—工作油口。

图 5.28 推进油缸控制单元原理

工作原理:油泵输出的高压油经高压管路口进入,经进油滤油器、电磁调速阀、电液换向阀进入推进油缸。通过控制推进油缸的流量大小进而控制油缸的快进或快退。

盾构推进液压系统原理如图 5.29 所示。推进液压缸的数目为 32 个,2 个一对,分为 4 组,一对油缸共享一个衬垫,油缸推力通过 16 个衬垫传递。在活塞杆端,装有撑靴,以防止因集中负荷造成管片变形、破损。油缸安装有行程传感器,传感器测量盾构机前进的进程,测量信息在控制室显示。

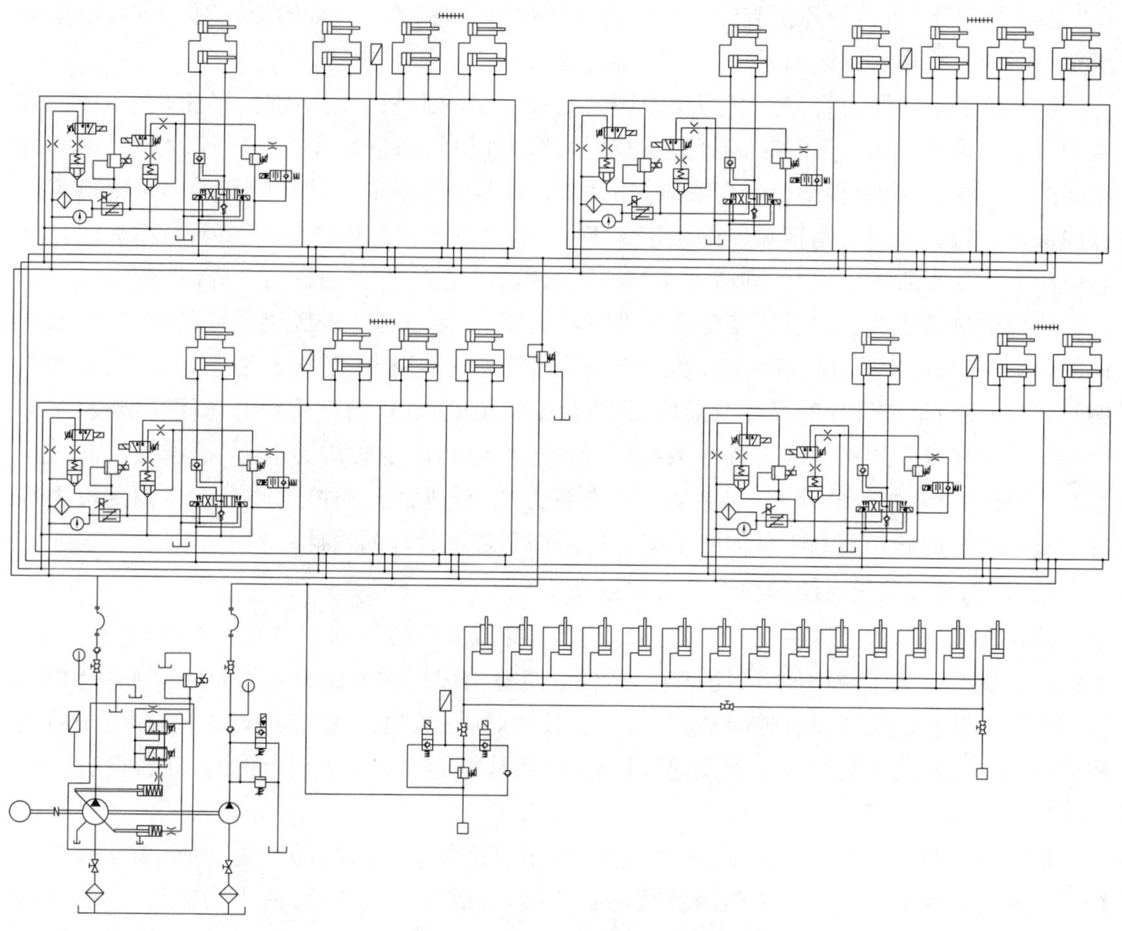

图 5.29　盾构推进液压系统原理

推力油缸有 2 种液压操作状态:

(1)"低压"或"建环"状态,管片拼装期间使用。在这种状态下,衬垫的压力减小,有足够的压力保证管片安全地安装,也确保两环之间的密封条被压紧。在"低压"状态下,盾构不前进。

(2)"高压"或"掘进"状态,盾构向前运动时使用。在这种状态下,衬垫在管片上产生推力。

在掘进模式下系统压力为 34 MPa 时,最大前进速度 80 mm/min、最大推力 36 100 kN。每个油缸的最大推力 1 805 kN。管片拼装模式下:伸长速度(4 油缸)2 m/min、收回速度(4 油缸)3 m/min。推进油缸活塞的前端必须安装顶块,顶块必须采用球面接头,以便将推力均匀分布在管片的环面上。其次,还必须在顶块与管片的接触面上安装橡胶或柔性材料的垫板,对管片环面起到保护作用,同时还能够充分对应管片与盾构的倾斜,保证撑靴平面与管片密贴。推进油缸可以单独成组控制或者分成 4 组由流量和压力控制来推进和转向。在掘进模式下,推力油缸总共合并成 4 组。

为了建造一个管片环，首先停止掘进，然后必须将操作状态改为“建环”，把控制模式转换到无线控制装置(即移动式操作面板)。当激活该模式时，所有的成对油缸可以独立运动。在“建环”模式下，进行管片拼装所需数目的油缸对相应地回缩，其余的油缸对一方面避免由于土压而使盾构作后退运动，另一方面，它们也保护已经安装的管片。

油缸内的有效压力将和土壤的反作用力在设定值附近某个值上维持平衡，不同环带的压力分配和显示的压力不同时，不允许驱动机器。理想状态每部分的有效压力和显示值是相同的。挖掘几厘米后，调整全套液压缸的压力分配，使机器前进的方向和导向系统指示的方向保持一致。如果盾构相对理论轨迹偏下了，增大下部油缸的压力并减小上部油缸与之等值压力。如果盾构机偏左，则增大左侧油缸的压力并减小右侧油缸与之等值压力。

盾构推进液压系统的设计需要满足以下功能要求：为盾构前进提供足够的动力；控制盾构的前进速度，与出渣速度相配合，实现土压平衡状态；能够控制盾构的姿态，实现盾构的纠偏及转向要求；适应管片的尺寸及操作要求；从整体角度考虑，满足盾构的总体功能设计、综合施工作业要求。盾构的推进液压系统的设计主要包括确定盾构的推力；推进油缸的规格参数、外形尺寸和数量的计算；推进油缸的布置方式；推进油缸的控制。对于盾构的推力等主要技术参数的确定要基于具体的工程地质条件和隧道管片的设计。

三、盾构铰接液压系统的构造及工作原理

盾构在实际施工过程中，由于多方面的原因，导致盾构的前进方向与原本隧道设计的中心线产生偏差。为了减小偏差、提高工程质量，使盾构按正常的路线前进，就必须进行盾构姿态调整。盾构通常要设置铰接油缸，可以有效地对盾构的掘进姿态进行调整，以完成盾构机的转弯、曲线行进、姿态控制以及同步运动，使盾构机能沿着事先设定好的路线行进。

1. 铰接系统原理

盾构体被铰接系统分为前、后两个躯体，位于铰接装置前面的部分为前躯，位于铰接系统后面的部分为后躯。前后两躯由铰接油缸连接，形成铰接装置，可使盾构前后弯曲，以适应曲线段的掘进。铰接装置通过调节铰接油缸的行程差来弯曲盾构本体，通过调整液压油缸的动作，在上、下、左、右方向上调整盾构本体弯曲角度。

铰接装置是为顺利进行曲线施工的一种辅助手段。在进行曲线施工时，一定要与推进油缸的单侧推进、管片的使用、超挖的实施共同进行，以实现设定的曲率半径。

当盾构机灵敏系数(机长/外径)大于 1.5 或隧道曲率半径小于 250 m 时，应采用铰接装置。

盾构机铰接装置可分为主动铰接和被动铰接两种。

①主动铰接。依靠铰接油缸的主动伸缩使得盾构机前后两部分发生弯折。盾构推进油缸固定在盾构的后部，推进油缸的推力作用在盾构后部再通过铰接油缸传递到盾构前部。

主动铰接的优点是：被动铰接只能被动地拉伸，主动铰接有推力和拉力；主动铰接转弯半径比被动铰接更小；更换刀具时，主动铰接可使前盾后退；盾构机卡盾时，主动铰接与推进配合，更容易脱困。

②被动铰接。依靠外力使铰接油缸伸缩，从而使盾构前后部分发生弯折，盾构推进油缸

的后端顶在盾构的前部，油缸的前部搁置在摆动支承上，推进油缸的推力直接作用在盾构前部。

被动铰接的优点是：被动铰接操作控制简单；空间布置紧凑；盾尾姿态自适应；成本低。

主动铰接与被动铰接主要区别在于盾构推进油缸与管片之间的位置有所不同，导致管片受力不同。主动铰接是推进油缸固定在中盾和盾尾内，管片也在盾尾内，无论是直线段还是曲线段理论上推进油缸中心和管片中心是在同一个中心线上，管片前端面受到推进油缸推进力较好；被动铰接是推进油缸在前盾和中盾内，管片在盾尾内，当在曲线段时理论上推进油缸中心和管片中心不在同一个中心线上，管片受力不好。因此，铰接设计从管片拼装及隧道质量理论上来看，主动铰接优于被动铰接；从成本控制来看，被动铰接优于主动铰接。

2. 铰接液压系统分析

以某盾构主动铰接为例进行分析。盾构铰接装置配备了 20 根铰接油缸。在系统中，上、下、左、右区域都分别设有 1 个压力传感器及 1 个液压缸行程传感器，以便对油缸的压力和速度进行控制。

油缸的行程传感器能监测油缸推杆伸出的位移，转换成电信号反馈到操作台上，通过控制节流阀中节流口的开度来调节流量，从而实现对油缸伸出速度的控制。为了控制油缸压力，实现姿态调整，可由压力传感器监测油缸的推进压力，将压力转换成电信号反馈到操作台上，通过改变溢流阀节流口的开度来实现压力的控制。

小组讨论

以小组为单位，讨论以下问题：

某地铁施工项目施工中出现盾构机推进系统无法动作，试分析盾构机推进液压系统可能出现的故障现象及产生的原因。

简答题

1. 预防盾构机后退的措施有哪些？
2. 分析盾构机推进压力低的原因与处理方法。
3. 简述盾构机推进系统无法动作的故障现象及产生的原因。

任务 5.5　管片拼装机液压系统

管片拼装机是盾构的重要组成部分之一，位于盾构机盾尾部位，它的主要功能是将管片安装到刚开挖好的隧道表面，形成衬砌，使隧道一次成型。盾构机掘进完一环管片的宽度后，管片拼装机将预先制好的管片拼装到刚开挖的隧道表面，形成衬砌，以此来支护新开挖的隧道表面。

引导问题

1. 拼装机红蓝油缸上平衡阀的主要作用有哪些？
2. 管片拼装机有哪 6 个自由度？

知识学习

盾构在掘进完一环管片的宽度后，便用管片拼装机安装管片。

管片拼装机的作用是夹紧、移动、旋转和安置管片，使之形成环状。管片由管片运输机运到管片拼装机处。管片拼装机要实现 6 个自由度的运动和 1 个抓举动作，即纵向平移、径向直线运动、圆周方向旋转运动、管片姿态调整的平台旋转、平台摆动、平台侧倾以及固定管片的抓持运动。能完成管片的升降、平移、回转和拼装机机头（管片的夹取机构）的仰俯、横摇、偏转和管片锁紧七种动作。

一、管片拼装系统工作原理

管片拼装机的液压系统原理如图 5.30 所示。

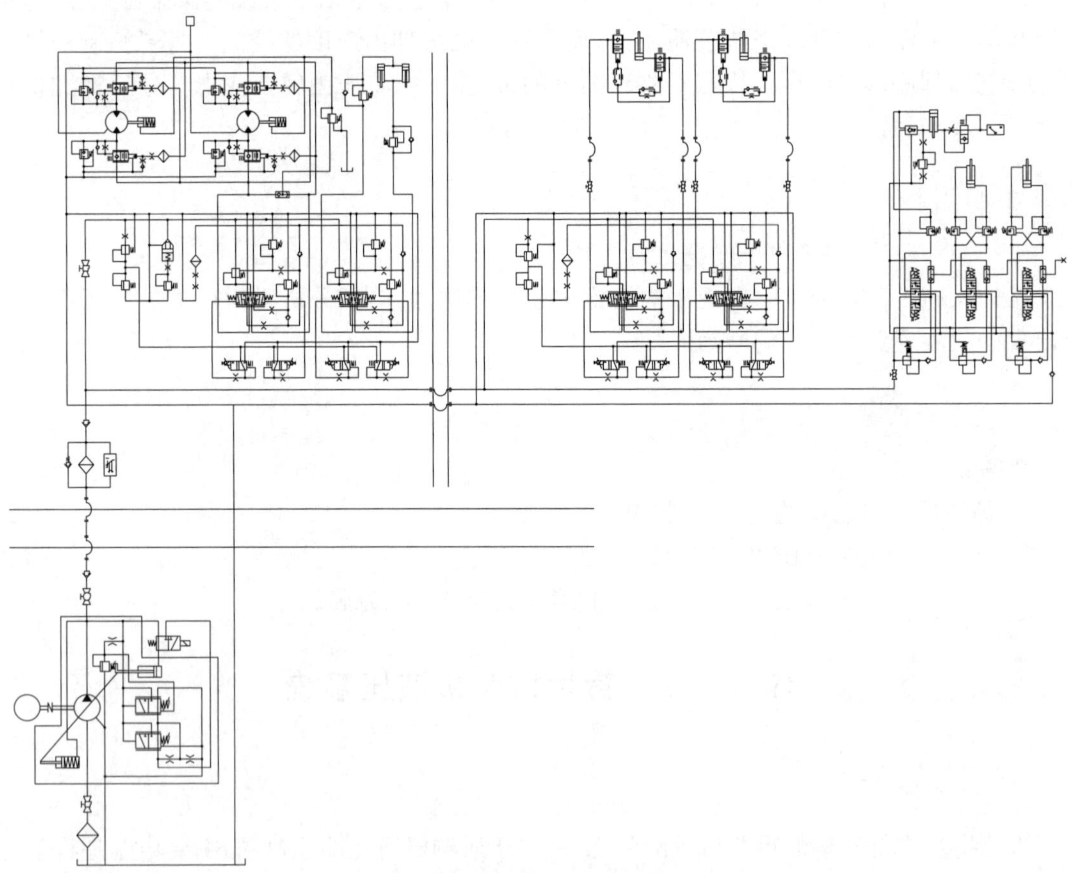

图 5.30 管片拼装机的液压系统原理

旋转控制原理：油泵泵出的高压油一路经减压阀减压后到达电液比例阀，然后控制伺服阀以达到控制流量，来控制马达旋转速度。经控制阀控制后，压力油分别进入两个并联的回转马达,高压侧的油一路经减压阀减压后去控制刹车,减压阀旁边的单向阀隔断回转停止时刹车的泄油回路。进入马达的油先经平衡阀(此平衡阀进油时不起作用),驱动马达旋转,马达出来的油进入下一个平衡阀,该阀在进油有一定压力后慢慢打开回油通路,并保证一定的背压,避免马达因负载惯性转动导致吸空现象。当旋转惯性过大时平衡阀右边的压力会增加,使阀芯左移以减少回油,来减少惯性产生的旋转,当回油压力增大到最大设定值时平衡阀中的溢流阀工作,避免了液压元件被损坏。

水平移动的控制与回转控制一样,控制阀出来的油经平衡阀进入水平移动油缸,控制油缸的前后移动。

提升控制:控制阀原理与回转控制相同,在伺服阀反馈油出口处只在提升回路中设置了节流阀,下降反馈口没有设置,其目的是较快地提高伺服阀进口处减压阀的减压压力以增加下降时的反应速度,同时也反映出一个功率平衡问题。两个提升油缸既可以单控,也可以同时控制,所以有两套单独的伺服控制阀,从控制阀出来的压力油先通过一个两位两通随动阀进入提升油缸,当达到一定压力后,油缸出油口的两位两通随动阀在进口压力的推动下打开,导通回油通道形成回路,反之亦然。

管片抓紧控制:压力油经减压阀减压,再经三位四通电磁换向阀换向,经液压锁、单向节流阀以及溢流阀。抓紧时,从其中一个油口出来的油经过抓举油缸进口处的液压锁进入抓举液压缸的油杆腔,当达到设定的抓紧力时油缸旁的溢流阀溢流,并使油缸旁的两位两通阀换向,切断通往压力开关的油压,使压力开关信号改变。只有当压力开关的信号改变后,拼装机才有其他动作。否则视为管片没有抓紧,不安全,管片机不能动作。松管片时从另一油口的压力油进入抓举缸的无杆腔,一路打开油缸边上的液压锁,使活塞下行。控制阀中的液压锁是保持活塞位置的,单向节流阀是调整活塞动作速度的,溢流阀是起安全作用的。

二、控制单元的原理

管片拼装机马达控制单元原理如图5.31所示。在该原理图中,溢流阀设定液控多路阀的控制压力。减压阀将系统负载压力油压力降低到控制油压力。插装阀是拼装机的主溢流阀,可通过大流量回油设定阀的开启压力。

小组讨论

以小组为单位,讨论以下问题:

1. 拼装机是如何控制旋转限位的?
2. 简述拼装机的操作与安全。

课后巩固

简答题

1. 为使管片拼装精确就位,盾构机的管片拼装机有哪七种动作。
2. 管片拼装机要实现的运动有哪些?

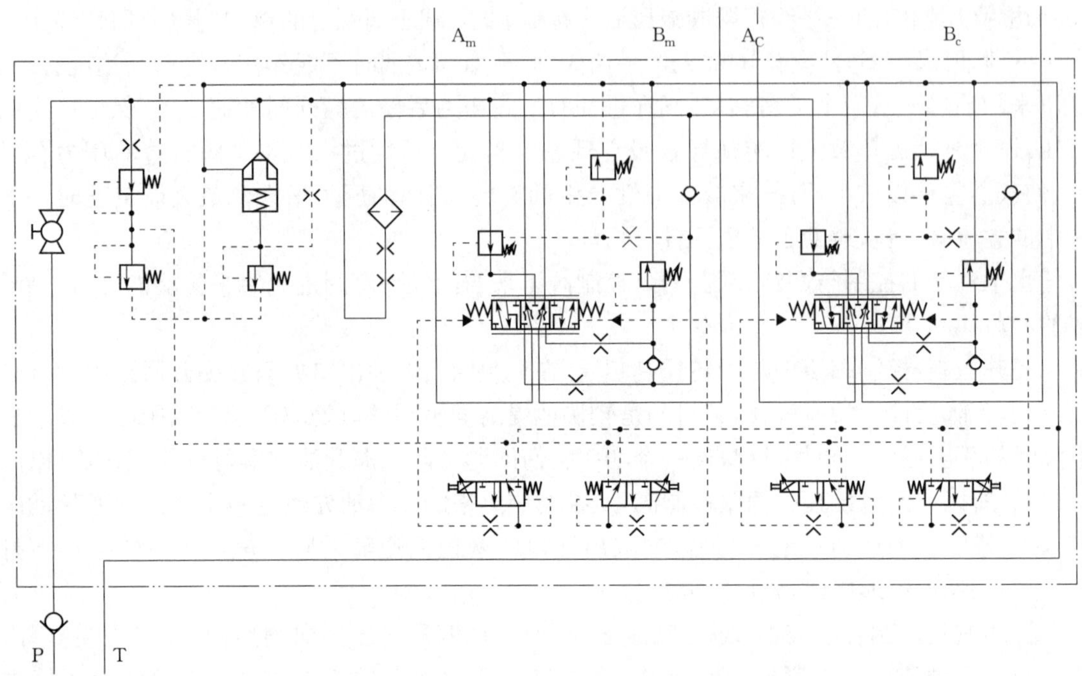

图 5.31 管片拼装机马达控制单元原理

任务 5.6 螺旋输送机液压系统

任务导入

螺旋输送机是土压平衡盾构机的重要部件，是掘进渣土排出的唯一通道。掘进时通过螺旋机内形成的土塞建立密封前方土舱内的压力，有效地抵御地下水。螺旋输送机既要出土效率高，又要在喷涌时起到土塞作用。螺旋输送机设置了前、后端两个闸门，以控制其出土速度并建立、维持密封土舱内的土压平衡。为使前端闸门能够自由关闭，采用了可前后伸缩的螺旋带，行程为 1 000 mm。螺旋输送机壳体上还设有 4 个注入孔，可注水、泡沫和膨润土，以减少出土阻力。

引导问题

1. 如何通过改变螺旋输送机的转速来调整土舱压力？
2. 螺旋输送机后料门在断电时可否自动关闭？

知识学习

螺旋输送机主要由螺杆、筒体、驱动部及排土口构成，筒体由盾构本体土舱隔板下部及螺旋输送机拉杆支承。本体土舱隔板下部的取土口、筒体后部的排土口处，配备有由液压油缸调节开度的闸门。螺旋输送机的壳体分成两部分，配备有螺旋输送机抽出油缸，可进行螺旋输送机后体向后抽出的操作。

盾构在土压平衡工作状态下，刀盘开挖下来的土渣充满土舱，在推进油缸的推力作用下，通过土舱隔板进行加压，产生土压，土压作用于整个开挖面，抵抗开挖面的土压和水压，使开挖面保持稳定。因此，土压舱内的土压的控制是保证开挖面稳定的关键因素。在土舱隔板上不同位置安装了土压传感器，通过对土舱内土压的测量获取开挖面稳定控制所需的信息。土舱内土压的控制可通过控制开挖量、排渣量、推力和推进速度来实现，在保持开挖量、排渣量一定的情况下，通过控制推进油缸的推力和推进速度来调节土舱内的土压，推进速度加快，则土舱内的土压上升，反之则下降，从而使土压舱内的土压与开挖面的土压和水压相平衡，保证开挖面的稳定。

螺旋输送机液压系统采用电液比例反馈控制，可实时控制螺旋输送机的转速，并保证盾构施工安全。螺旋输送机液压系统原理如图 5.32 所示。

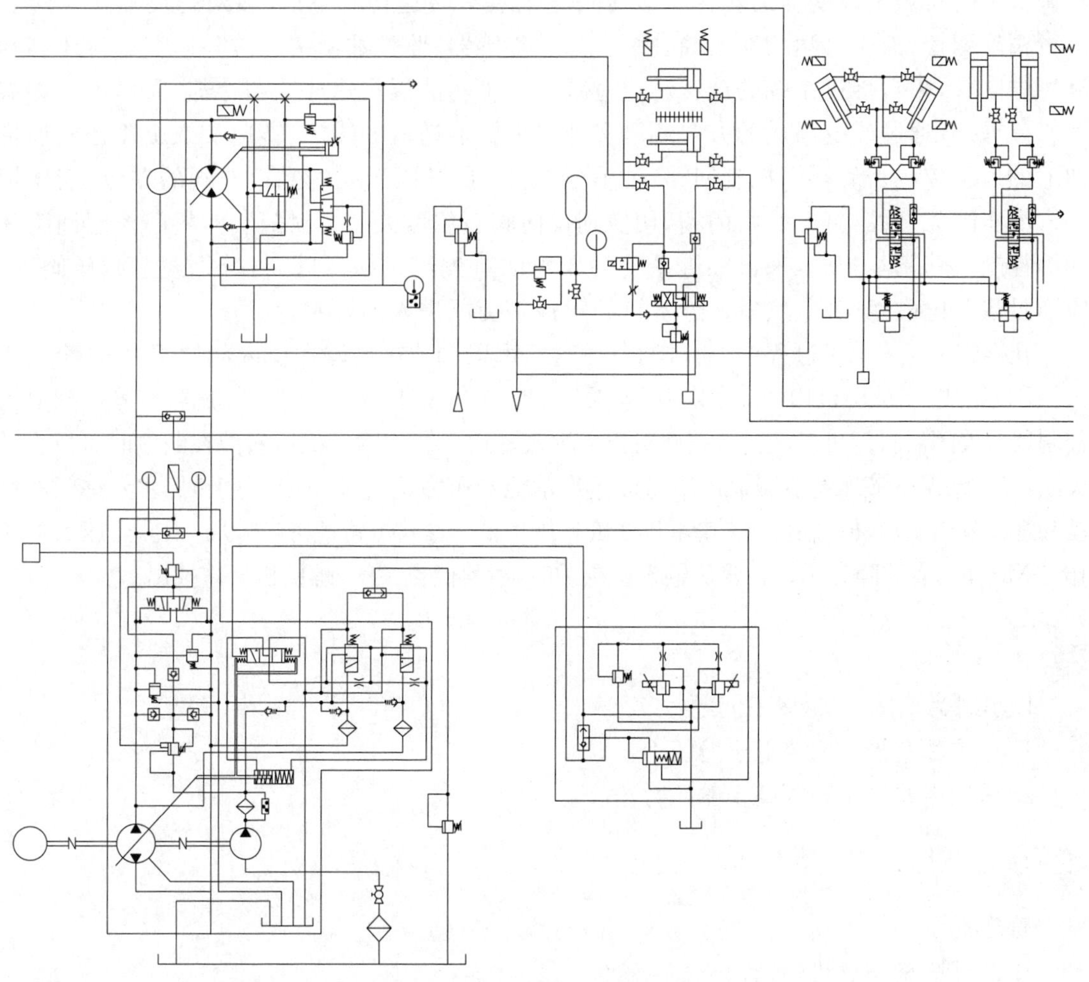

图 5.32 螺旋输送机液压系统原理

工作原理：伺服阀动作时带动伺服油缸活塞移动，从而使斜盘角增大，泵流量增加，当外载荷大时系统压力就会随之增大，当系统压力超过调定值时，相对于高压侧的两位三通随动阀上移，当伺服阀其中一端供油时，伺服阀移至右位，伺服缸有杆腔进油，无杆腔回油至低压，伺服活塞右移，泵斜盘角增大，此路为高压侧，当此路压力超过调定值时，此时左边一个随动阀上移，控制油压与伺服油缸无杆腔接通，因有杆腔和无杆腔的压差关系，使伺服活塞左移，泵斜盘角减小，此路压力下降至回路调定值。另一路同理。

控制回路：控制油由 5.5 kW 控制泵提供，来自控制泵的控制油从控制阀口进入经溢流阀限压后，再由电磁比例调压阀调压，给油泵伺服阀提供可变的压力油，来控制主泵的流量，从而达到无级控制马达转速的目的。

控制回路分为泵/马达回路、后料门控制回路、前料门控制回路、输送机后体移动油缸控制回路。用控制单元改变泵的排量，在未达到设定压力时，液压马达处于最小排量，达到设定压力后，马达排量不变(保持为最大排量)，此时可作为定量马达考虑，故此时只能靠调节泵的排量来改变马达转速。液压马达上装有转速传感器，可以对螺旋输送机转速进行精确测控；液压马达的泄漏油管装有温度传感器，监控油温情况。马达上有背压阀和液控方向阀，来自推进系统的液压油经过减压阀可对液压马达冲洗和冷却，同样也冷却减速箱。另外，通过改变马达的方向还可实现对螺旋输送机的转向、转速及螺旋输送机螺杆伸缩的远程控制。后料门控制回路：油液经减压阀、三位四通电磁换向阀的左位、液压锁进入液压缸无杆腔，打开后料门；若切换到换向阀右位可关闭后料门。前料门控制回路和伸缩控制回路基本相同，来自推进系统的压力油首先经过减压阀，再分别经过减压阀、对应通过多路电磁换向阀，然后通过各自的双控平衡阀进入油缸腔。

在螺旋输送机出土过程中，通过调节后料门可以调节螺旋输送机内部的压力，这个门由 2 个闸板组成，当螺旋机构抽出时，闸板就关闭。每个闸板上装有开/关传感器，信号送到 PLC 控制器。关闭后料门可以迅速有效地阻止水进入隧道。螺旋输送机后料门在断电时可以自动关闭，紧急情况下液压蓄能器提供压力油。当蓄能器压力达到 24 MPa 以上时，才允许门的移动和螺旋输送机启动。在门移动期间，测量到压力低于 20 MPa 时，有警报显示。当压力低于 16.5 MPa 时，有故障显示。在螺旋输送机维护时，后料门也关闭，螺旋机后体抽出。

小组讨论

以小组为单位，讨论以下问题：

1. 采取哪些措施来降低土舱压力？
2. 采取哪些措施来提高土舱压力？

课后巩固

简答题

1. 简述螺旋输送机的结构。
2. 螺旋输送机出土不畅的原因有哪些？

任务5.7 辅助液压系统

液压系统除了驱动、推进等为盾构主体服务主液压工作系统，还有为后配套设备服务的辅助液压系统。

后配套是盾构的重要组成部分，可以完成管片的运输、弃土的外运、各种原材料的装卸等。

辅助系统的功能主要是对盾构施工辅助设备的控制，包括管片运输小车输送、后配套拖拉油缸控制及刀具磨损检测。

引导问题

1. 辅助液压系统包括哪些系统?
2. 后配套拖拉缸能够实现几个控制动作?

知识学习

一、管片运输小车输送

管片输送器是管片运输系统的组成部分，放置于设备桥下部、管片吊机运行前端。安装管片时，管片输送器将暂存在设备桥下的管片，逐个输送给管片拼装机，供安装使用。

管片小车输送过程：

管片小车在管片输送油缸的驱动下将管片向前输送一定的位移，由举升缸将管片托起，管片小车返回，举升缸收回，管片落放到管片小车上，管片小车再向前移动一定的位移，举升油缸再次托起管片，这样反复几次，即可完成。

管片输送油缸的伸缩速度要快，以提高管片的转运效率。

管片小车控制面板上有紧急停止，小车上升、下降，后配套及小车拖拉缸拖拉、释放等按钮。

管片小车拖拉：管片车在推进过程，应该在盾体的拖拉下跟进，如只考虑跟进运动时，此处无需加控制，采用钢索拖拉即可满足要求；但考虑到管片小车有时需要与盾体脱离，为了便于分离，特加设一个控制油缸，以便在分离操作时，松开钢索，同时这个附加的油缸还可以在需要时补偿一点管片输送的位移。

二、后配套拖拉油缸控制

(1)被动拖拉，接近开关设定极限位置。

(2)能够实现浮动、锁紧和拖拉三个控制动作。在要求调整后配套拖拉油缸与盾体的相对位置时，可采用浮动和拖拉控制，拖拉控制可以使后配套在拖拉缸的作用下，将后配套拉向盾体；而浮动控制将为后配套偏离盾体提供条件，在推进时，由于拖拉油缸处于浮动位置，不能提供拖拉后配套跟进盾体所需要的拉力，后配套就偏离盾体；在正常推进过程中，拖拉油缸被锁紧，保证盾体与后配套一起移动。

三、刀具磨损检测

刀具磨损检测液压原理如图 5.33 所示，在首次使用时首先打开球阀 1，并操作手动换向阀使液压系统建立起压力，之后将球阀 1 关闭。

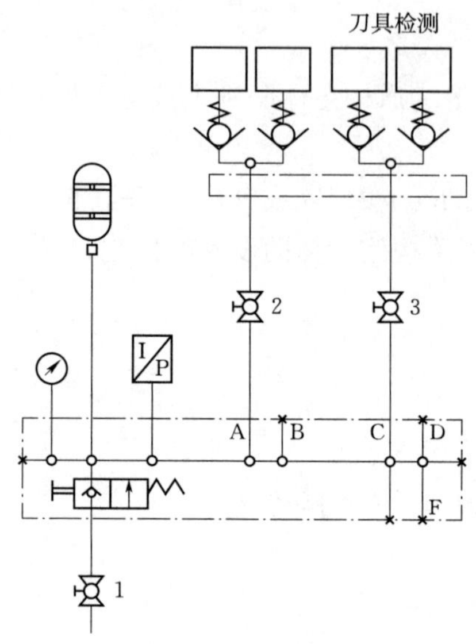

图 5.33　刀具磨损检测液压原理

在刀盘掘进过程中如果检测到系统压力低于 6 MPa 时，需再次给液压系统建立压力，如果压力降低很快或者无法建立压力，说明刀盘上磨损监测点出现磨损泄漏。

此时，需要关闭球阀 2 和球阀 3，使液压系统再次建立压力，开启球阀 2 或球阀 3，如果压力降低很快或者无法建立压力，说明该路的磨损检测点出现磨损。

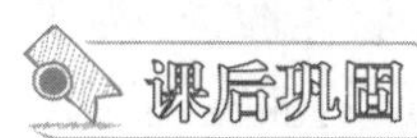

以小组为单位，讨论以下问题：

1. 简述后配套拖拉缸实现的浮动、锁紧和拖拉三个控制动作。
2. 简述管片小车控制面板上有哪些按钮。

课后巩固

简答题

1. 如何检测刀具磨损？
2. 简述后配套拖拉控制在锁紧时的功能。

项目6

盾构机辅助配套系统

知识目标

1. 掌握盾构机集中润滑的部位；
2. 掌握盾构机双线式集中润滑系统工作原理；
3. 掌握盾构机主轴承密封、铰接密封、盾尾密封的构造；
4. 掌握盾构机盾尾密封注油脂管道的布置；
5. 掌握渣土改良剂的注入位置；
6. 掌握同步注浆管道布置及同步注浆的工作原理；
7. 掌握盾构机水循环系统的组成及作用；
8. 掌握二次通风的作用。

能力目标

1. 能识读双线式集中润滑系统原理图；
2. 能识读主轴承密封图、铰接密封图以及盾尾密封图；
3. 能识读泡沫系统及膨润土系统的工艺流程图；
4. 能识读同步注浆管道布置图；
5. 能识读同步注浆系统液压原理图；
6. 能识读外循环部分和内循环部分的水流流向图。

职业素养目标

1. 培养科学分析问题的能力；
2. 培养归纳总结及语言表达能力；
3. 培养吃苦耐劳、勇于创新、敢于创新的精神；
4. 培养团队合作能力和沟通能力。

任务 6.1　集中润滑系统

盾构由多个复杂的机械设备组成，需要润滑，根据润滑部位的不同分为集中润滑系统（又称脂润滑系统）、油润滑系统和盾尾密封系统。润滑部位如图 6.1 所示：

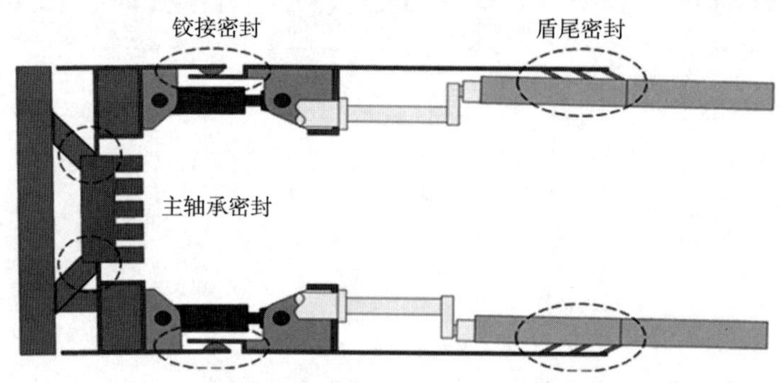

图 6.1　盾构机润滑部位示意

盾构机的刀盘轴承、轴承密封、减速机、螺旋输送机等都需要集中油脂润滑系统对其进行润滑和密封作用，以此来确保盾构机的驱动系统和刀盘等主要设备的正常使用，因此集中油脂润滑系统是盾构机中非常重要的一套装置，盾构机的集中润滑是强制性润滑，是双线式消耗性润滑系统。

引导问题

1. 盾构常见的润滑油和油脂及其作用是什么？
2. 双线式集中润滑系统的工作原理是什么？

知识学习

一、集中润滑系统

1. 集中润滑的原理

集中润滑原理如图 6.2 所示。

集中润滑位置：在刀盘主驱动部分、螺旋输送机驱动与闸门密封处、铰接油缸的铰接密封处、中心回转接头处等部分也充填具有一定压力的 EP2 润滑油脂。

2. 集中润滑的作用

集中润滑包括润滑、密封主驱动轴承；润滑螺旋输送机轴承；润滑铰接密封。集中润滑即可在密封之间形成密封环，保持一定的压力，又起到润滑的作用。

3. 集中润滑系统的构造

(1)集中润滑系统的组成

集中润滑系统采用双线式集中润滑系统。由电动润滑泵、换向阀、双线分配器、控制装

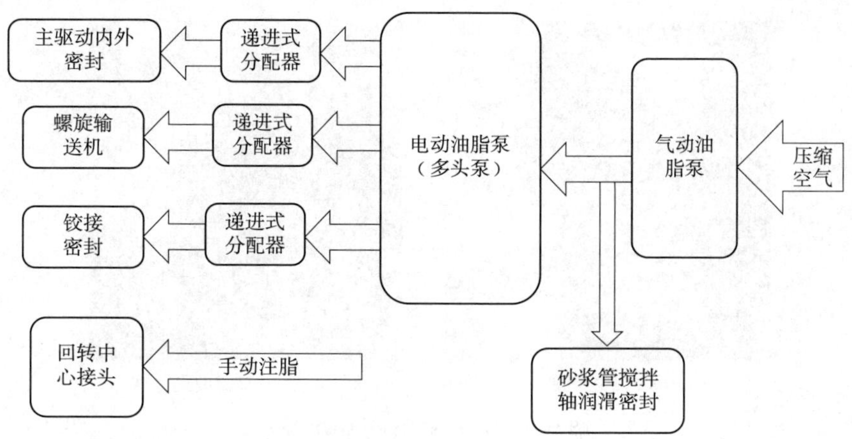

图 6.2　集中润滑原理

置、压力控制阀、传感器、2 条供油管路、补油脂泵等组成。电动润滑泵和换向阀一般布置在盾构后配套台车上，油脂经过管路到达各个设备，再经过润滑设备附近的双线分配器，被输送到各个润滑点。

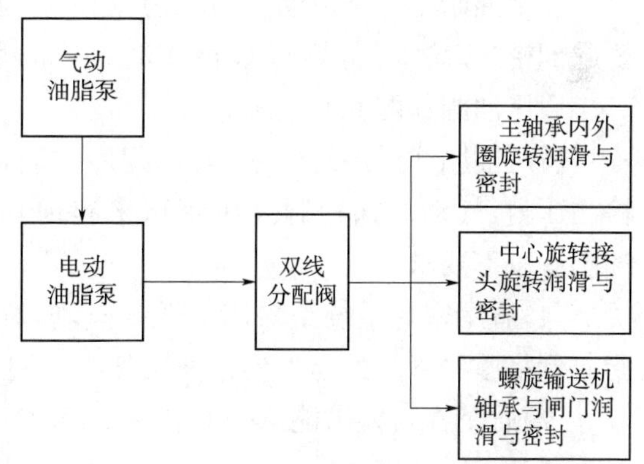

图 6.3　双线式集中润滑系统原理

(2)双线式集中润滑系统工作原理

双线式集中润滑系统原理如图 6.3 所示。

双线式集中润滑系统工作原理：电动润滑泵从储油器吸入润滑脂，经过换向阀由供油管输入到分配器，用泵经过分配器连续地向刀盘驱动密封之间等部位加注润滑脂。

二、盾构机常用的润滑油和油脂

1. 主轴承密封油脂 HBW—黑油

HBW 油脂具有高黏附性且不溶于水，内有纤维结构，并具有良好的泵送性。主要用于主驱动密封。密封主驱动轴承，为主驱动提供最外层的保护，以防止土舱中的水、砂土等进入主驱动造成损坏。

2. 主机集中润滑密封油脂 EP2—黄油

EP2 是通用润滑油脂，由工业锂基润滑脂并加有极压、防锈和抗氧化添加剂(淡黄色)，用于主驱动密封、中心回转头、螺旋输送机轴承和闸门的密封。

HBW 油脂和 EP2 油脂如图 6.4 所示。

3. 大轴承齿轮及滚珠轴承润滑油

大轴承强制润滑系统一般采用一台循环泵对大轴承齿轮部分和三排滚珠轴承内部进行强制润滑。

将大轴承齿轮啮合部分的 1/3 浸泡在齿轮油箱中，齿轮箱内存储油液为大轴直径的 1/3 左右，使用黏度为 150 或 220 的齿轮油，循环润滑。

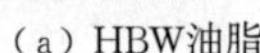
（a）HBW油脂

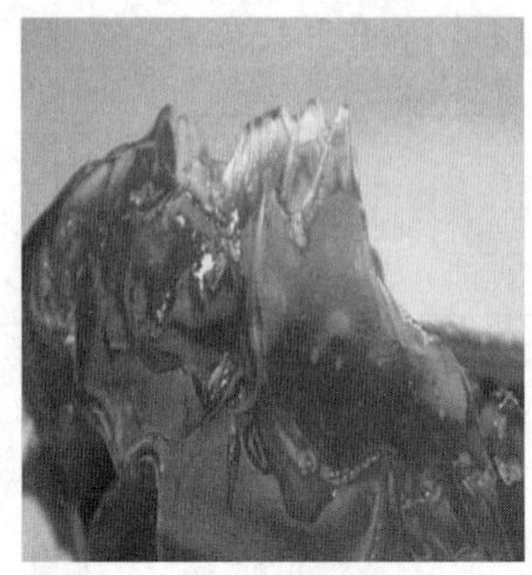
（b）EP2油脂

图 6.4　HBW 油脂和 EP2 油脂

4. 盾尾密封油脂

盾尾油脂是一种以油脂为主剂，加入纤维、改性剂、填充剂等添加剂而制得的膏状物，主要起到密封、防水、润滑、防腐蚀作用。一般用 WR90 或 WR89(灰色)。

盾尾油脂如图 6.5 所示。

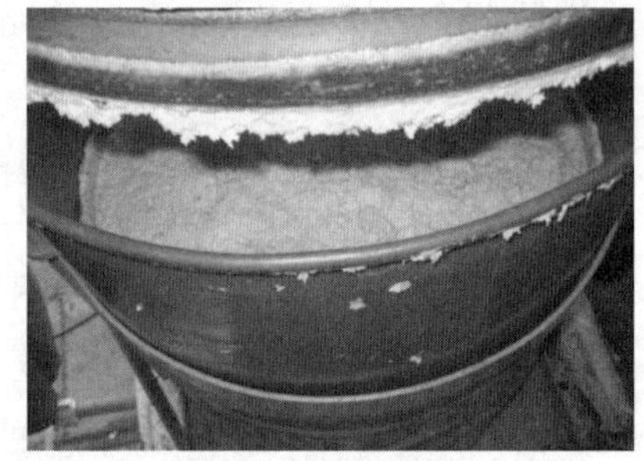
图 6.5　盾尾油脂

盾尾油脂注入系统通过 PLC 程序控制，压力传感器检测压力，气动球阀控制高压管路来实现其功能。盾尾油脂有以下要求：

(1)盾尾密封系统是采用三道钢丝刷，双室中注入油脂起到将盾尾管片处与外界浆液层隔绝及润滑的作用。

(2)盾尾密封要求能承受 0.3～0.4 MPa 的泥水压力而不漏。

(3)盾尾密封脂都是采用机泵加入，因此盾构机密封脂中最重要的性能即泵送性和抗水密封性，另外还应具有较好的黏附性。

(4)盾尾密封在压注油脂后，能耐水压 0.3～0.5 MPa，实际应用中应根据工况压力而定。

小组讨论

以小组为单位，讨论以下问题：

1. 简述盾构机中齿轮油的主要作用。
2. 盾构机中需要集中润滑的部位有哪些？

课后巩固

简答题

1. 简述盾尾油脂的作用。
2. 简述密封油脂 EP2—黄油的特点。

任务 6.2　三大密封系统

任务导入

盾构机主机的密封分为主驱动密封、铰接密封和盾尾密封。其中主驱动密封的失效不仅严重威胁着主驱动轴承的寿命,还能导致主驱动轴承损坏,造成重大经济损失;铰接密封、盾尾密封的击穿破坏给安全施工带来隐患;螺旋机的密封是盾构机能停机保压的根本。

引导问题

1. 主轴承内外密封的作用有哪些?
2. 铰接密封的作用有哪些?

知识学习

一、主驱动密封

刀盘驱动装置是盾构的最关键部位,特别是刀盘主轴承密封与主轴承的可靠性、安全性、寿命是至关重要的。为了防止土砂、水进入驱动装置内,在旋转部与固定部中间设置有密封装置。主轴承密封如图 6.6 所示。

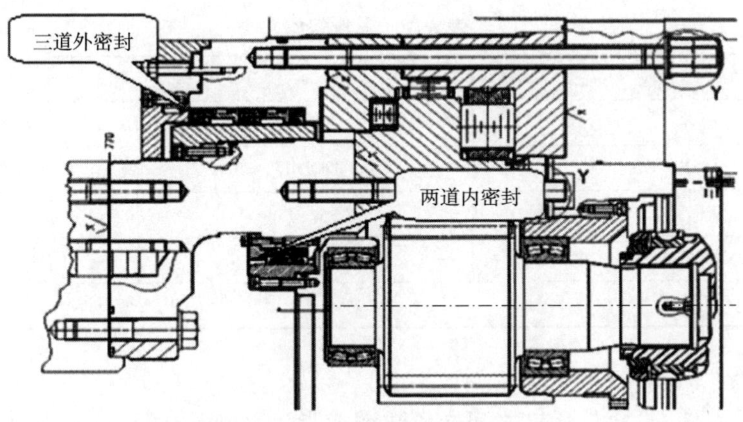

图 6.6　主轴承密封

主轴承密封的布置包括主轴承内部密封和外部密封。主轴承设置三道唇形外密封和两道唇形内密封。外密封系统对开挖舱方向进行密封,内密封系统对盾体内部常压环境进行密封。

外密封前两道采用永久性脂润滑来防止土舱内的渣土和泥浆渗入,后一道密封是防止主轴承内的润滑油渗漏。内密封前一道阻止盾体内大气、尘土的侵入,后一道防止主轴承内润滑油的外渗。

密封保护通过 3 种注射方式实现:

腔室 1:使用气动泵与齿轮马达分配器在各点平均注入 HBW 油脂。

腔室 2:用气动泵从 6 个点向外密封,4 个点向内密封注入 EP2 油脂。

腔室 3:在主轴承滚道、小齿轮与小轴承内注满 320 号齿轮油。

1. 主轴承密封的组成

主轴承密封包括机械式迷宫密封、唇形密封和 MY 型密封。

机械式迷宫密封(间隙密封)负责土舱内土渣、泥水进入主轴承的密封;唇形密封和 MY 型密封利用润滑脂对主轴承进行压力密封。

2. 主轴承密封的规格

唇形密封和 MY 型密封如图 6.7、图 6.8 所示。密封规格见表 6.1。

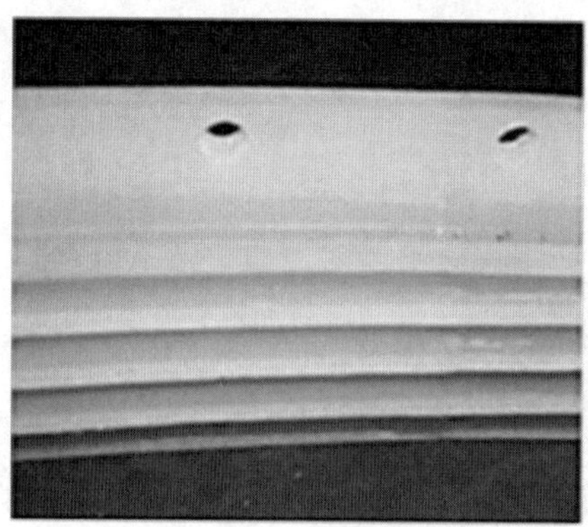

图 6.7　唇形密封

图 6.8　MY 型密封

表 6.1　密封规格

项　目		规　格	
形式		MY 型	唇形(4 唇口)
材质		丁腈橡胶	聚氨酯橡胶
数量	内圈(刀盘与胸板之间)	3 道	1 道
	外圈(刀盘与壳体之间)	3 道	1 道
耐压力		1 MPa	

3. 唇形密封的压力控制

唇形密封的内外圈之间、唇口之间均压注润滑脂,为彻底隔绝土舱中的土渣、泥水、油脂压力关系为 $P_2>P_1>P_0$,其中 P_0 是盾构机土舱中的土压。

唇形密封的压力如图 6.9 所示。

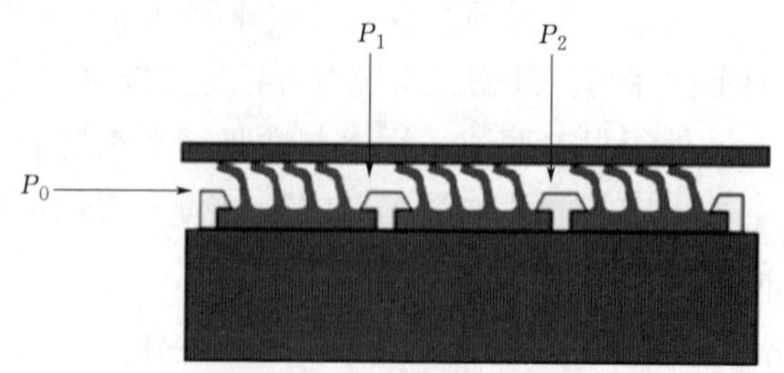

图 6.9　唇形密封的压力

4. 主驱动密封的维护

主驱动减速箱的齿轮油液位高于齿轮箱高度的 1/2,低于 2/3。定期检测更换齿轮油,一般新机掘进 50 环检测更换,除此之外一般半年检测更换一次,定期检查清洗过滤器,每班巡视齿轮油的压力表压力及温度表显示温度，发现异常及时调整，定期检查泄漏油箱及排水；每日检查齿轮油温度，如温度异常，及时检查处理。

检查主驱动 EP2 油脂注入情况（油脂分配器工作是否正常），若溢流阀有油脂溢出则证明管路堵塞，应及时处理；每天给内圈密封注入油脂并检查其工作情况。

检查主轴承外密封（HBW）同步马达工作是否正常（观察脉冲传感器的发光二极管的闪烁情况，一般为 5～7 次），HBW 油脂设计注入量为 80 mL/min，如发生管路堵塞要及时检查处理，必要时对同步马达进行清洗。

二、铰接密封

1. 铰接密封的结构与使用

盾构铰接密封的结构如图 6.10 所示。由调整环、密封圈、尼龙密封块、紧急气囊、调整螺栓组成。中盾与盾尾之间以铰接的形式存在，铰接密封的作用是为了防止周围地层的土砂、地下水等从中盾与盾尾之间的间隙流向盾构内而设置的封装措施。正常掘进时紧急气囊密封处于无气状态，只有在密封圈失效时将其充气，起暂时密封作用。

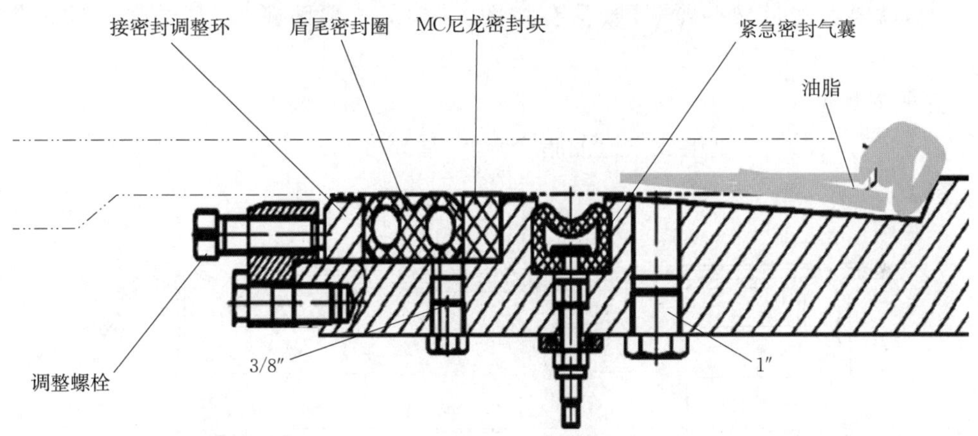

图 6.10　盾构铰接密封

根据盾构掘进的线路特性，在直线段或盾构姿态良好时，四组铰接油缸的伸长量基本一致，在盾构纠偏或曲线掘进时，需要调整铰接油缸的伸长量以便于盾构按需要的姿态掘进。由于铰接不同区域的油缸伸长量的不同，导致铰接密封圈的压紧度不同。如盾构向左偏转，左边压紧量大而右边压紧量小，为保证铰接的均匀压紧，保证铰接密封的可靠性，需将左边调整螺栓松动，减小左边密封圈的压紧量，右边调整螺栓压紧增加密封圈压紧量，保证密封的均匀性。在盾构施工中应根据线路特性或纠偏的需要及时调整铰接密封，在增加铰接密封可靠性的同时，延长其使用寿命。

铰接密封一般有三种形式：采用一道或多道橡胶唇口式（MY 型）密封；采用石墨石棉或橡胶材料的盘根加气囊式密封；双排气囊式密封。

中盾和盾尾之间采用被动铰接形式，设计有两道密封，一道为橡胶密封，一道为紧急气囊密封。正常情况下，橡胶密封起作用。在异常情况下，或者橡胶密封需要更换时，使用紧急气囊密封。在密封环端部设置压紧块，在压紧块和橡胶密封之间设置挡块，在端部利用调节螺栓使挡块压紧橡胶密封。压紧的程度可用拧动螺栓进行调整。

2. 铰接密封的维护

在掘进中,铰接密封需定期维护,保证密封有足量的油脂润滑,由密封圈处的注入口加装球阀共 6 处,每日油脂注入量不低于 100 mL;在富水砂层中掘进时,为加强密封的可靠性,将气囊后部的接口加装球阀,在盾构掘进中每日向气囊后部的空隙注入盾尾油脂不低于一次,每次每点不低于 5 min,进一步提高铰接密封的防水能力。

三、盾尾密封

盾构掘进过程中,管片是静止不动的,盾体是连续移动的,因此盾尾和已安装管片间存在相对滑动,为了防止盾构外部地下水和砂浆等进入盾构内,造成盾尾击穿,必须对盾尾和管片间的间隙进行密封处理。

盾构机盾尾密封系统是盾构机正常掘进的关键系统,盾尾密封失效时,隧道内的浆液、泥水等容易侵入盾构内部,造成严重损害,称为盾尾击穿。

盾尾密封系统要能适应盾尾与管片间的间隙,由于在实际隧道施工中盾构纠偏的频率很高,因此,就要求密封材料要耐磨、富有弹性、结构形式要防撕裂,其最终目的是要能够止水。

1. 盾尾密封组成

盾尾密封有四道钢丝刷组成三道油脂密封腔,盾尾密封示意如图 6.11 所示。

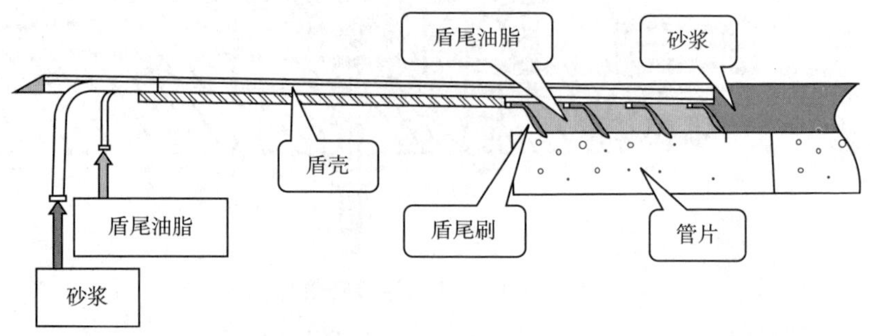

图 6.11 盾尾密封示意

油脂注入管分 6 处,共 12 根,每处前后油脂腔各 2 根,分别注入前后油脂腔,其中有 4 处 8 根油脂管与同步注浆管一并布置,另外 2 处 4 根在 3 点和 9 点处单独布置,每一根设计有单独的压力传感器。盾尾的尾部设置有一道止浆板,阻止砂浆流到开挖舱内。

2. 盾尾密封要求

盾尾密封系统是采用 N 道钢丝刷,盾尾舱中注入油脂起到盾尾管片处与外界浆液层隔绝及润滑的作用。盾尾密封要求能承受 0.3～0.4 MPa 的泥水压力而不漏。盾尾密封脂都是采用机泵加入,因此盾构机密封脂中最重要的性能即泵送性和抗水密封性,另外还应具有较好的黏附性。

3. 盾尾钢丝刷结构

钢丝刷是集弹簧钢、钢丝刷及不锈钢金属网于一体的结构,具有良好的弹性与防锈功能,钢丝刷的质量对盾尾密封的性能起着重要作用。

钢丝刷密封的道数根据隧道埋深、水位高低来定，一般取2～4道。钢丝刷安装位置如图6.12所示。

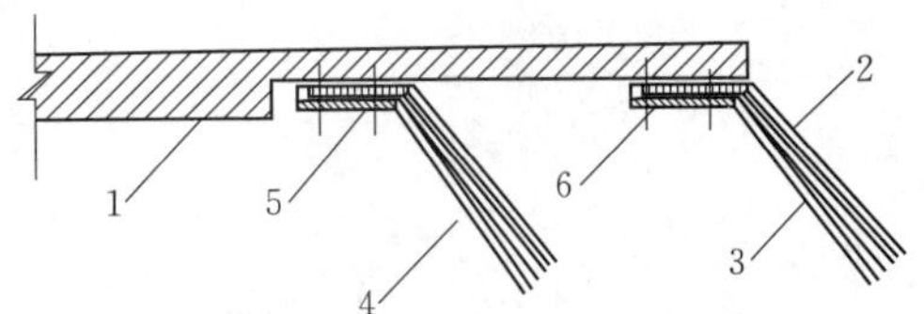

1—盾尾钢板；2—弹簧制板；3—钢丝束；4—密封油脂；5—压板；6—固定螺栓。

图6.12　钢丝刷安装位置

由于钢丝束内充满了油脂，钢丝又为优质弹簧钢丝，这使其成为一个既有塑性又有弹性的整体。油脂保护钢丝免于生锈损坏，油脂加注采用专用的盾尾油脂泵。这种盾尾密封装置使用后效果较佳，一次推进可达500 m左右。钢丝刷寿命主要看土质情况如何，相对而言，在砂性土中掘进，盾尾刷损坏较快，而在黏性土中掘进则寿命较长。

盾构机盾尾刷分四道，形成3个盾尾舱。盾构机盾尾刷布置如图6.13所示。

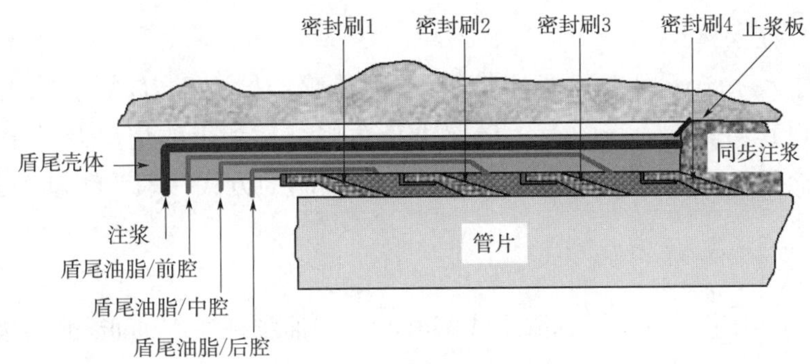

图6.13　盾构机盾尾刷布置

盾尾刷结构如图6.14所示。

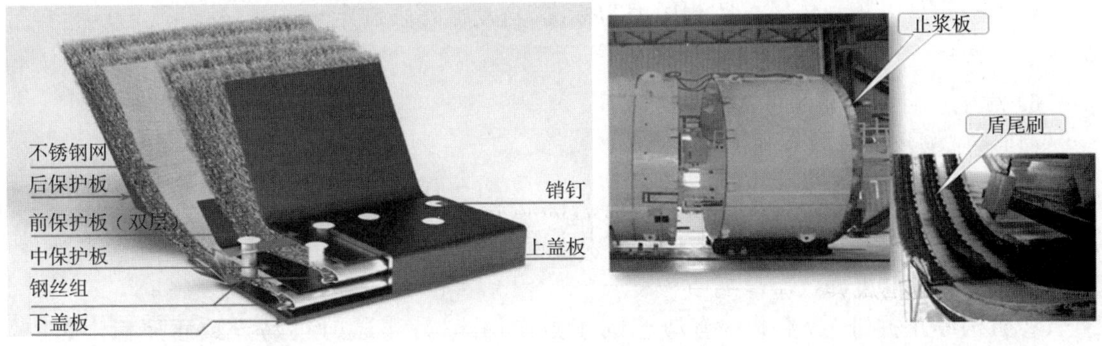

图6.14　盾尾刷结构

4. 盾尾油脂注入管路

同步注脂管道共2×6路，每路有单独的压力传感器。油脂注入更均匀，盾尾密封更可靠。

油脂管路采用深孔钻一次成孔，油脂流动性好，密封效果好。

盾尾注脂系统简图如图6.15所示。

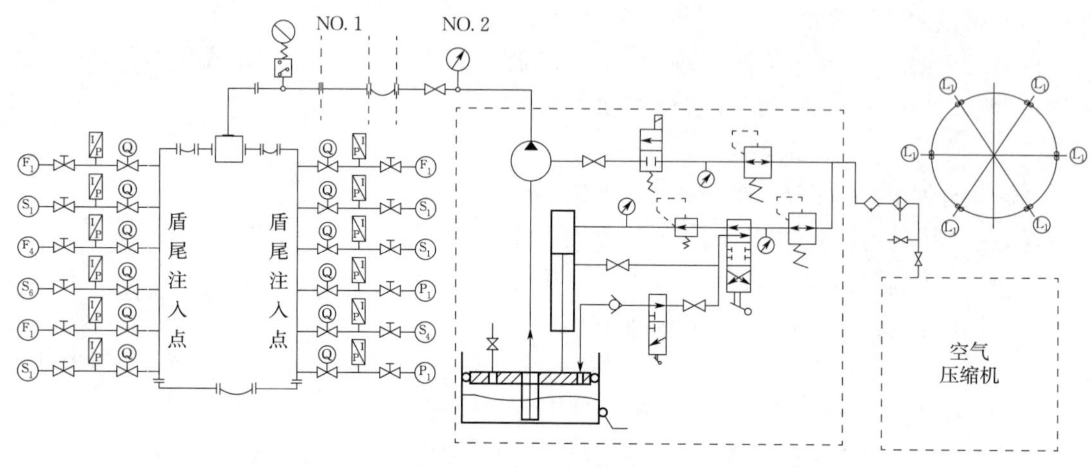

图 6.15　盾尾注脂系统简图

5. 盾尾油脂注入模式

盾尾油脂注入系统通过 PLC 程序控制，压力传感器检测压力，气动球阀、分配器控制高压管路来实现其功能。油脂的消耗量取决于盾尾结构和土体情况及外部泥水压力，一般每次按密封面积计算为 0.4～1.5 kg/m^3。加注油脂的方式一般为手动模式和自动模式两种。

(1)手动模式

手动模式主要用于盾尾某一点漏水或漏浆时。当油脂罐注满油脂，油脂泵供应空气时，将操作面板上的挡位放在手动挡，就可以手动启动油脂泵和某一点的气动球阀，来集中注入油脂，注脂点的压力达到预设压力值后，压注操作自动停止。

(2)自动模式

自动模式是以压力传感器监测压力为标准，自动循环强制定量注入，达到既定压力自行停止。

6. 盾尾密封系统的维护

(1)盾尾钢丝密封刷的维护

盾尾刷损坏原因：

①盾尾刷密封装置受偏心管片过度挤压后产生塑性变形而失去弹性，密封性能下降，压力作用下导致浆液渗漏。

②盾构停止掘进时，土舱内有渣土的压力作用，管片组装时很易导致盾尾后退，造成盾尾刷与管片间发生刷毛方向相反的运动，使刷毛反卷，盾尾刷变形，密封性能下降而造成渗漏。

预防盾尾刷损坏的措施：

①严格控制盾构推进的纠偏量，尽量使管片四周的盾尾间隙均匀一致，减轻管片对盾尾刷的挤压程度。

②控制盾构姿态，严格控制管片组装时的千斤顶伸缩量，避免盾构产生后退。

③在条件允许的情况下，可更换部分盾尾刷，一般为第四道和第三道，以保证盾尾刷的密封性。

(2)盾构钢丝密封刷的更换

盾构在掘进过程中，钢丝密封刷是容易磨损且不易修复的部件，如不及时更换易造成盾尾漏浆、漏水，直接影响盾构的掘进质量及进度。盾尾密封刷更换前的准备如下：

①选择盾尾密封刷的更换地点。避免软土层和地下水丰富的区段，最好在加固区，可保证盾构长期停机不会导致地面沉降。

②注浆止水。先将旧的盾尾刷拆除，再将新的盾尾刷焊接到盾尾。必须在无水或少水的环境下作业，在到达更换地点前加强同步注浆量，到达后对盾尾后边2～5环管片进行二次补强注浆。

③推进行程确定。前两道密封刷可以更换，但需要拆除管片，所以选择合适的推进油缸行程，保证此时拆除的管片正好处于第一、第二道盾尾刷上方，而第三道盾尾刷不会漏出，仍起到密封作用。

(3)盾尾油脂系统使用过程中可能出现的故障及维修

a. 升降无动作

①油脂桶变形：更换。

②阀门故障：拆检并视情况更换。

③气缸故障：检查气缸是否漏气或卡死，检修更换。

④气压不足：检查系统是否漏气，各阀门是否处于正常位置，空压机工作是否正常。

⑤油脂低位：更换新油脂桶。

b. 压力显示不准确

传感器故障：诊断并排除故障。

c. 油脂管无油脂注出

①泵故障：检查气动部分有无动作，再拆检相关部分，更换零部件。

②管路堵塞：疏通管路。

③分路电动球阀故障：检查限位是否处于正常工作状态。

小组讨论

以小组为单位，讨论以下问题：

1. 盾尾密封装置泄漏的原因有哪些？
2. 简述主轴承密封的组成。

课后巩固

简答题

1. 盾构铰接密封的结构形式与作用是什么？
2. 预防盾尾密封装置泄漏的措施有哪些？

任务 6.3　渣土改良系统

土压平衡盾构施工过程中，土压室内的土料起着平衡开挖面的水、土压力，并支承开挖面的作用。土料还应满足排土机构的排放条件，因此这种土料须具有良好的塑性变形、软稠度，内摩擦角小及渗透率小等特性。然而，对细粒成分（黏土、淤泥）少的地层而言，刀盘掘削下来的泥土不能完全满足这些特性，为此必须向这种泥土中注入添加材料进行改良，以改变其流塑性、抗渗性，使其达到排土机构可以排放的条件。为了更好地改善砂层流塑性和止水性，可通过渣土改良系统向开挖面注入土壤改良剂。常用的土壤改良剂为水、膨润土、黏土和化学泡沫等。

引导问题

1. 渣土改良的作用有哪些？

2. 膨润土的作用有哪些？

一、渣土改良系统

在土压平衡式盾构的施工中，第一要用开挖出的土料作为支承掌子面稳定的介质，第二要便于传送，能满足以上两个特点的支承土料有以下要求：具有良好的塑性变形，软稠度，内摩擦角小及渗透率小。由于一般土壤不能完全满足这些特性，所以要进行改良。

渣土改良剂的注入位置如图 6.16 所示。

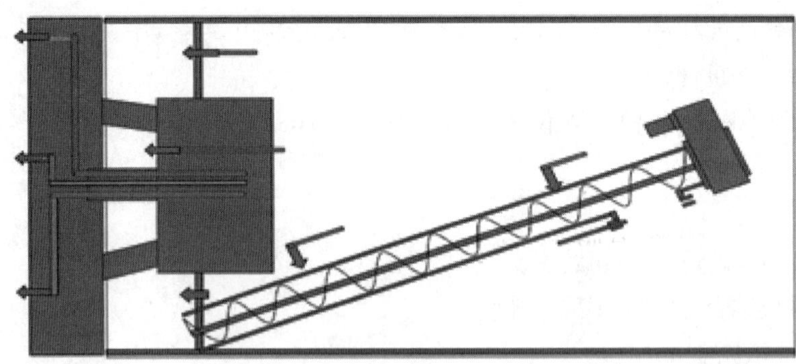

图 6.16　渣土改良剂的注入位置

1. 改良剂的功能

(1)降低刀盘扭矩和减少刀具的磨损量。

(2)降低土体渗透性，易于沉降控制。

(3)提高渣土的抗渗性，在螺旋输送机形成瓶塞效应，防止发生喷涌。

(4)提高土体流塑性,便于土压平衡,易于出渣。

2. 渣土改良剂的作用

渣土改良剂的作用如图6.17所示。

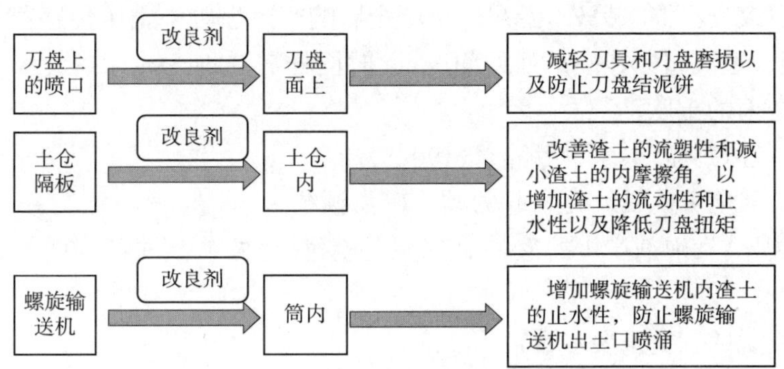

图6.17　渣土改良剂的作用

3. 渣土改良剂的工作原理

渣土改良剂的工作原理如图6.18所示。

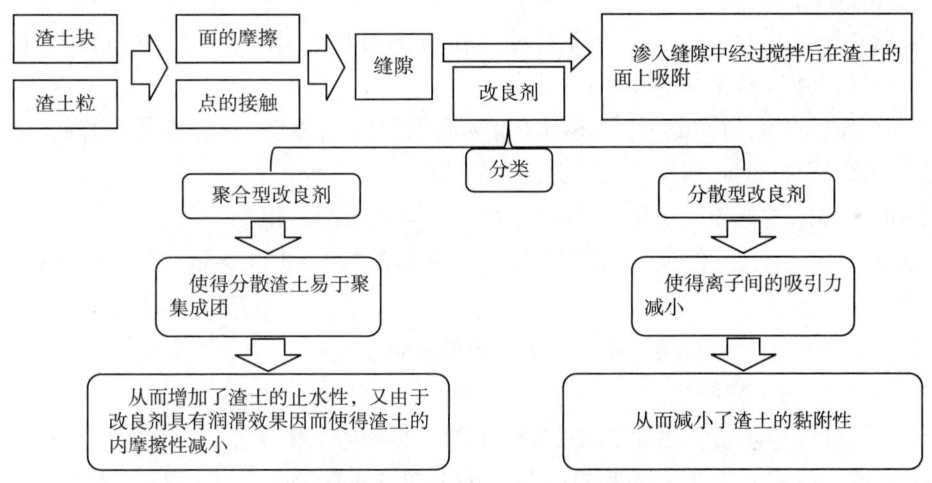

图6.18　渣土改良剂的工作原理

4. 渣土改良剂的种类

渣土改良剂有矿物类,高吸水性树脂,纤维类、多糖类、负离子和表面活性材料等。矿物类:多使用膨润土、黏土、陶土等天然矿物。注入该类改良剂可补充微粒、细粒成分,使黏土内的内摩擦角变小。高吸水性树脂:用料为高分子类、不溶性聚合物的高吸水性树脂(可吸收自重几百倍水的胶状材料)。在高水压的地层中使用该类材料可防止地下水喷出。纤维类、多糖类、负离子:水中溶解的黏稠性的高分子类水溶性聚合物。该类添加剂具有可以使开挖土体的黏性增大的效果,泵送性好。表面活性材料:泡沫剂。

目前比较先进的改善土体性质的方法,主要是注入用特殊发泡剂和压缩空气制作的气泡。不但能提高开挖土的流动性和不透水性,而且有防止开挖土黏附的效果。另外,渣土的处理也较为容易。

(1)渣土改良剂—泡沫

当盾构机遭遇硬风化岩层或者在加固区时，刀盘扭矩增加，这时候需要往开挖舱前部注入泡沫或者水以改良土壤。另外，淤泥质土层会影响密封土舱中土压传感器的正常工作，这会带来地表隆起、下沉超标等一系列的问题，此时同样需要加注泡沫或者水，使得土压传感器正常反映开挖面的土压。

泡沫组成：泡沫剂原液、水、压缩空气(90%)。

特点：体积小，能分离黏结在一起的黏土矿物颗粒。

泡沫剂的配比：发泡剂产生的泡沫中90%是空气，另外10%中的90%～99%都是水分，剩下的是发泡剂。

泡沫注入系统的三个重要参数：

a. 泡沫剂用量：泡沫剂体积占混合溶液体积的百分比；

b. 泡沫的膨胀率(FER)：泡沫的体积与形成泡沫的溶液体积之比；

c. 泡沫的注入率(FIR)：开挖面中泡沫的体积与被开挖岩土的体积之比。

泡沫剂的作用：

a. 降低渣土的内摩擦力，减少渣土对刀盘等部件的磨损，从而降低刀盘扭矩20%～50%，减少刀具磨损，减少驱动功率；

b. 工作面上的泡沫形成一个不透水层，降低土体的渗透性，减少渗漏，增强工作面的密封性，使工作面压力变小，利于稳定密封土舱压力；

c. 降低土体间的黏着力，防止密封土舱中土体压实结成泥饼；

d. 增强土体流动性，使渣土容易充满土舱和螺旋输送机的全部空间，便于螺旋输送机送土；

e. 可增加土体的可压缩性，易于土压平衡的控制。

(2)渣土改良剂—膨润土

盾构施工过程中随着含砂量的增加，加水就显得不够，因为它不能减小内摩擦。增大的渗透性必须解决好螺旋输送机的密封问题。细土粒含量的缺乏可以通过加入黏土和膨润土悬浮液来补偿。这样孔隙里的水就可以通过膨胀的悬浮液限制，挖出的土料便可变成流动性很好、渗透性降低的可塑性土了。

膨润土：主要成分是蒙脱石(观音土)，一种层状含水的硅酸盐。膨润土具有四种特性：低渗性、高吸附性、吸水膨胀性、良好润滑性。

膨润土的作用：

①增加土体的流塑性，防止结成泥饼；

②降低密封土舱内土体透水性，防止喷涌；

③盾壳周边充满膨润土，减少盾构推进力，降低刀盘扭矩，节约能耗；

④同步注浆停止时泵入膨润土以置换砂浆，防止注浆管路内砂浆沉淀、凝固而发生堵塞；

⑤在工作面上形成低渗透性的泥膜，利于给工作面传递土舱压力。

(3)渣土改良剂—高分子聚合物

高分子聚合物是一种长链分子的有机化合物,可单独使用,也可与膨润土和泡沫混合使用。特点是遇水能迅速膨胀发泡,应用在土舱下部螺旋输送机附近和螺栓输送机筒体内,能够阻水栓塞,有效防止喷涌。

施工中需要根据不同的地质情况和使用效果选择添加材料。一般判断地质条件主要依据土体颗粒的直径。添加材料与颗粒级配的关系如图 6.19 所示。

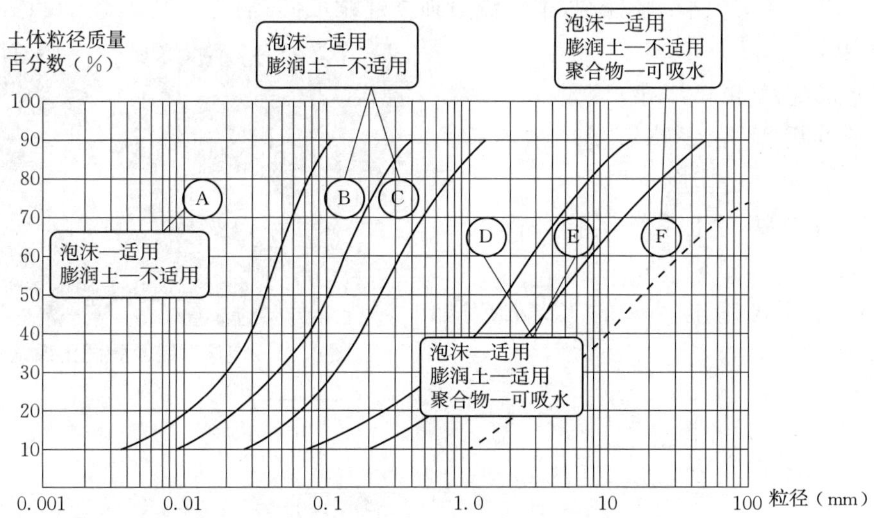

图 6.19　添加材料与颗粒级配的关系

渣土改良材料如图 6.20 所示。

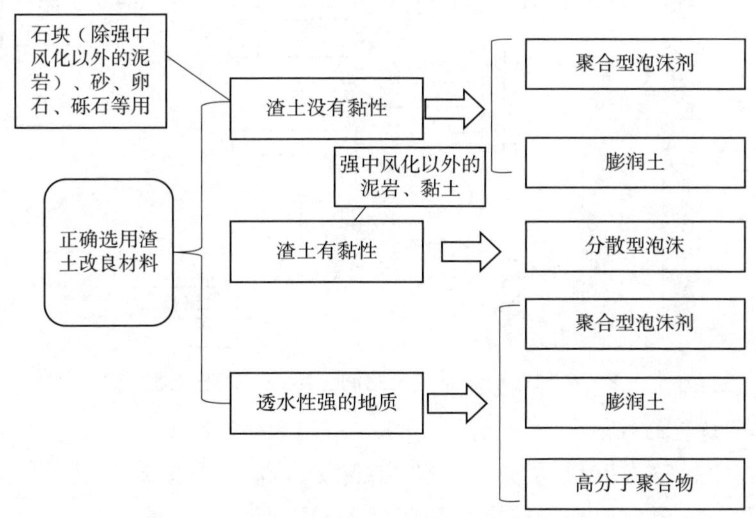

图 6.20　渣土改良材料

5. 渣土改良系统

盾构机配有两套渣土改良系统:即泡沫系统和膨润土系统。两者共用一套输送管路,在1号拖车处相接。

盾构机配有一套泡沫发生系统，主要由泡沫泵、高压水泵、电磁流量阀、泡沫发生器、压力传感器、管路组成，其作用是将泡沫原液与水以一定比例混合后输送到泡沫发生器发泡膨胀后输送到掌子面，从而对渣土进行改良。

盾构机还应加装膨润土注入系统，在确定不使用泡沫剂的情况下，关闭泡沫输送管道，同时将膨润土输送管道打开，通过输送泵将膨润土压入刀盘、密封土舱和螺旋输送机内，达到改良渣土的目的。

泡沫系统：8 路，单路单泵控制，单路流量独立连续可调；输送泵最高压力可达 8 MPa，防堵、疏通效果好。

膨润土系统：1 台挤压泵，流量 10 m^3/h；与泡沫系统共用管路，每路流量单独连续可调，与泡沫管路可快速切换。

泡沫系统及膨润土系统实物如图 6.21 所示。

泡沫系统及膨润土系统的工艺流程如图 6.22 所示。

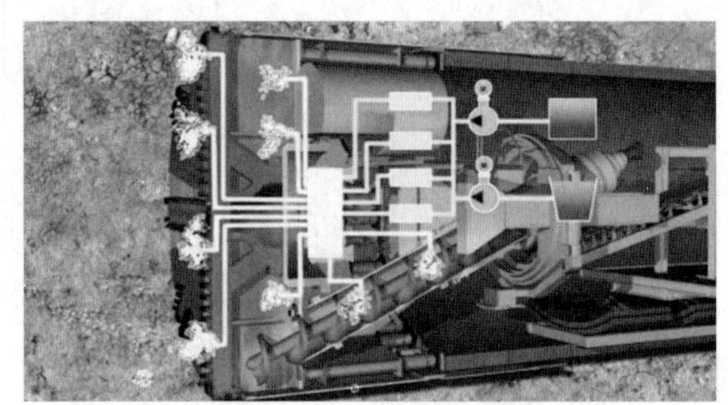

图 6.21　泡沫系统及膨润土系统实物

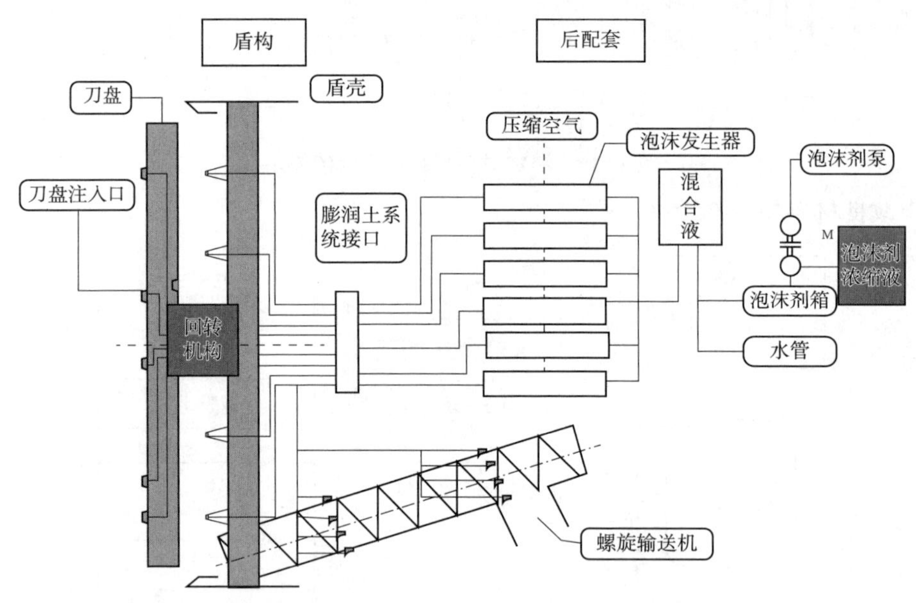

图 6.22　泡沫系统及膨润土系统的工艺流程

6. 渣土改良系统的控制

泡沫系统在主控室内控制，可分为手动、半自动、自动三种模式。

(1)手动模式：完全由盾构机司机手动调节水、气、泡沫的流量等。

(2)半自动模式：可预先设置好每个泵及气体调节器的参数，由系统自动配比，司机只需根据现场情况控制每路泡沫的开关。

(3)自动模式：根据土舱压力、掘进速度等，由系统自动控制，无需人为干涉。

膨润土注入系统用于对渣土进行改良。膨润土输送管道使用前须关闭与之共用管道的泡沫输送泵及相应的球阀，膨润土通过输送泵压入刀盘、土舱和螺旋输送机内，达到改良渣土的目的。

膨润土管路旁通有气动球阀，启泵前打开气动球阀(约 10 s)，膨润土管路与膨润土罐旁通，防止膨润土泵带载启动，起到保护作用。启泵后关闭气动球阀，系统正常工作。

根据实际需要，可以往膨润土箱装入泥浆，然后注入土舱内。

7. 渣土改良系统使用注意事项

(1)开机前注意检查泵上的减速机内是否添加润滑油。

(2)开机前将进气压力调至 0.5 MPa。

(3)启动膨润土泵前，必须先将与泡沫系统管路连接的球阀打开。

(4)对刀盘面板上泡沫路数进行标记，以达到泡沫注入路线的准确控制。

(5)根据地质控制泡沫注入量，以改善渣土的和易性，防止刀盘结泥饼。

小组讨论

以小组为单位，讨论以下问题：

1. 一般盾构机刀盘面板上共布置 8 个泡沫孔，其中 4 个在刀盘中心部位，4 个在刀盘外周。泡沫剂通过旋转接头，再经过安装在刀盘上 4 根立柱内的泡沫管，进入掌子面。由于管路系统设计存在不足以及其工作环境的影响导致该管路很容易造成堵塞，影响盾构掘进的效率。简单分析产生此故障的原因并提出设计改进的建议。

2. 怎样设定泡沫系统参数?

简答题

1. 分析渣土改良的方法。

2. 简述注入泡沫的作用。

任务 6.4　同步注浆系统

由于盾构机刀盘的开挖直径大于管片外径，管片拼装完毕并脱出盾尾后，与土体间形成一环形间隙，简称施工间隙。盾构机采用同步注浆系统，这样可以使管片和隧道洞壁之间的间隙及时得到填充，同步注浆可以防止盾尾空隙坍塌、土体松散和地表沉降，尽快稳定管片环的形状，防止隧道出现蛇形、摆动，抑制管片漏水。

砂浆在用户自备设备的制浆站生产完成，通过电瓶车运至隧道内，再将浆液输入盾构机配备的带有搅拌器的储浆罐中。跟随盾构机的掘进，由两台注浆泵经注浆管路使浆液通过盾构机尾部的暗置注浆管注入管片衬砌背后的空隙中，达到填充盾尾处建筑空隙的目的。

注浆压力可以通过调节注浆泵工作频率而在可调范围内实现连续调整，并通过注浆同步监测系统监测其压力变化。单个注浆点的注入量和注浆压力信息可以在主控室看到。

同步注浆的原理如图 6.23 所示。

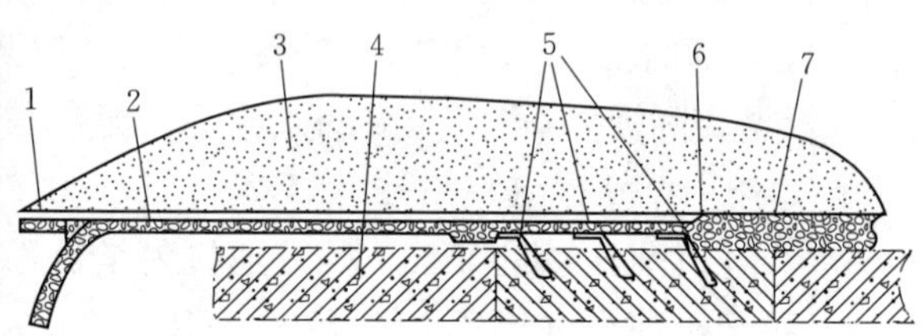

1—盾尾壳体；2—注浆管；3—土体；4—管片；5—三道盾尾密封；6—止浆板；7—注入的砂浆。

图 6.23　同步注浆的原理

引导问题

1. 注浆装置的组成、注浆过程和作用、注浆方式有哪些？
2. 盾构施工为什么要采取同步注浆？

一、同步注浆系统的工作原理

1. 注浆的目的

衬砌背后注浆的最重要目的，就是及时填充推进留下的空隙，有效地控制地表沉降；加强防水，防止泥沙流入，使管片外侧的土体尽快趋于稳定，防止隧道变形。

2. 注浆的方式

注浆的方式分为及时注浆和同步注浆两种。及时注浆指通过管片预留注浆孔进行注浆；同步注浆指通过盾尾注浆管进行注浆。同步注浆原理如图 6.24 所示。

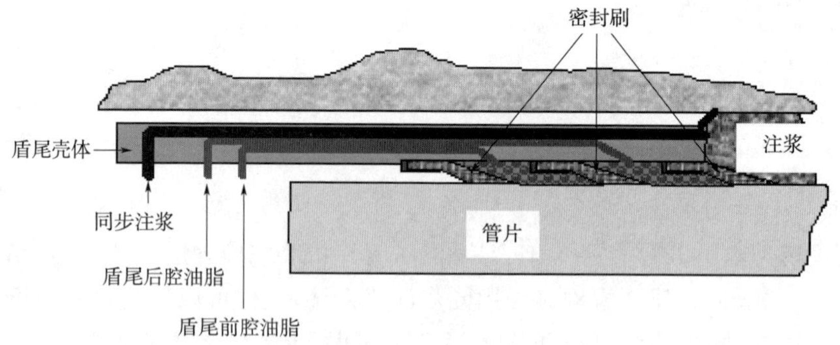

图 6.24　同步注浆原理

3. 注浆材料及浆液性能

(1)浆液类型

同步注浆的浆液主要有单液浆和快硬性双液浆，大部分情况下采用单液浆。

(2)浆液要求

流动性好，满足泵送要求；和易性好，不易离析；达到一定的强度。

(3)浆液材料

浆液材料主要原料有水泥、砂、粉煤灰、膨润土、水和外掺剂。

(4)注浆方法

①注浆点。一般配置4个或8个(4个备用)，均匀分布。管片注浆孔一般为5个。

同步注浆管的布置如图6.25所示。

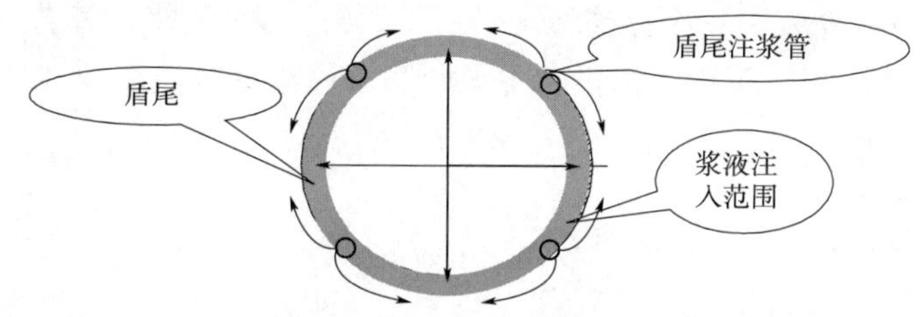

图6.25　同步注浆管的布置

②注浆控制方式。注浆可根据需要采用自动控制方式和手动控制方式。自动控制方式即预先设定注浆压力，由控制程序自动调整注浆速度，当注浆压力达到设定值时，自行停止注浆。手动控制方式则由人工根据掘进情况随时调整注浆流量，以防注浆速度过快，而影响注浆效果。

③注浆时间。根据盾构机推进速度，同步注浆要每循环达到总注浆量且均匀对称注入，盾构机推进注浆开始，推进完毕注浆结束。

(5)注浆的控制措施

①注浆压力。同步注浆时要求在地层中的浆液压力大于该点的静止水压及土压力之和，做到尽量填补，同时又不产生劈裂。注浆压力过大，管片周围土层将会被浆液扰动而造成后期地层沉降及隧道本身的沉降，并易造成跑浆；而注浆压力过小，浆液填充速度过慢，填充不充足，会使地表变形增大。通常同步注浆压力一般为0.2～0.4 MPa。

②注浆率。因地质、盾尾间隙、是否在曲线段等因素，注浆率有所不同。一般情况下，注浆率为1.3～2.5，并应通过地面变形观测来调节。

③注浆设备清洗。每个作业班组应清洗一次注浆管路，防止长时间砂浆凝结在管壁四周堵塞管路。每天应对砂浆运输罐和储存罐进行彻底清洗。

④形成内业资料。内业资料包括拌浆记录、注浆记录、拌浆质量抽查记录等。

⑤漏浆的预防措施。加强姿态管理，防止盾尾间隙过大，加强盾尾油脂的压入，粘贴海绵条、碎布、碎纱等，更换盾尾刷。

(6)同步注浆辅助功能

①管片姿态控制。防止管片上浮，采用上部两个注浆孔，采用快硬性浆液。在管片姿态偏差较大的一侧注浆，控制管片最终成型。

②补强注浆。盾尾附近地表沉降较大时，可以利用同步注浆设备延长注浆管，通过管片

预留注浆孔进行二次注浆。一般可以到达盾尾处 4～10 环。

二、同步注浆系统的液压系统

砂浆在施工现场地面拌和，用带有搅拌器的砂浆车运到盾构机的后配套，一台转驳泵安装在砂浆车上，再转驳到后配套的砂浆罐内。砂浆是用缓凝材料来拌和，以防泵送前凝固。砂浆泵吸取砂浆并通过流量仪和压力传感器将其泵入盾尾外壳圆周间隙中。压力传感器与 PLC 连接，以调节砂浆泵的速度，维持环形空间的压力在预定范围。

砂浆通过 2 个双动作砂浆泵(砂浆泵的每个活塞泵送砂浆进一条管线)从砂浆罐分配到 4 个泵送管线。每条线安装了一个砂浆压力传感器，传感器可用来计算背部注浆的体积。

砂浆泵由一个独立的液压单元提供动力源。同步注浆系统液压原理如图 6.26 所示。

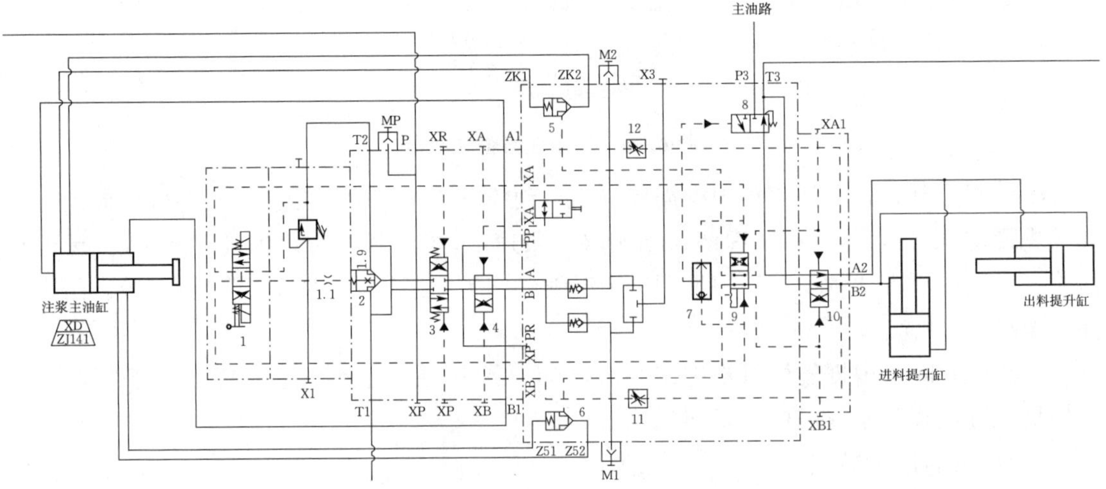

1，3，4，8，9，10—换向阀；2，5，6—插装阀；7—梭阀；11，12—调速阀。

图 6.26　同步注浆系统液压原理

工作过程分析：

控制注浆主油缸的压力油，经电比例调速阀调整后由 P 口进入，到达插装阀 2，经阀芯的节流孔到达手动或电磁控制的三位四通换向阀 1。控制进料提升阀和出料提升阀的压力油，由 30 kW 电机驱动恒压变量柱塞泵直接供油。

手动或电控换向阀 1 使之上位导通，经换向阀 1 出来的压力油到达换向阀 3 和换向阀 9 的控制端口，使其下位导通，同时该压力油经过插装阀 5 到达换向阀 8 的控制端口，使之左位导通，使驱动进料提升阀和出料提升阀的主油路接通，并到达换向阀 10 的位置。此时，换向阀 10 上位导通，主油路进入进料提升阀的无杆腔或出料提升阀的有杆腔，即进料口关闭，出料口打开。由 A2 端口出来的压力油经调速阀后，到达换向阀 4 的控制油口，使之上位导通，经电比例调速阀调整流量恒定的压力油进入到注浆主油缸无杆腔，使活塞左移，开始注浆。当活塞左移到 K3 位置时，压力油进入插装阀 6 的 ZS2 端口。此时，由于 ZS1 连通油箱无油压，该压力油经插装阀出来后，再经过换向阀 9 的下位到达换向阀 10 的控制油口，推动换向阀 10 阀芯上移，使之下位导通。此时，进料提升阀的有杆腔和出料提升阀的无杆腔开始供油，即进料口开始打开，出料口开始关闭。经换向后压力油由 B2 流出经调速阀 11 后到达换向阀 4 的控制油口，推动换向阀 4 的阀芯上移，使下位导通，注浆主油缸开始回收。当主油缸的活塞走至 K2 油口时，压力油经插装阀 5 流向换向阀 9，再到达换向阀 10 的控制油口，使进料提升阀开始关闭，出料提升阀开始打开。至此，完成一个注浆工作循环。

如果将手动或电控换向阀置于下位，则注浆泵将进入反打模式。此时，压力油是换向阀 3 和换向阀 9 上位导通，使得主油缸在回收时进料提升阀关闭，出料提升阀打开，出料管中的清洗液被吸入主油缸。换向后，进料提升阀打开，出料提升阀关闭，主油缸将清洗液打入储浆罐中，完成对注浆系统的清洗。

小组讨论

以小组为单位，讨论以下问题：

1. 简述衬砌背后注浆的目的。
2. 如何控制注浆量？

简答题

1. 注浆施工中应注意哪些问题？
2. 如何控制注浆压力？
3. 某施工现场在注浆过程中发现注浆量小于实际设定值，试分析原因。

任务 6.5　水循环系统

任务导入

水循环系统主要用于带走盾构机各个系统正常工作时产生的热量，保证各系统在正常的温度范围内工作；并给盾构机工作时密封土舱内加水和泡沫、冲洗盾构机机身、隧道内消防、打扫隧道内卫生等提供水源。

引导问题

1. 水循环系统由哪些部分组成？
2. 内循环水的作用是什么？

知识学习

一、水循环系统的作用

盾构机水循环系统分为内循环和外循环，内循环主要用于冷却刀盘主驱动的减速机、主驱动的齿轮润滑油、螺旋输送机的减速机、空气压缩机、配电柜等；外循环主要用于液压油冷却、冲洗用水、泡沫用水及设备用水等。

从隧道外引水至尾部拖车处，与盾构机的延伸管路连接，给盾构机供水。拖车上安装有内循环水泵，保证内循环水的流量和压力。拖车液压泵站附近安装有增压泵，保证盾构机上的设备用水、冲洗用水有一定的压力。

(一)工业水的用途

工业水的用途较多：给各种设备的冷却回路供水；泡沫生产回路用水；注浆回路用水；膨润土回路用水；各种清洗回路用水等。

盾构水循环系统采用的是工业水，工业水以规定的水质和最高温度 25 ℃的状态一直送到后配套系统。

工业水回路分为两种功能。一种是使用的水回路，其中包括水冷却回路。另一种是废水排出回路。

水循环系统原理如图 6.27 所示。

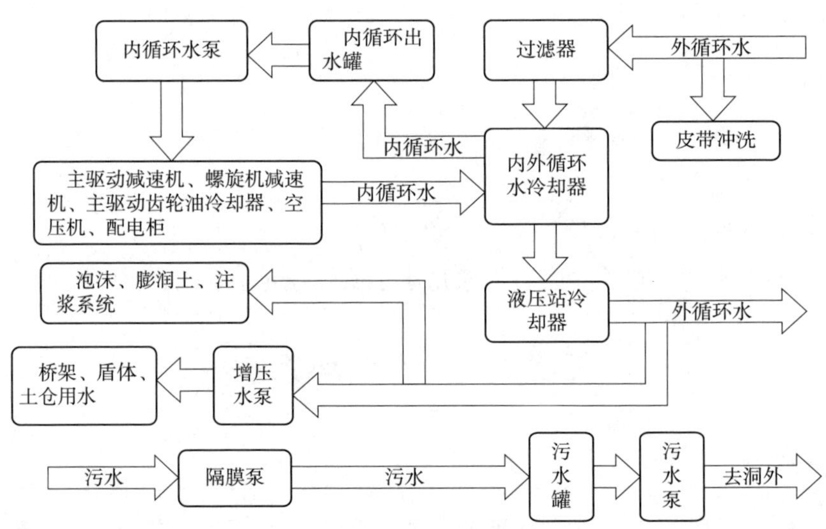

图 6.27　水循环系统原理

(二)水循环系统的组成

盾构水循环系统按照主要作用分为四个部分：外循环部分、内循环部分、清洗水部分、污水处理部分。

1. 外循环部分

盾构掘进期间，各个系统持续工作，不断产生热量。通过水循环系统的外循环部分可带走盾构工作时产生的热量，并为盾构提供水源。

外循环部分的水流流向如图 6.28 所示，温度低于 28 ℃，由水泵送入内循环热交换器，并与液压油进行热交换，经过热交换之后升温的水体分为两类用途，一部分水供给渣土改良系统与清洗设备，用于泡沫改良系统的添加用水以及盾构内机械的清洗用水，另一部分剩余的水流回洞外水池，继续用于下一次水循环。

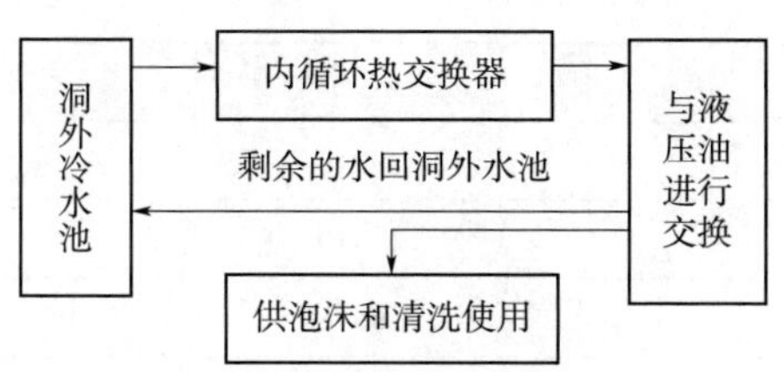

图 6.28　外循环部分的水流流向

2. 内循环部分

内循环部分的水主要用来冷却刀盘主驱动的电机、减速器、空压机、集中润滑系统等。

内循环部分的水流流向如图 6.29 所示。

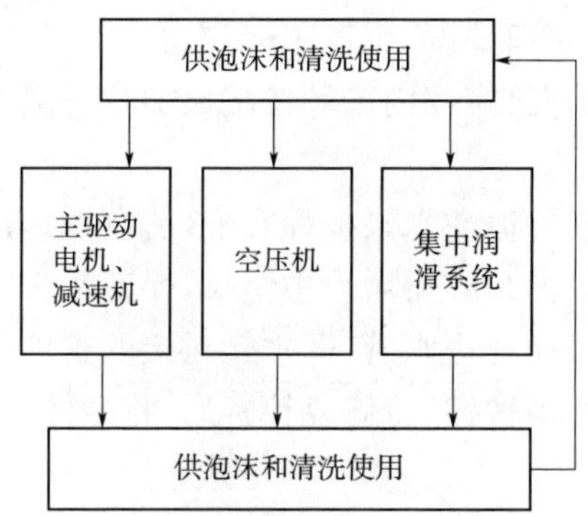

图 6.29　内循环部分的水流流向

3. 清洗水部分

盾构掘进期间，土压盾构通过螺旋输送机排出渣土，通过皮带机与渣土车将渣土输送至洞外，渣土在输送过程中污染盾构内部区域，通过水循环的清洗水部分，对盾构内部污染区域进行清洗。清洗水部分适用于设备的分散用水以及各种清洗作业。

4. 污水处理部分

污水处理部分主要用于分散用水及管片清洗、注浆管清洗和设备清洗等产生的工业污水。

排污系统：由污水收集泵、污水箱、污水输送泵组成；一台气动隔膜泵用于隧道内大量涌水时紧急排水；一台渣浆泵用于收集排水。

管线颜色说明：为明确区分液压、流体管路，特用以下颜色进行标识，以方便维护。

不同流体介质的管路颜色见表 6.2。

表 6.2　不同流体介质的管路颜色表

颜　色	色标号	管　路
棕	RAL3009	液压油管路
艳绿	RAL6018	水管
紫色	RAL4008	泡沫管路

续上表

颜　色	色 标 号	管　路
乳白	RAL9010	膨润土、砂浆管路
淡蓝	RAL5019	保压用气管路
火焰红	RAL3020	压缩空气管路
中黄	RAL1007	润滑脂管路

二、水循环系统使用注意事项

(1)外循环水池必须保持干净,以保证外循环水的清洁;

(2)外循环水过滤器进口前压力达到 1 MPa 时,应停机更换滤网,清洗金属滤芯;

(3)内循环用水应严格控制清洁度,用量 1 m^3 左右;

(4)北方施工,如遇天冷情况,应往内循环按配比加注一定量的防冻液,以免冻坏相关元器件;

(5)掘进一段时间后,由于外循环水泵扬程有限,需在掘进途中增设水泵,以保证盾构进水压力达到 0.3～0.5 MPa;排污泵亦需增设中继泵,保证污水顺利排出洞外;

(6)管路延长时,应保证外循环进水管、回水管对接的正确性;

(7)停机检修时,应按下急停按钮,待修复正常后,将急停复位。

小组讨论

以小组为单位,讨论以下问题:

1. 水循环系统使用注意事项是什么?
2. 外循环部分的水经过热交换之后升温的水体的两类用途是什么?

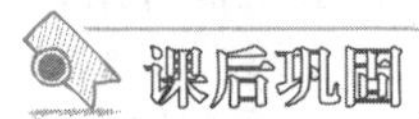

简答题

1. 简述水循环系统的主要作用。
2. 简述污水处理部分的组成。

任务 6.6　工业风系统

任务导入

盾构的前盾工作部位和管片拼装区是通风效果最差的位置,由于盾构机本身结构复杂,纵横交错的各种设备影响通风效果。为此,盾构机设备生产合理的通风方式对保障作业人员的身体健康,提高生产率非常重要。

施工通风的目的是供给洞内所需要的新鲜空气和降低机电设备所散发出的热量,应选择合适的通风机械,以满足施工作业环境的要求。由于盾构的机电设备都设有冷却水辅助降温方式，所以通风机的选择应由满足洞内所需新鲜空气来确定。

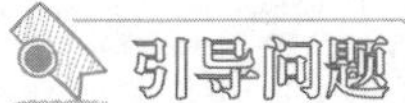

1. 压缩空气的用途有哪些？
2. 隧道内通风风量计算需要考虑哪些因素？

一、工业风系统

隧道通风机送入的新鲜空气进入尾部拖车的通风筒内，再通过通风管、二次风机送至桥架前端，给作业区域提供新鲜的空气。风管储存装置可储存一定量的软风筒，进行风管延伸。

压缩空气通过两个安装在后配套拖车上的空气压缩机来供应，系统包括空气压缩机、压缩空气罐、滤清器和保养装置。

隧道通风系统原理如图6.30所示。

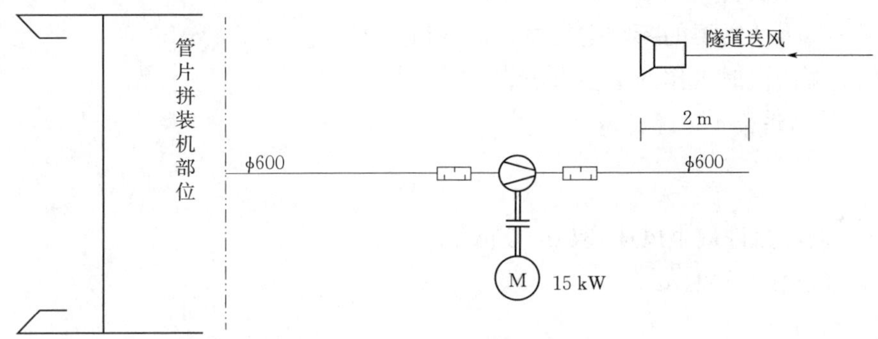

图6.30　隧道通风系统原理(单位:mm)

1. 压缩空气

(1)实现盾构各气动元件的供气:驱动气动油脂泵/盾尾密封;驱动气动油脂泵/迷宫密封;驱动气动油脂泵/油脂密封;泡沫系统;盾尾注油脂装置的气动球阀;盾尾紧急气囊密封;气动隔膜泵。

(2)实现气压过渡舱内人员呼吸用供气。

(3)压缩空气系统组成:包括空压机、压缩空气罐、滤清器、保养装置。

一般盾构机配置2台空气压缩机，单台排量为9.3 m^3/min;空压机出口压力0.8 MPa。

2. 工业风气体测定

盾构配置便携式气体检测仪，可检测隧洞内氧气、二氧化碳、甲烷气体的浓度，当所测气体浓度超过规定范围时，进行声光报警。例如:瓦斯体积浓度达到0.5%时，检测器就会发出警报;如果达到0.7%，除应急照明灯、增压风机和涤气风机外，掘进机系统停止工作。

3. 二次通风

盾构的前盾工作区和管片拼装区是通风效果最差的位置，由于盾构本身结构复杂，纵横交错的各种设备影响通风效果。为此采取合理的通风方式对保障作业人员的身体健康，提高生产率非常重要。

二次通风的作用：

(1)实现通风管的延伸(前盾工作区和管片拼装区)，向隧道内供给新鲜空气；

(2)排除有害气体、蒸气、粉尘和烟雾等有害物质；

(3)提高隧道内的通风效果，使隧道内部空气的温度、相对湿度和流速达到规定标准。

二、风量计算

采用盾构法施工，掘进和衬砌是一次性完成的。这样，在进行通风计算时，只需满足作业人员的呼吸需求和最小风速的要求。计算时取两者中最大值，再考虑漏风因素和备用系数，作为选择风机的依据。

1. 按洞内同时工作的最多人数计算

$$Q=kmq$$

式中 Q——所需风量，m^3/min；

k——风量的备用系数，取 $k=1.2$；

q——每人所需要的新鲜空气量，m^3/min；

m——洞内同时工作的最多人数。

2. 按洞内允许最小风速计算

$$Q=60vS$$

式中 v——洞内允许最小风速，取 0.25 m/s；

S——坑道断面积，m^2。

3. 漏风计算

通风机的供风量($Q_{供}$)除满足上述计算所需要风量外，还应考虑漏失的风量。一般用漏风系数来计算，即

$$Q_{供}=PQ$$

式中 Q——前述计算结果的最大值称为计算风量；

P——漏风系数，根据风管材料不同可取 $P=1.280$。

4. 风压计算

在通风过程中，要克服风流沿途所受阻力，保证将所需风量送到洞内工作面，并达到规定的风速，则必须有一定的风压。气流所受到的阻力有摩擦阻力及局部阻力，其计算公式：

$$h_{机} \geqslant h_{总阻}$$

$$h_{总阻}=\sum h_{摩}+\sum h_{局}$$

式中 $h_{机}$——通风机的风压；

$h_{总阻}$——风流受到的总阻力；

$h_{摩}$——气流经过各种断面的管道时产生的摩擦阻力；

$h_{局}$——气流经过断面变化，拐角、分岔等处分别产生的阻力。

盾构施工中采用混合通风方式，在选择风机时，应对每一段风道进行计算，并选择合适的风机和风机布置方式，否则就会出现串联通风中各风机风量不匹配现象，以及接力风机进风口风压太低而导致风管被吸扁的现象。

风机应克服的阻力包括：

(1)摩擦阻力($h_{摩}$)

摩擦阻力是风管周壁与风流互相摩擦以及风流中空气分子间的扰动和摩擦而产生的阻力，也称沿程阻力。根据流体力学的达西公式可以导出风管通风的摩擦阻力公式：

$$h_{摩}=6.5\frac{\alpha LQ^2}{d^5}$$

式中 α——摩擦阻力系数，取 $\alpha=0.0016$；

L——风管长度，m；

d——风管直径，m；

Q——风道流量，m^3/s。

(2)局部阻力($h_{局}$)

风流经过风管的某些局部(如断面扩大、断面减小、拐弯、交叉等)时，由于速度或方向发生变化而导致风流本身产生剧烈的冲击，由此产生的风流阻力称局部阻力。局部阻力公式：

$$h_{局}=0.99\frac{\xi Q^2}{d^4}$$

式中 ξ——局部阻力系数，取 $\xi=1.0$。

其他符号意义同前。

风机应克服的总阻力：

$$h_{总阻}=6.5\frac{\alpha LQ^2}{d^5}+0.99\frac{\xi Q^2}{d^4}$$

根据通风机的总进风量 $Q_{机}\geqslant 1.1Q_{供}$(1.1是风量储备系数)及 $h_{机}\geqslant Ph_{总阻}$ 选择合适的主风机。

盾构施工作业时会遇到富含水的土层，这样螺旋输送机出土就会有水排出，各种清洗回路的回水，多积聚在盾构底部，需排出。安装在盾体内的风动潜水泵由一个自动控制程序来启动和关闭。污水将被转送到后配套的储水罐内(工地自备)或后配套尾部。风动潜水泵的技术指标为30 m^3/h。

小组讨论

以小组为单位，讨论以下问题：

1. 施工通风的目的有哪些？

2. 工业风系统的组成有哪些？

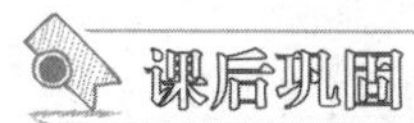

简答题

1. 简述二次通风的作用。
2. 按洞内同时工作的最多人数，如何计算通风量？

模块三

盾构机操作与维保

项目7

盾构机掘进操作

知识目标

1. 掌握盾构机主控室操作台及上位机界面的组成；
2. 掌握盾构机操作的主要步骤；
3. 掌握盾构机刀盘启动顺序；
4. 掌握盾构机推进系统操作面板及推进状态界面的组成；
5. 掌握盾构机推进油缸的启动控制方法；
6. 掌握盾构机的螺旋输送机操作面板及螺旋输送机界面主要参数的组成；
7. 掌握螺旋输送机启动及闸门开关控制；
8. 掌握螺旋输送机伸缩、转向及转速控制；
9. 掌握同步注浆操作面板及注浆系统界面的组成；
10. 掌握泡沫系统操作面板及泡沫系统参数界面组成；
11. 掌握管片拼装的方式和顺序；
12. 掌握管片拼装机和管片吊机的使用方法；
13. 掌握主控室控制模式与本地控制模式之间的切换方法；
14. 掌握盾构机姿态控制主要参数及姿态控制方法。

能力目标

1. 能够正确识别盾构机主控室操作台按钮及上位机界面参数；
2. 能够正确识别刀盘操作面板按钮及上位机刀盘状态界面主要参数；
3. 能够依据标准流程正确启动刀盘；
4. 能够根据实际工程项目的要求，正确设置刀盘转向，合理调节刀盘转速；
5. 能够正确选择推进油缸的控制模式；
6. 能够根据实际工程项目的要求，合理设置推进油缸的压力与速度；

7. 能够正确启动螺旋输送机,正确控制闸门开关;
8. 能够正确设置螺旋输送机转向及转速控制;
9. 能够依据实际工况合理调节土舱压力;
10. 能够正确规范进行注浆作业操作;
11. 能够正确启动泡沫系统并合理设置泡沫参数;
12. 能够依据标准流程操作管片吊机与拼装机进行管片拼装;
13. 能够正确进行主控室控制与本地控制模式之间的切换;
14. 能够正确识读盾构机姿态控制参数。

职业素养目标

1. 培养科学分析问题的能力;
2. 培养归纳总结及语言表达能力;
3. 培养吃苦耐劳、勇于创新、敢于创新的精神;
4. 培养团队合作能力和沟通能力。

任务 7.1　盾构机掘进操作

某地铁项目拟采用土压平衡盾构机进行区间隧道掘进施工,该盾构机直径 6.4 m,有两层楼高;长 80 多米,约一个足球场那么长;质量 500 多吨,相当于 130 台大卡车,那么这样一台"庞然大物"是如何进行操作的呢?盾构机主控室是整个盾构机的中枢神经,负责采集信息和发出指令,随时掌握和控制着盾构机的工作状态。当前盾构机已经下井组装完毕,即将正式投入使用,作为盾构机司机,请完成以下盾构机的掘进操作:

1. 识别盾构机主控室操作台和上位机,检查盾构机是否存在故障或报警提示;
2. 设置盾构机初始参数;
3. 检查盾构机启动前各系统的工作状态;
4. 正确启动盾构机各动力泵;
5. 完成盾构机掘进操作并停机。

引导问题

盾构机的主控室的主要组成有哪些?

知识学习

以铁建重工土压平衡盾构机为例,盾构机的控制主要是在 1 号后配套拖车的主控室完成。盾构机主控制室由操作台和操作界面组成,4 个操作界面分别是 2 台上位机界面(1 号,2 号)、导向系统界面和监视屏界面,如图 7.1 所示。导向系统界面主要用来监测盾构的位置姿态，确保盾构沿着设计线正确地掘进；监视屏界面主要是监视管片拼装时，管片下方是否有人；上位机界面可展现盾构机基本操作情况，主要包括掘进系统界面、土壤改良与泡沫系统界面、注浆系统界面、盾尾密封界面、系统条件界面、报警系统界面、辅助系统界面、参数设置系统界面、超挖刀系统界面等。

掘进系统监控界面也称为主监控界面，如图 7.2 所示。监控界面显示了盾构机各个功能系统及运行参数，包括推进系统、铰接系统、注浆系统、螺旋输送机系统、主驱动系统、膨润土系统、刀盘监测系统、土舱各个位置压力、皮带输送机带速及其他常规参数等。

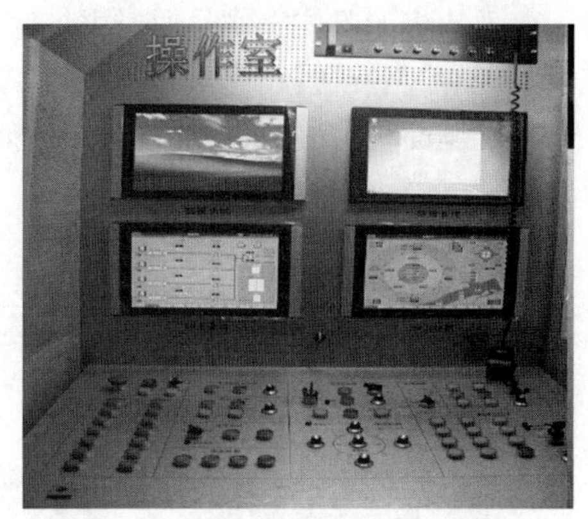

图 7.1　盾构机主控制室操作界面

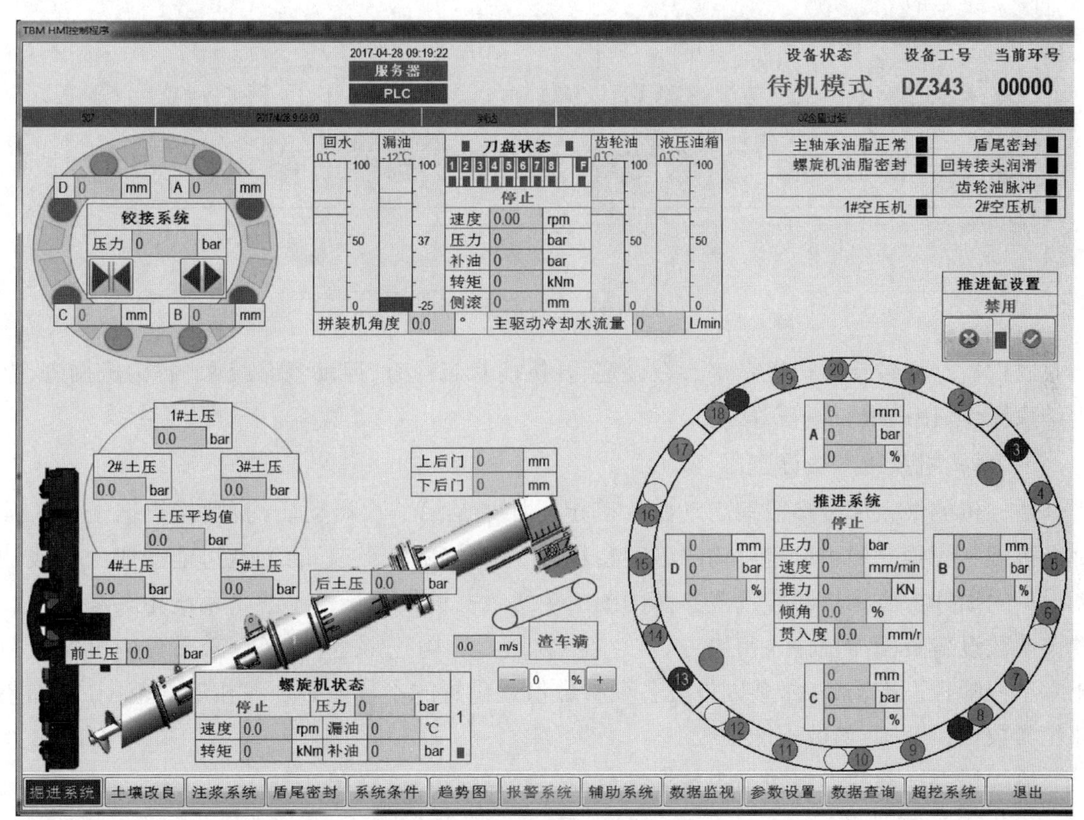

图 7.2　上位机主监控界面

位于主监控界面画面上部中间位置的“PLC 连接正常”提示上位机与 PLC 之间的数据交换状态，绿色代表正常，红色代表异常。画面上部还显示了当前环数与盾构操作状态等。屏幕下方设置了上位机每个页面的切换按钮，操作时可以根据需要在各个页面之间任意切换。这些界面能保证对盾构机整体运行状态的实时监控。

盾构机的具体操作是通过主控室操作台(主控台)完成的。盾构机主控室操作台包含控制按钮、控制旋钮、钥匙开关及故障提示灯等元器件,如图 7.3 所示,其中包括了电机(泵)的启停控制面板、推进系统控制面板、螺旋输送机控制面板、皮带输送机控制面板、泡沫系统控制面板、盾尾密封系统控制面板。

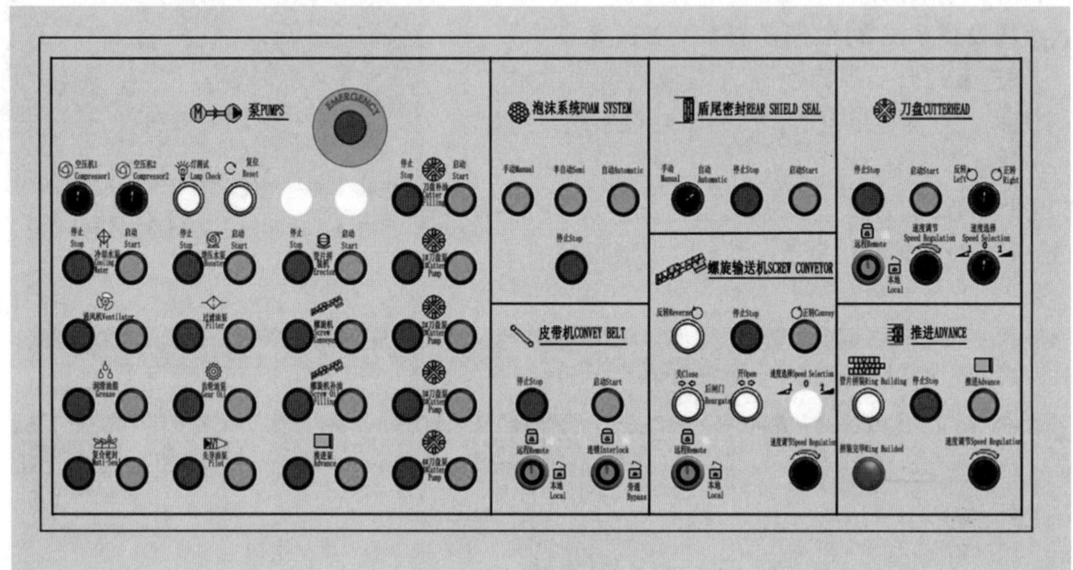

图 7.3　主控室操作台

盾构机操作包括盾构机系统参数设定、开机前状态检查、启动各系统泵、盾构机掘进、掘进结束操作、掘进报告填写等。

一、盾构机系统参数设定

盾构机的绝大部分参数在启动之前确定。如果是第一次启动盾构,则需根据土木工程师及机械工程师的要求设定盾构的各种参数,并且不能随意更改,否则有可能造成盾构或辅助设备的损坏。盾构机参数设置界面如图 7.4 所示。该界面显示了各个系统主要参数的设置。参数设置页面需要输入密码方可改变参数值。盾构正常运行期间,需要盾构机司机与土木工程师根据现场条件,共同设置各项参数值。设置的参数值必须在相应的范围内,如果超出参数预设范围,参数不能被改变。

盾构机系统参数设定包括报警温度设定、盾构状态参数设定。

1. 报警温度设定

各液压系统的报警温度调试时已经设定好,严禁随意更改报警温度。

2. 盾构状态参数设定

刀盘最小转速,当刀盘小于此转速时推进系统不能工作;

螺旋输送机的最大工作压力,当达到此压力时螺旋输送机停止工作。

注浆压力高限,注浆时最高压力不能超过此数值。

图 7.4　参数设置界面

二、开机前状态检查

上机操作之前，应首先通过上位机监控界面检查盾构机配套设备是否处于正常状态，开机前状态检查具体包含以下工作。

(1)开机前主要检查风、水、电、液、出渣系统以及盾构的状态和参数；

(2)检查空压机运行是否正常，压缩空气管路是否泄漏；

(3)检查隧道通风是否正常；

(4)检查延伸水管、电缆是否正常，拖行区域是否畅通；

(5)检查循环水压力、温度是否正常；

(6)检查电压是否正常；

(7)检查滤清器是否正常(PLC 中是否有报警)；

(8)检查油箱油位是否正常；

(9)检查皮带机、皮带是否正常；

(10)检查渣车是否已准备就绪；

(11)检查油脂准备是否充足；

(12)检查泡沫剂准备是否充足；

(13)检查注浆系统是否已准备好，并运行正常；

(14)检查后配套轨道是否正常；

(15)检查盾构操作面板状态：螺旋输送机前门开启、螺杆伸出，管片拼装按钮应无效，无其他报警指示；

(16)检查 VMT 导向系统工作是否正常；

(17)盾构掘进所需要的相关参数，如掘进模式、土舱压力、线路数据、注浆压力等；

(18)记录有关盾构掘进的参数；

(19)若需要则根据土木工程师和机械工程师的指令修改盾构机参数；

(20)根据工程要求选择盾尾油脂密封的控制模式，即选择采用行程控制模式还是采用压力控制模式。

三、启动各系统泵

开机前检查完盾构机状态后，需启动盾构机各部件的动力系统。

(1)检查是否存在当前错误报警，若有，首先处理，报警系统界面如图 7.5 所示；

(2)将面板的螺旋输送机转速调节旋钮、刀盘转速调节旋钮、盾构机推进速度旋钮等调至最小位；

(3)启动冷却水泵、循环泵，并注意泵启动时声音及振动等是否正常，以下各个泵启动时均需注意其启动情况；

(4)启动润滑脂泵、齿轮油泵；

(5)启动补油泵、控制油泵；

(6)启动三个主驱动泵及螺旋输送机泵；

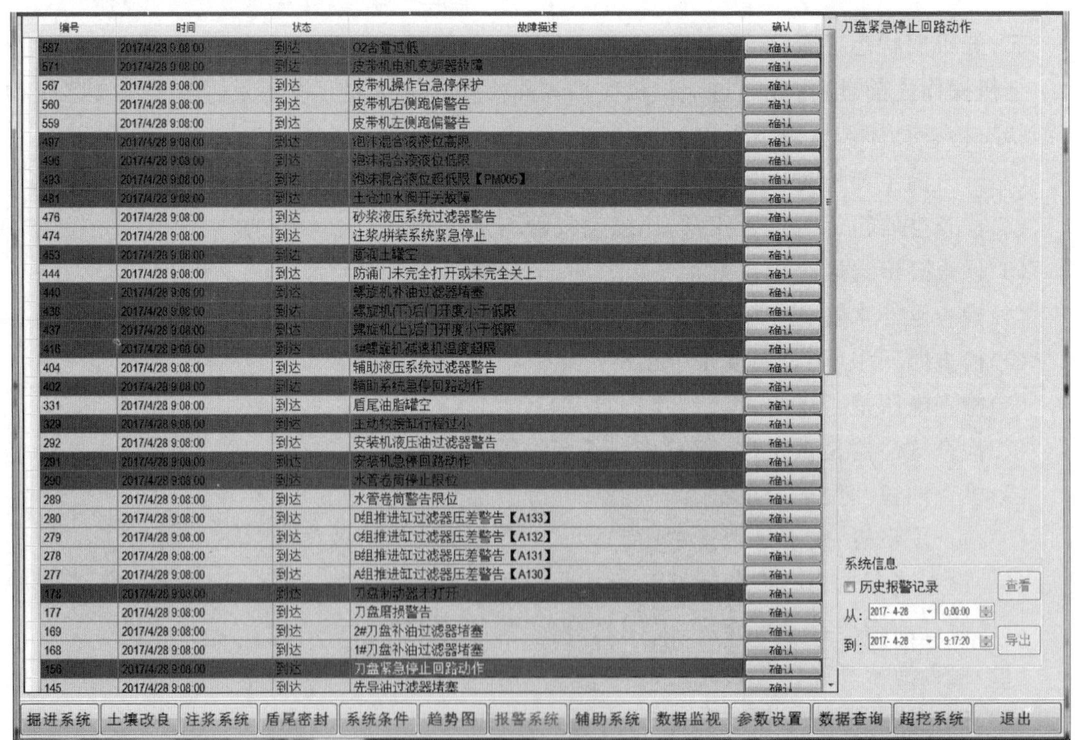

图 7.5　报警系统界面

(7)启动推进泵及辅助泵；

(8)启动主轴承密封油脂泵；

(9)启动盾尾密封油脂泵，并选择自动位，如果实际需要，可选择手动位。

四、盾构机掘进

(1)启动皮带机。

(2)启动刀盘。

①选择刀盘的转速挡位；

②根据 VMT 显示的盾构自转状态选择刀盘转向；

③按下刀盘启动按钮，并慢慢调节刀盘转速旋钮，使刀盘转速逐渐增大，并稳定工作；

④严禁旋转旋钮过快，以免造成过大液压冲击，注意主驱动压力变化，若刀盘停转，先把电位计旋钮旋至最小，再重新启动。

(3)启动螺旋输送机。

①慢慢开启螺旋输送机的后舱门；

②启动螺旋输送机，并逐渐增大螺旋输送机的转速。

(4)选择手动或半自动方式启动泡沫系统。

(5)按下推进按钮开始掘进。

根据 VMT 屏幕上指示的盾构机姿态调整四组油缸的压力至适当的值，并逐渐增大推进系统的整体推进速度。

五、掘进结束操作

(1)当掘进结束时，按以下顺序停止掘进；

(2)逐步降低螺旋输送机的转速至零，停止螺旋输送机；

(3)关闭螺旋输送机后闸门；

(4)停止推进系统；

(5)停止皮带机；

(6)若刀盘驱动压力较大，则可持续转动刀盘，适当地搅拌土舱内的渣土，当驱动压力降低至一定程度时减小刀盘转速至零，并停止刀盘转动。这样有利于下次刀盘启动时扭矩不至于太大；

(7)若马上准备安装管片，则按下管片拼装按钮；

(8)依次停止主驱动泵、补油泵、螺旋输送机泵、先导控制泵、油脂密封系统、齿轮油泵、泡沫系统；

(9)若马上安装管片，可以暂不关闭推进系统油泵和辅助油泵，否则关闭之；

(10)通知有关人员进行下一道工序的工作。

六、掘进报告填写

为了积累盾构施工经验，更好地进行盾构施工的总结，以及留下必要的施工考证依据，在盾构施工的过程中必须严格按照要求填写掘进报告。对于简单的停机可以在掘进报告的给定位置简单说明，对于长时间影响掘进的故障或事故，必须另外记录清楚。对于在掘进过程中发生的任何设备故障都应该有详细地记录。

以小组为单位，讨论以下问题：

盾构机操作过程中要启动哪些泵？

简答题

1. 主监控界面通常显示了哪些主要参数？
2. 盾构启动常规条件有哪些？

任务 7.2　刀盘参数设置

某较软土层盾构施工中，土压平衡盾构机因设备维修，处于停机状态，当前状态下盾体顺时针发生 4°偏转，现准备重新启动掘进，并且刀盘转速最终达到 2.5 r/min，应当采用哪些措施启动刀盘？

刀盘工作模式有哪几种？

一、刀盘操作界面

以某土压平衡盾构机为例，其上位机刀盘操作界面如图 7.6 所示，刀盘状态说明见表 7.1。

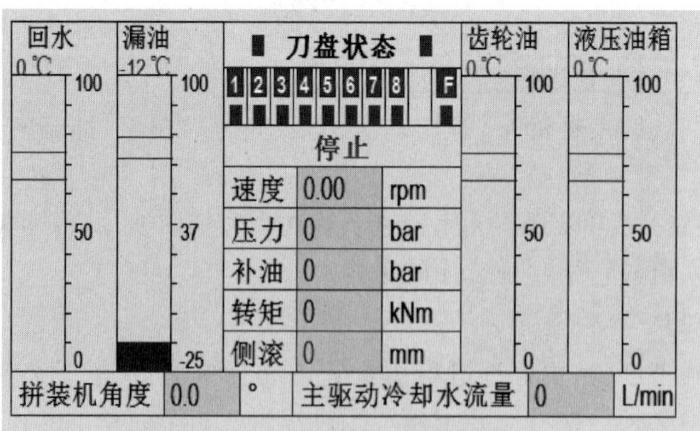

图 7.6　上位机刀盘操作界面

表 7.1　刀盘状态说明

参　　数	当前状态	状态说明
刀盘回水温度	显示当前温度	—
刀盘漏油温度	显示当前温度	—
刀盘状态	停止	在正常停机后或者有故障情况下工作
	准备	刀盘紧急停止没有动作 先导泵运行 刀盘补油泵运行 螺旋机补油泵运行 刀盘补油压力正常 液压油温度正常
	就绪	设备翻转角正常 刀盘冷却润滑密封正常 所有刀盘主泵运行 冷却水流量正常
	右旋低速	旋转方向为右旋 挡位为1挡
	右旋高速	旋转方向为右旋 挡位为2挡
	左旋低速	旋转方向为左旋 挡位为1挡
	左旋高速	旋转方向为左旋 挡位为2挡
刀盘转速	显示当前转速	—
刀盘压力	显示当前工作压力	压力超出设定值后将自动停机
补油泵压力	显示当前补油泵出口压力	—
刀盘扭矩	显示当前刀盘扭矩	—
侧滚	显示当前侧滚值	侧滚值超出设定值后将自动停机
齿轮油温度	显示当前齿轮油温度	温度超出设定值后将自动停机
液压油温度	显示当前液压油箱温度	温度超出设定值后将自动停机
主驱动冷却水流量	显示当前主驱动冷却水流量	—

二、刀盘操作面板

以某土压平衡盾构机为例，刀盘操作面板按钮实物如图7.7所示，刀盘面板说明见表7.2。

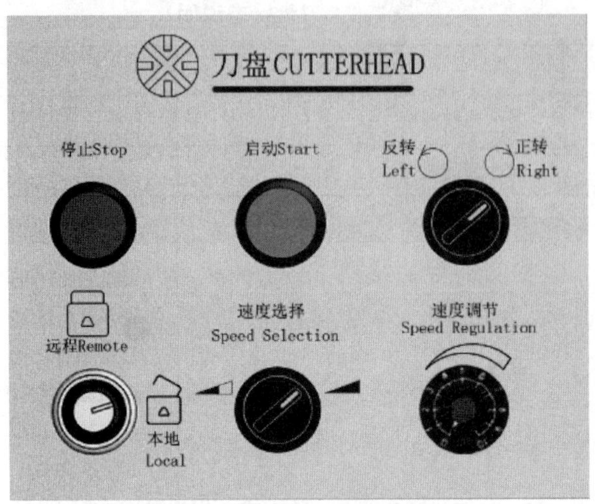

图 7.7 刀盘操作面板按钮实物

表 7.2 刀盘面板说明

名　称	功　能	说　明
刀盘旋转	停止/启动(故障/运行指示)	刀盘在本地模式下 刀盘所有主泵运行 泄漏油温度正常 齿轮油流量正常 齿轮油温度正常 油脂润滑正常 冷却水流量大于 120 L/min 侧滚角没有超限 刀盘制动器压力开关正常 刀盘制动器接近开关正常 刀盘速度设置电位器在 0 位右旋或左旋其中之一工作 1 挡和 2 挡其中之一工作
左转/右转(控制室操作)	预选旋转方向 左旋/右旋	—
本地/远程模式选择	本地模式:在控制室操作刀盘 远程模式:在人舱(压力舱)内操作刀盘	闪烁:远程、本地都无法工作 常亮:远程工作允许 不亮:本地允许工作
刀盘速度设定电位器	设定刀盘旋转速度	—
刀盘旋转挡位调节	1 挡 2 挡	工作在 1 挡位下:低转速,大扭矩(相对于 2 挡来说) 工作在 2 挡位下:高转速,小扭矩(相对于 1 挡来说)

1. 启动按钮

绿色按钮,按下后刀盘启动。绿色按钮的 3 种状态:绿灯闪烁(快)是故障显示;绿灯闪烁(慢)是泵启动过程中;绿灯常亮是电机正常运行。其他按钮类似。

2. 停止按钮

红色按钮,按下后刀盘停止转动。

3. 左/右转旋钮

选择刀盘的旋转方向:右转为顺时针转动,左转为逆时针转动。

4. 速度调节旋钮

设定刀盘旋转速度。

5.“主控室控制—现场(本地)控制”钥匙开关

选择刀盘在主控室还是本地(人舱)操作。

刀盘转速一般设置高速、低速 2 个挡位,通常根据地层性质进行选择。软土地层中地质松软,地下水一般较为丰富,渣土多为砂土、黏性土或者淤泥质土,在这种地质条件下掘进一般无需配置滚刀,地层主要靠刮削刀具直接对土层进行剪切破坏来进行切削,刀具的磨损一般情况下较小,贯入度大,扭矩也较小,所以刀盘转速一般选择低速挡,一般为 1.0～1.4 r/min;由于盾构掘进速度等于贯入度乘以刀盘转速,因此为保证盾构掘进效率,在硬岩情况下刀盘转速可取较大值,以提高掘进速度,一般为 1.5～3.0 r/min;在软硬不均地质条件下,局部硬岩强度高,对刀盘、刀具的冲击损伤较大,所以在这种地层中应适当降低刀盘转速,使刀具受到的瞬时冲击荷载小于安全荷载,一般为 0.8～1.2 r/min。

根据导向系统面板上显示的盾构旋转状态选择盾构旋向按钮,一般选择能够调整盾构转向的旋转方向,选择刀盘启动按钮,当启动绿色按钮常亮后,慢慢右旋刀盘转速控制旋钮,使刀盘转速逐渐稳定在值班工程师要求的转速范围。此时注意主驱动扭矩变化,若扭矩过高而使刀盘启动停止,则先把旋钮电位器左旋至最小再重新启动。

三、刀盘模式的选择

对盾构机刀盘的控制通常分为主控制室控制与本地控制两种控制模式。其中主控制室模式主要是在主控室操作台对刀盘进行操作,通常用于盾构机正常掘进过程中;本地控制模式主要是在人舱内的现场操作箱对刀盘进行操作,通常用于盾构机停机进行刀具更换过程中。

四、刀盘扭矩调节

刀盘扭矩与刀盘构造、开挖土体性质、渣土改良状况、土舱渣土状态和贯入度等相关。

刀盘扭矩过大可以采取以下措施:适当加大泡沫注入量,适当降低推进油缸推力,适当降低刀盘的转速等。

五、刀盘操作步骤

1. 识别刀盘操作区域并进行操作前状态检查

识别主控室内刀盘操作面板按钮和上位机刀盘状态界面主要参数;检查上位机报警界面是否无报警信息,检查面板旋钮是否归零,按钮是否关闭;是否插入钥匙开关;检查盾构机刀盘区域内是否有人。

2. 启动刀盘电机与泵机

①启动刀盘前确保皮带输送机已经启动；

②刀盘电机绿色指示灯闪亮代表刀盘刹车未打开；绿灯常亮代表刀盘刹车已打开，可正常启动；红色指示灯亮代表刀盘启动条件不满足，无法正常启动。

3. 刀盘工作模式选择

选择主控制室控制模式，将控制面板处对应钥匙开关旋至“主控制室控制”位置，实现在控制室操作刀盘。

4. 刀盘转向的设置

根据导向系统上显示的盾构机旋转状态选择盾构机的转向按钮，一般选择能够纠正盾构机转向的旋转方向。刀盘顺时针转动为正转，因此，选择反转按钮。

5. 刀盘转动挡位选择

刀盘一般分为 2 个挡位。选择刀盘的挡位时，在软土地层中选择低速挡位。

6. 刀盘转速调节

控制刀盘转速在 1.0～1.4 r/min 之间调节，以减少地层扰动为准则。

刀盘操作注意事项如下：

①启动刀盘之前应先将其对应的转速调整为零，刀盘启动后再把转速从零缓慢增加到合适的速度。

②刀盘停止时同样将转速缓慢降低至零后停止。

③禁止旋转旋钮速度过快，以免造成过大的机械冲击，损伤机械设备。

④操作过程中应注意刀盘扭矩的变化，若扭矩过高有可能使刀盘启动停止。

以小组为单位，讨论以下问题：

当盾构在较硬的地层掘进，或盾构本身振动大时，盾构自转比较严重，此时应如何调整？

课后巩固

选择题

1. 主监控界面可及时地了解整个系统的（　　）及变化情况，使我们能够较全面地掌握盾构机的工作情况。

A. 工作参数　　B. 压力参数　　C. 温度参数　　D. 速度参数

2. 刀盘的中心装有（　　），它使刀盘上的泡沫喷注通道和仿形刀的液压驱动管路能跟盾体内的管路相连接。

A. 回转接头　　B. 逆止阀　　C. 压力阀　　D. 流量阀

3. 当刀盘（　　）过大时，可以采取以下措施：适当加大泡沫注入量；适当降低推进油缸推力；适当降低刀盘的转速等。

A. 速度　　B. 推力　　C. 压力　　D. 扭矩

4. 通过调整盾构刀盘的(　　)可以调整盾构的自转。

A. 速度　　B. 压力　　C. 转向　　D. 推力

5. 滚刀是通过刀座和螺栓连接在刀盘上的,在工作过程中,它不仅要在刀盘的带动下随刀盘进行(　　),同时还要围绕自身刀轴进行(　　)。

A. 自转　公转　　B. 公转　自转　　C. 公转　公转　　D. 自转　自转

任务7.3　推进参数设置

任务导入

盾构机在某软土地层中因设备检修处于停机状态,现要重新启动推进,请设置盾构机推进系统参数:

1. 设置允许最大推进力为10 000 kN;
2. 正确启动推进液压缸,并调节,使得各组油缸的行程差为0;
3. 调节推进速度至20 mm/min。

引导问题

盾构机推进系统一般采用什么方式驱动,各有何特点?

一、推进参数

1. 上位机主监控界面推进参数

推进系统相关参数可在上位机主监控界面中进行监控,如图7.8所示,主监控界面推进参数说明见表7.3。

表7.3　主监控界面推进参数说明

名　称	功　能	说　明
推进油缸设置	推进缸设置 启用/禁止	推进模式下单组油缸工作允许信号
A组推进油缸压力	显示当前A组油缸压力	其他组油缸类似
A组推进油缸行程	显示当前A组油缸行程	其他组油缸类似
1号油缸	切入/切除	在推进油缸设置为“启用”状态下,才能进行如下动作: (1)在推进运行状态下,只能切除某组油缸,不能切入 (2)在推进停止状态下,可自由切入、切除任何一组油缸 (3)依据配置不同油缸组数会有变化 (4)其他组油缸类似

续上表

名　称	功　能	说　明
推进泵压力	显示当前工作压力	—
推进速度	显示当前推进速度	—
推力	显示当前推力	—
倾角	显示当前倾角值	倾角值超出设定值后将自动停机
贯入度	显示当前贯入度	推进油缸推进速度/刀盘转速

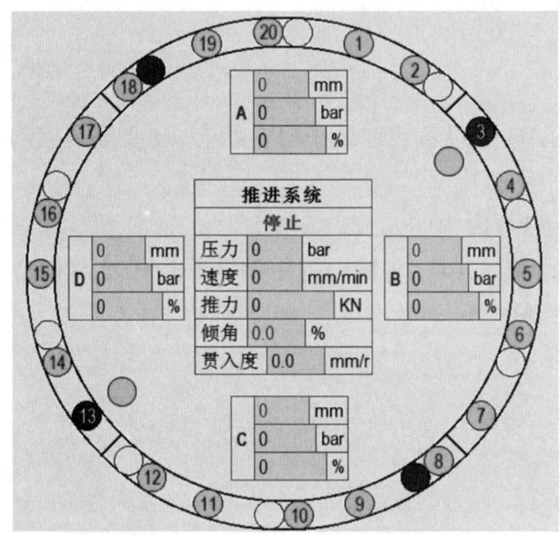

图 7.8　主监控界面推进参数示意

2. 上位机“参数设置”界面推进参数

推进油缸的压力设置是通过在上位机“参数设置”界面实现的，如图 7.9 所示。

在“推进系统参数设置”一栏设定顶推泵压最大推进压力，可以限定推进泵输出的最大压力，当推进泵压力达到最大设定压力并持续 3 s 后会自动停止推进模式，从而达到保护推进泵液压系统安全性的目的。

推进系统参数设置		
顶推泵压力（安装模式）	30	%
最大推进行程	1900	mm
最大贯入度	40.0	mm/r
设备桥最大拖拉压力	280	bar
铰接油缸最小行程	20	mm
铰接油缸最大行程	100	mm
铰接油缸最大行程差	130	mm
注浆压力最高限	4.0	bar

图 7.9　推进参数设置界面

二、主控室推进操作面板

主控室推进操作面板如图 7.10 所示；推进操作面板功能说明见表 7.4。

表 7.4　推进操作面板功能说明

名　称	功　能	说　明
管片拼装模式	选择/启动/运行指示	推进泵运行 推进停止处于闭合状态 推进模式停止 运行后实现自锁

续上表

名　称	功　能	说　明
推进停止	停止当前操作	无论是工作在推进模式还是管片拼装模式，只要按下停止按键，操作都将停止
推进模式	选择/启动/运行指示	推进泵运行 推进停止处于闭合状态 管片拼装模式停止 运行后实现自锁 刀盘速度高于低限或被旁通 刀盘液压系统压力正常 铰接油缸行程没有超限 推进油缸行程没有超限 设备桥油缸压力正常 设备桥油缸没有伸到位 设备侧滚角在许可范围之内 水管卷筒没到停止限位位置 贯入度正常
拼装完毕	完成指示灯	告知主司机管片拼装完成
推进速度设定电位器	设定推进速度	—
A、B、C、D 组推进油缸压力调节电位器	调节各组推进油缸压力	—

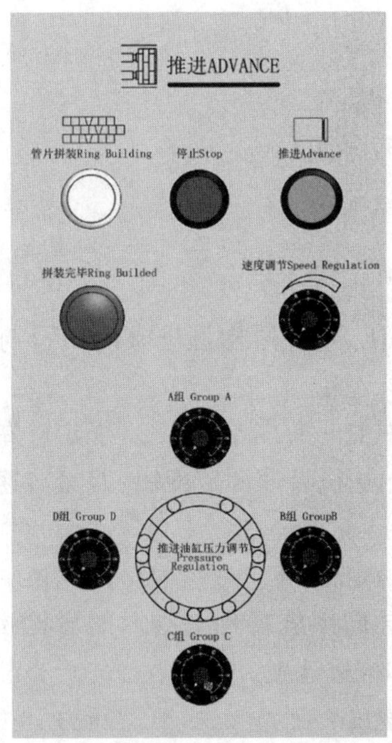

图 7.10　推进操作面板

三、推进参数设置步骤

软土地层中土压平衡盾构机液压缸推进速度可控制在 50～80 mm/min，推力控制在 8 000～12 000 kN 为宜；在硬岩地层中液压缸推进速度一般控制在 10～25 mm/min，在兼顾扭矩与盾构掘进工效的同时对盾构机推进液压缸推力进行调节，推进速度一般控制在 10～25 mm/min，一般推力控制在 1 000～10 000 kN 较为合适；在软硬不均地层中油缸推进速度应控制在 15 mm/min 以内较为合适，油缸推力控制在 20 000 kN 以内较为合适。

首先打开推进液压泵电机，启动推进泵运作；然后将推进操作面板的压力调节旋钮和推进速度旋钮等调至最小位；按下“推进模式”按钮并根据导向系统屏幕上指示的盾构姿态，调整四组液压缸的压力至适当的值，并逐渐增大推进系统的整体推进速度。

推进参数设置实施步骤如下：

(1)识别推进操作面板按钮及上位机主监控界面推进系统参数。

(2)在上位机“参数设置”界面对推进允许最大推力进行设置，结合软土地层描述，设置推进泵最大压力值为 35 MPa。

(3)在推进操作面板开启推进泵电机，同时启动推进液压油缸泵机。

(4)选择“推进模式”，观察“推进允许”指示灯是否变亮，若指示灯亮表示推进系统可以启动；若指示灯不亮，说明存在启动故障或者启动条件不满足，需要检查排除潜在故障。

(5)顺时针调节推进油缸压力调节电位器，设置推进液压缸压力不超过 35 MPa。

(6)顺时针调节推进油缸速度调节电位器，设置推进液压缸速度至 20 mm/min，完成推进液压缸的启动。

以小组为单位，讨论以下问题：

盾构机推进操作注意事项有哪些？

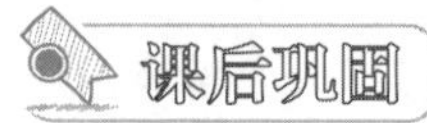

选择题

1. 调节盾构推进油缸每组压力，对盾构掘进方向的影响是：当盾构推进油缸(　　)压力大于右侧时，盾构姿态自(　　)摆。

A. 左侧　左向右　　B. 左侧　右向左　　C. 额定　左向右　　D. 额定　右向左

2. 开机时，将面板的螺旋输送机转速调节旋钮、刀盘转速调节旋钮、推进油缸压力调节旋钮、盾构机推进速度旋钮等调至(　　)。

A. 适当位　　B. 设定位　　C. 最大位　　D. 最小位

3. 按下推进按钮，并根据导向系统屏幕上指示的盾构机姿态调整四组油缸的(　　)值，并逐渐增大推进系统的整体推进速度。

A. 流量　　B. 速度　　C. 压力　　D. 推力

4. 当铰接油缸处于(　　)时，铰接油缸处于浮动位，此时盾尾能根据前盾和管片的位置自动调整姿态。

A. 释放位　　B. 拖拉位　　C. 保持位　　D. 收缩位

5. 盾构方向的调节通过推进系统分组油缸的不同(　　)来进行。

A. 流量　　B. 行程　　C. 速度　　D. 压力

任务 7.4　螺旋输送机参数设置

任务导入

在某软土地层区间始发阶段,请合理设置螺旋输送机启动参数,并最终正确启动螺旋输送机。要求:螺旋输送机最大压力为 28 MPa,转动方向为正转,转速为 20 r/min,螺旋输送机后舱闸门开度为 60 mm。

引导问题

盾构机螺旋输送机的转速一般控制在什么范围内?

知识学习

一、螺旋输送系统参数

1. 上位机主监控界面螺旋输送系统参数

主监控界面螺旋输送系统参数如图 7.11 所示,其参数说明见表 7.5。

表 7.5　主监控界面螺旋输送系统参数说明

名　称	功　能	说　明
螺旋机前土压	显示当前土压	—
螺旋机后土压	显示当前土压	—
螺旋机后门开度(上下门)	显示当前开度	—
渣车状态	1. 渣车满	—
	2. 渣车就绪	—
螺旋机当前状态	1. 停止	在正常停机后或者有故障情况下工作
	2. 准备	螺旋机紧急停止没有动作 液压油温度正常
	3. 动力就绪	皮带机运行或旁通 螺旋机液压泵运行 螺旋机冷却润滑密封正常 螺旋机泵出口压力正常 螺旋机漏油温度正常 螺旋机上、下后门开度大于低限 螺旋机前门左右限位开关状态一致

续上表

名　　称	功　　能	说　　明
螺旋机当前状态	4. 右旋低速	旋转方向为右旋 挡位为1挡
	5. 右旋高速(根据驱动马达配置来定)	旋转方向为右旋 挡位为2挡
	6. 左旋低速	旋转方向为左旋 挡位为1挡
	7. 左旋高速(根据驱动马达配置来定)	旋转方向为左旋 挡位为2挡
螺旋机泵出口压力	显示当前压力	压力超出设定值后将自动停机
螺旋机转速	显示当前转速	—
螺旋机扭矩	螺旋机当前扭矩	—
螺旋机补油压力	螺旋机补油泵出口压力	—
螺旋机漏油温度	显示当前漏油温度	温度超出设定值后将自动停机

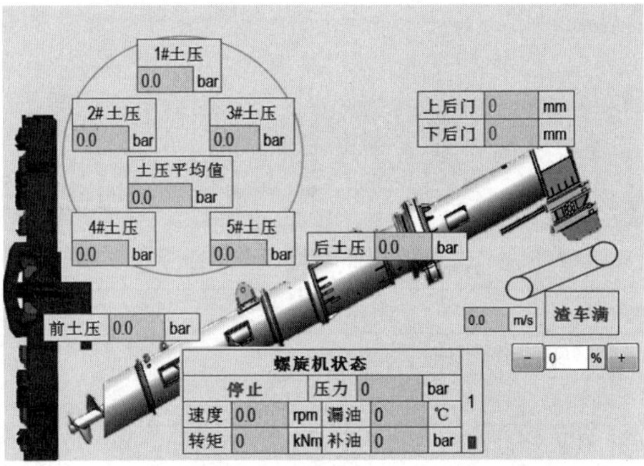

图7.11　主监控界面螺旋输送系统参数

2. 上位机监控界面螺旋输送机参数设置

在上位机监控界面有关“参数设置”中，对螺旋输送机(以下简称螺旋机)液压系统压力高限、舱门开度等相关参数进行设置，如图7.12所示。

螺旋机系统参数设置		
螺旋机液压系统压力高限	280	bar
螺旋机漏油警告温度	65	℃
螺旋机漏油温度高限	75	℃
螺旋机土压高限	5.5	bar
螺旋机后门最小开度	50	mm

图7.12　螺旋输送系统参数设置

螺旋机最低转速设置：螺旋机转速小于设置的最低转速时不允许刀盘旋转。后舱门最小开度：螺旋机后舱门小于设置的最小开度时，螺旋机旋转不能启动防堵舱(在设备调试中，该参数一般设置为0，用户根据现场需要进行设置)。

螺旋机最大压力：通过设定螺旋机的最大压力，可以限定其液压泵的最大输出压力，当机油压达到最大设定压力后螺旋机停止旋转进行卸载，从而保护螺旋机液压系统的安全性(默值为 30 MPa)。

二、螺旋机操作面板

在启动螺旋机之前，首先需要检查操作面板状态：开机前应使螺旋机前舱门处于开启位，螺旋机的螺杆应伸出，无其他报警指示；将面板的螺旋机转速调节旋钮调至最小位，如图 7.13 所示，主螺旋机操作面板说明见表 7.6。

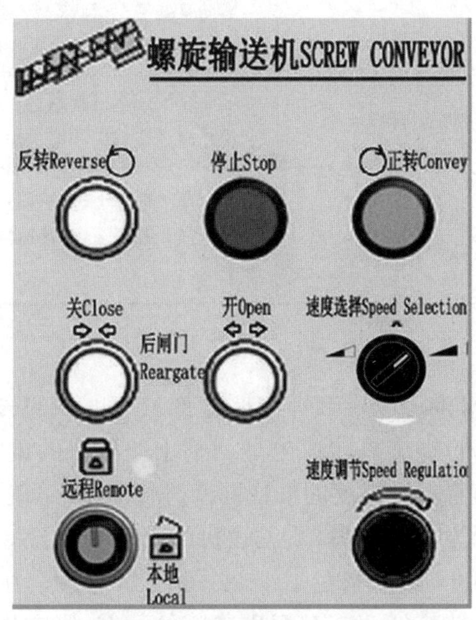

图 7.13　螺旋机操作面板

表 7.6　主螺旋机操作面板说明

名　称	功　能	说　明
反转	启动/运行指示	螺旋机处于本地操作模式，螺旋机主泵在运行状态 皮带输送机处于运行状态或被旁通，螺旋机冷却润滑密封正常 泄漏油温度正常 螺旋机液压泵出口压力正常，后门开度正常 运行后实现自锁
停止	停止当前操作	无论在正转还是反转状态，此按键按下，都将停止
正转	启动/运行指示	螺旋机处于本地操作模式，螺旋机主泵在运行状态 皮带输送机处于运行状态或被旁通，螺旋机冷却润滑密封正常 泄漏油温度正常 螺旋机液压泵出口压力正常，后门开度正常 运行后实现自锁

续上表

名称	功能	说明
远程/本地	远程/本地指示	闪烁:远程、本地都无法工作 常亮:远程工作允许 不亮:本地允许工作
螺旋机速度设定电位器	设定螺旋机转速	根据不同地质条件设定螺旋机转速
后闸门关	启动/运行指示	辅助泵处于运行状态 在关闭到位行程开关工作后,此指示灯被激活
后闸门开	启动/运行指示	辅助泵处于运行状态 在开启到位行程开关工作后,此指示灯被激活
旋转挡位选择	1挡 2挡	工作在1挡位下:低转速,大扭矩(相对于2挡来说) 工作在2挡位下:高转速,小扭矩(相对于1挡来说)根据需求配置

三、螺旋机转速调节

螺旋机转速是除盾构机推进液压缸推力调整推进速度外的另一重要手段,提高出渣速度可以使掘进速度大幅提高,螺旋机转速也是调整土舱压力的重要手段。软土中掘进速度较快时,螺旋机转速也要随着掘进速度的加快同步进行调整,螺旋机的转速调节必须与推进速度相匹配,它们之间比例为1∶1,即螺旋输送机的出渣量和刀盘开挖进渣量保持一致。螺旋输送机转速在软土掘进时一般控制在10～22 r/min。在硬岩中掘进,由于掘进速度慢且土舱内渣土量较少,螺旋机转速的调节对掘进速度的调节、影响作用不大,主要用于调节土舱压力,一般可将螺旋机转速控制在6～10 r/min。在软硬不均的地层中,土舱内压力平衡的保持至关重要。由于软岩地层非常容易产生坍塌,同时硬岩地层的硬度较高不易被破碎,为保护刀盘刀具而降低盾构掘进速度,而单循环长时间的掘进对软岩地层的支承极为不利,因此为了保持掌子面的稳定,必须保持较高的土舱压力,这就要求螺旋输送机的出渣量、出渣速度严格控制,严禁多出土,以保证土舱压力波动不大,转速一般控制在3～8 r/min较为合适。

螺旋机操作步骤如下:

(1)识别螺旋机操作面板及上位机相关界面。

(2)在监控界面“参数设置”界面对螺旋机的最低转速、舱门开度及最大压力等相关参数进行设置,结合任务中对软土地层的描述,调整螺旋机最低转速为20 r/min。闸门开度最小为50,最大压力为28 MPa。

(3)检查操作面板状态,开机前应使螺旋机前舱门处于开启位,螺旋机的螺杆应伸出,无其他报警指示;将钥匙开关调至“主控室控制”,将面板的螺旋机转速调节旋钮调至最小位。

(4)在控制面板启动螺旋机电机。

(5)打开螺旋机前舱门,伸出螺旋机螺杆。

(6)调节螺旋机转向为正向。

(7)启动螺旋机,慢慢开启螺旋机的后舱门,其开度调整为 60 mm。

(8)顺时针调节电位器,调节螺旋机转速逐渐增大至 20 r/min。

以小组为单位,讨论以下问题:

什么是螺旋机喷涌,产生的原因有哪些?

简答题

试述螺旋输送器喷涌的防治措施。

任务 7.5　土舱压力设置

深圳某地铁采用土压平衡盾构机施工,穿越不同地层时,为确保地面不出现变形沉降,控制开挖面稳定。土木工程师重新计算了土舱压力,给定了新的土舱压力设定值 0.24 MPa。请结合实际情况进行土舱压力调节控制,确保土舱压力随开挖面地层变化始终处于动态平衡。

盾构机掘进过程中如何保证开挖面平衡?

知识学习

一、土舱压力概念

土压平衡盾构机掘进时,为了确保盾构隧道开挖面(掌子面)的稳定,须通过在土舱内积土,使土舱内的压力等于或略大于掌子面外侧的土压力与水压力总和,并在盾构机掘进过程中,不断通过螺旋机排土,以确保土舱内土压力处于动态平衡状态,进而确保掌子面始终处于动态的稳定状态。通过在土舱内积土而产生的用于平衡掌子面外侧土、水压力的压力就叫作土舱压力。

二、土舱压力平衡原理

土舱压力的控制主要靠控制螺旋机排渣的速率和排渣量来实现,通过控制螺旋机的土舱压力是通过在固定体积的土舱内积土产生的,其大小与土舱内部的积土多少有关,就可以使盾构机土舱进渣量与排渣量近似相等,进而实现土舱压力动态平衡,如图 7.14 所示。

如果开挖地层自稳定性较好,采用敞开式掘进,则不用调整压力,以较大开挖速度为原则进行掘进。如果开挖地层有一定的自稳性而采用半敞开式掘进,则注意调节螺旋机的转速,使土舱内保持一定的渣土量,一般保持 2/3 左右的渣土。可以通过观察面板上土压传感器值,上部压力可以为 0,左中和右中压力值稍大于 0,左下和右下压力值为 0.1 MPa 左右即可。

如果开挖地层稳定性不好或有较大的地下水时,需采用土压平衡模式(即 EPB 模式)。此时需根据前面地层的不同来保持不同的土舱压力,具体压力值应由土木工程师决定。但最大土舱压力值一般不能大于 0.3 MPa,否则有可能损坏主轴承密封。

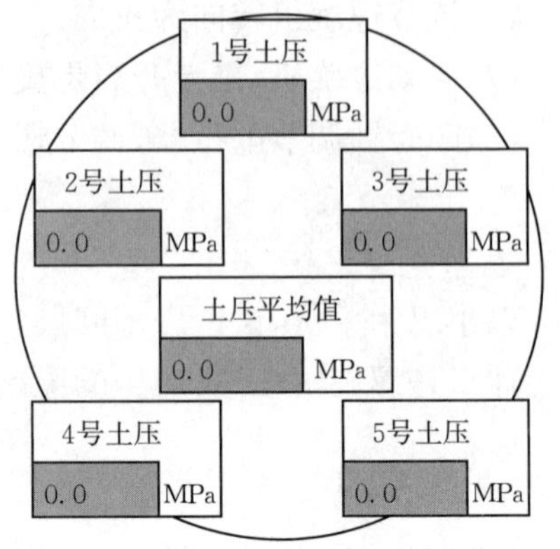

图 7.14　主监控界面土舱压力调整示意

三、土舱压力调节

若压力大时可以采取以下几项措施来降低压力:

(1)加快螺旋机的转速,增加出渣速度,降低土舱内渣土的高度。

(2)适当降低推进液压缸的推力。

(3)降低泡沫和空气的注入量,适当地排出一定量的空气或水。

若压力小时可以采取以下几种措施来增大压力:

(1)降低螺旋输送机的转速,降低出渣速度,增加土舱内渣土的高度。

(2)适当增大推进液压缸的推力。

(3)增大泡沫和空气的注入量。

以小组为单位,讨论以下问题:

如何识别土舱压力显示界面,根据工程实际情况和土木工程师要求,怎样调节土舱压力?盾构机的土压平衡式、敞开式、半敞开式三种工作模式分别用在什么场合?

课后巩固

选择题

1. 土压平衡盾构机掘进过程中,必须确保开挖面的稳定,应按(　　)调整土舱压力和控制出渣量。

A. 掘进参数　　B. 进度要求　　C. 围岩条件　　D. 统计数值

2. 对于稳定性较好的岩层可以采用敞开式掘进,则不用调整土舱(　　),以较大开挖(　　)为原则。

A. 压力　速度　　B. 速度　压力　　C. 压力　压力　　D. 压力　流量

3. 对于开挖地层具有一定的自稳性,可以采用半敞开式掘进,使土舱内保持一定的渣土量,一般保持(　　)左右的渣土。

A. 1/3　　B. 2/3　　C. 1/4　　D. 1/2

4. 对于开挖地层稳定性不好或有较多的地下水的软质岩地层时，需采用土压平衡模式(即 EPB 模式)，最大土舱压力值必须(　　)盾构主轴承密封的最大抗压能力。

A. 等于　　B. 高于　　C. 低于　　D. 大于或等于

5.(　　)盾构机通过刀盘挖出的渣土可以作为支承介质用于支承隧道面。

A. 土压平衡　　B. 硬岩 TBM　　C. 双护盾 TBM　　D. 泥水平衡

任务 7.6　同步注浆参数设定

某土压平衡盾构机刀盘开挖直径为 6.28 m，管片净空直径为 5.3 m，管片宽度为 350 mm，管片设计环宽值为 1.2 m，推进速度为 20 mm/min，现需要在掘进过程完成同步注浆作业，注浆压力不超过 0.03 MPa，请根据给定条件计算理论注浆量(注浆系数按照 200%考虑)，并设定注浆速率与注浆压力，采用手动注浆模式于顶部注浆孔进行注浆作业。

引导问题

同步注浆量和哪些参数有关?

一、同步注浆定义

盾构机施工中，随着盾构机的向前推进，因盾尾外径与管片外径之间的差值将会在管片背后产生空隙(盾尾间隙)。这一空隙若不及时充填，则管片周围的土体将会松动甚至发生坍塌，从而导致地表沉降等不良后果。为此必须采用注浆手段及时将盾尾间隙加以充填。同时，同步注浆还可提高隧道的止水性能，使管片所受外力能均匀分布，确保管片衬砌的早期稳定性。

盾构机同步注浆是指在盾构机推进过程中，管片拼装后，盾尾脱出的同时，在一定注浆压力下，将适量的有一定的早期强度的注浆材料填入盾尾后空隙内，待其固结硬化后起到充填壁后建筑空隙、提供一定承载能力、稳定管片衬砌等作用的方法。同步注浆目的是控制地层变形，确保管片的稳定和均匀受力，提高隧道的抗渗性，防止隧道上浮，如图 7.15 所示。

二、同步注浆浆液配制

要达到上述注浆目的，浆液的配比尤为关键，要求配制的浆液具有优越的充填性、良好的和易性、凝结的可调控性、适宜的收缩率、渗透系数较小、良好的动力学性能、抗腐蚀等特点。由于地层和施工条件的不同，对注浆材料的要求也有很大差别，目前应用较为广泛的浆液有：双液砂浆浆液、单液惰性浆液、单液硬(活)性浆液等。其中惰性浆液注浆材料为膨润土、粉煤灰、砂和水。配合比要通过试验确定，达到拌和静置 72 h 后不离析，并在掘进过程中检测地表沉降及管片变形，来适当调整配合比。

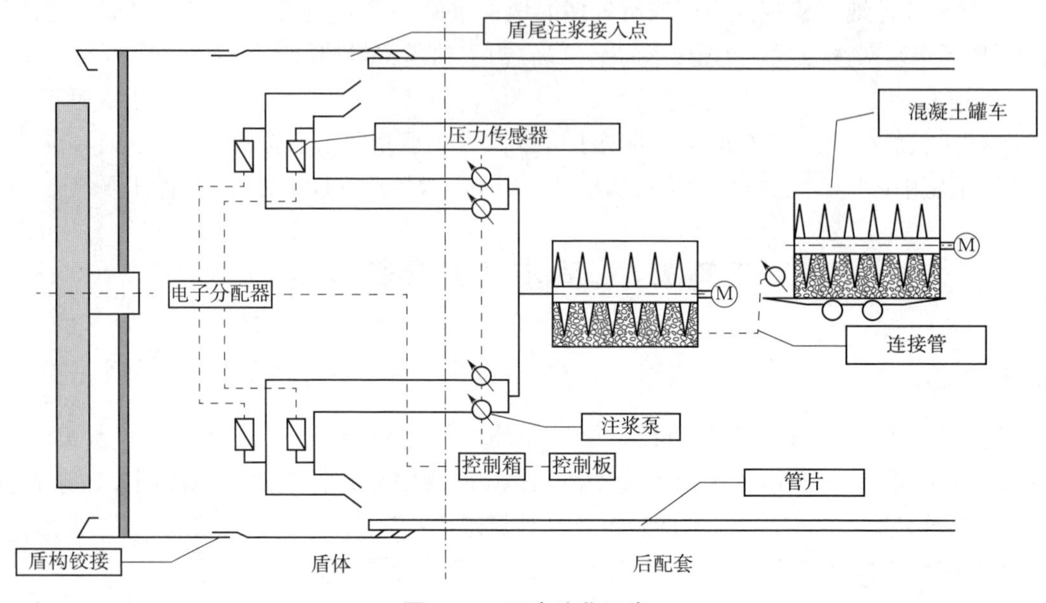

图 7.15　同步注浆示意

三、同步注浆设备

注浆系统主要包括两台液压驱动的柱塞式液压注浆泵、砂浆搅拌器、砂浆罐(满足一环管片注浆需要)、压力传感器(连接于注浆管入口处,用于注浆时注浆压力的采集)、盾尾内置注浆管注入管路、注浆管路清洗系统等。

四、同步注浆工作条件

(1)盾构配置的注浆系统能力与盾构推进能力匹配。

(2)根据地层渗透特性与掘进速度准确计算每环的注浆量。

(3)根据地层特性及参数,确定正确的预设压力。

(4)根据要求配置合格的浆液配比成分。

同步注浆坚持"掘进必须注浆"的原则;注浆结束应以注浆量和注浆压力双重标准进行控制;结合地表监测结果,对注浆参数进行调整,严格执行信息化施工控制。

五、同步注浆相关参数

1. 注浆量

注浆量的确定是以盾尾间隙量为基础并结合地层、线路及掘进方式等考虑适当的饱满系数,以保证达到充填密实的目的。

注浆应紧跟盾构机的掘进进行,应准备足够的砂浆,施工中要做到不注浆、不掘进,要掘进、必须注浆。

施工中必须按确定的注浆量来控制注浆,保证每环填充饱满。但应当明确:施工中达到设定的注浆量,也只能保证盾尾间隙理论上的填充饱满,实际的填充情况则取决于注浆压力。

具体来说,保证注浆量的关键是注浆与掘进同步。注浆量主要根据掘进速度和注浆压力来控制,每环注浆量要达到土木工程师的要求,在注浆操作面板上有每路注浆压力的显示和掘进速度显示，掘进速度与注浆速度成正比。一般在松散地层，注浆量大；在密闭性好的地层，注浆量会减少。

2. 注浆压力

注浆压力是一个非常重要的参数，过大可能会损坏管片，而过小浆液又不易注入，故应综合考虑地质情况、管片强度、设备性能、浆液性质、土舱压力等以确定出能完全充填且安全的最佳值。根据施工实际，取值一般可取 0.2～0.4 MPa。

施工中操作人员务必要将压力传感器接好，并检查其工作情况，确保传感器能正常工作。杜绝在无压力传感器的情况下继续注浆，以防由于注浆压力过大损坏管片。

注浆压力是评估盾尾间隙填充情况的重要参数，施工中应以此控制每环的注浆量。

采用同步方式注浆时，注浆过程中注浆压力应保持恒压。

3. 注浆速度

注浆速度应与盾构的掘进速度相适应。过快可能会导致堵管，过慢则会导致地层的坍塌或使管片受力不均，产生偏压。

六、同步注浆操作方式选择

同步注浆设备由液压动力站提供动力。泵送注浆量可以通过控制液压油流量来调整。每个出口都装有压力传感器。在泵的冲程可检验的地方，每个活塞都装有计数器。这样每条线上的注浆量均可变化以适应盾构的掘进速度。每个注浆点上的压力传感器发出的信号可以用于控制注浆过程。具体操作可分为手动和自动两种方式。

1. 手动操作

在手动方式中，注浆点可单独选择任何一路，也可选择全部管路。单独选择任一注浆点，并通过控制面板的开关启动该系统。注浆量可借助控制面板上的电位器进行变化。

2. 自动操作

为了实现自动注浆的功能，在管路的注入端安装了压力传感器，用于检测注浆压力，可以通过控制液压油流量来调整注浆泵动作次数，从而调整泵送注浆量。在实际操作中用电位器控制比例调速阀来实现流量控制。

所有注浆点都设有连续监测，如果压力超过了最小静压力的预设值则开始自动注浆。在注浆自动控制模式下，当某一路注浆压力小于相应的起始压力设置值时，此路注浆被激活，系统按照此路设定的注浆速度进行注浆，直到此路注浆压力达到设置的最大压力，停止此路注浆。之后，随着推进的继续，此路相应的检测压力值将减小，当减小至小于设置的起始压力，此路注浆再次启动，周而复始。各路都按此模式进行工作，从而达到自动控制的目标。

注浆作业前首先需要开启注浆泵机，待泵机按钮绿灯常亮，代表可以正常工作。

七、同步注浆系统界面

上位机同步注浆控制界面主要实现注浆系统的控制及参数设定，如图 7.16 所示，注浆系统界面说明见表 7.7。界面中的控制按钮与实物按钮类似，按下后显示为绿色时表明处于启动状态，再次按下显示为红色时表明处于关闭状态。其中本地控制按钮可实现主控室与本地控制切换功能。通过该界面可以实时监控注浆速度、压力及流量，若为 A/B 液双液注浆时，也可以设置浆液比例、延时等功能。

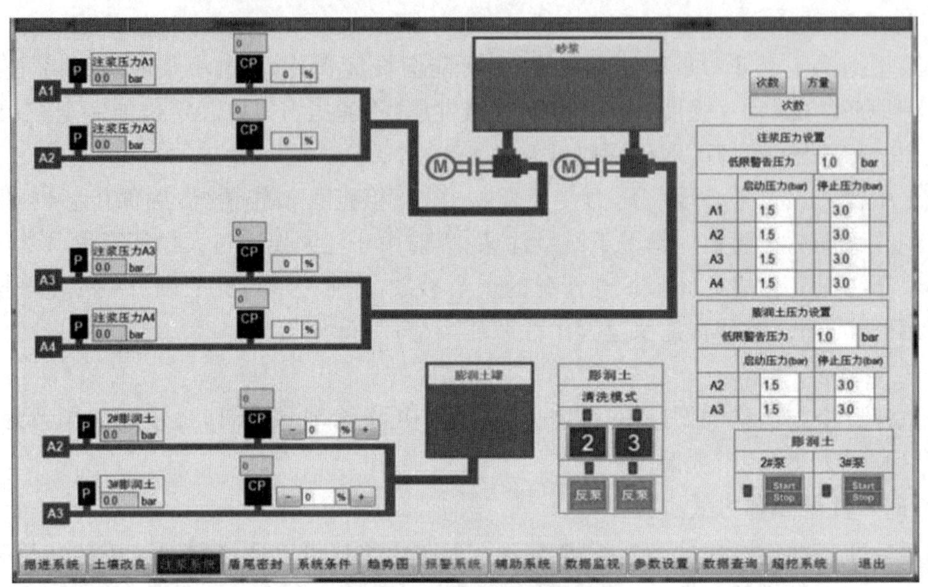

图 7.16　注浆系统参数设置

表 7.7　注浆系统界面说明

名　　称	功　　能	说　　明
低限警告压力	通过上位机输入指定值	某路压力低于此值会警告
A1、A2、A3、A4	注浆通道	根据需求配置
A1 路启动压力、停止压力	通过上位机输入指定值	设置每一路注浆泵启动以及停止压力，上位机以及注浆屏中均可设置
A2 路启动压力、停止压力	通过上位机输入指定值	
A3 路启动压力、停止压力	通过上位机输入指定值	
A4 路启动压力、停止压力	通过上位机输入指定值	
A1 路当前注浆压力	显示当前实时压力	
A1 路注浆当前速度显示	0 %	显示当前实时速度(百分比)
A1 路注浆量显示	显示次数	显示该通道累计泵送次数
	显示容积	显示该通道累计泵送容积
A1 路注浆量清零	>0<	把当前显示量(次数/方量)做清零处理
其他注浆通道参数意义与 A1 相似，不再详述		
切换显示	显示容积/显示脉冲	当显示切换到“容积显示”时，则 A1、A2、A3 和 A4 路都显示的是当前的注浆容积
2 号膨润土启动压力、停止压力	通过上位机输入指定值	设置每一路膨润土泵启动以及停止压力，上位机可设置

续上表

名　　称	功　　能	说　　明
2号膨润土泵启动/停止	启动/停止(运行/故障指示)	拼装/注浆泵在运行状态 如果通道压力大于设置最大压力值，则被复位
2号膨润土泵启动(清洗选择)	启动/运行指示，显示当前实时压力	—
2号膨润土泵反向运行(清洗选择)		—
2号膨润土当前注入压力		—
膨润土泵加减速调节		按一下增减1%，也可以直接双击设置
3号膨润土注入通道参数意义与2号相似，不再详述		

八、同步注浆系统清洗

1. 泵的清洗

注浆泵通过连接管和砂浆罐相连，连接段还包含清洗口。注浆泵直接安装在砂浆罐的下方用于提高泵的效率。安装有清洁水箱，泵的活塞部分浸在水箱内便于活塞杆的清洗。每次注浆完成后，将注浆管路填满膨润土浆液以防堵塞泵。

2. 管路的清洗

在砂浆罐及泵进口均连接有膨润土管路，每一环注浆完成后可启动膨润土泵泵送一定压力的水，或者膨润土向前冲洗泵和管路；在停机2 h以上时，可通过该方式将管路中填满膨润土，防止砂浆结实，堵塞管路。

注意：在拆装尾盾注浆管时，需将管片拼装机回转架向主梁后部移动，避免管路积水洒落至拼装机上，损坏密封。

九、同步注浆的操作步骤

1. 注浆参数设定

注浆参数仅注浆压力一项，可在上位机“参数设置”页面进行设定。数值应根据工程实际综合地质、注浆量等情况考虑。压力参数设定后，当注浆压力达到设定的最大停止压力时，注浆泵将自动停止。只有随盾构的继续掘进，浆液流动，压力减小到设定的启动压力时，注浆泵才可能再次启动。

2. 注浆操作

同步注浆的具体操作如下：

(1)做好注浆准备工作，如接好注浆管路、传感器等。

(2)连接好砂浆运输罐车与盾构自备储浆罐间的注浆管，启动砂浆车输送泵向储浆罐中输入砂浆，输入砂浆的同时应启动砂浆搅拌器，使其搅拌砂浆，防止砂浆发生固结(注意：启动搅拌器前需要启动自动润滑油脂泵)。

(3)选择工作模式，一般均采用手动模式。

(4)掘进开始后，启动注浆泵，准备注浆。

3. 注浆速度设定

根据掘进速度选定适当的注浆速度，然后启动注浆泵进行注浆，并通过速度调节器调节速度。

4. 注浆过程数据的收集

注浆过程的数据主要包括注浆量和注浆压力。注浆量可根据注浆计数的显示数据来推算，操作人员可先根据罐储浆量和对应的注浆行程获得一个经验系数，另外，注浆量也可根据注浆前后的罐内储量之差来确定。注浆压力则直接按压力显示器的显示数值收集即可。这些过程数据应及时按对应环号做好记录，以备查询。

以小组为单位，讨论以下问题：

注浆施工中应注意的问题。

选择题

1. 在盾构上位机“参数设置”界面根据土木工程师的要求下，设定(　　)的起始压力及终止压力。

A. 注浆系统　　B. 泡沫系统　　C. 油脂系统　　D. 推进系统

2. 同步注浆在地层均匀和盾构姿态较好时，多个注浆孔应(　　)注入。

A. 不对称　　B. 顺序　　C. 均衡　　D. 单边

3. 同步注浆的注浆速度，应该根据注浆量和(　　)控制

A. 出土量　　B. 掘进速度　　C. 盾构类型

4. 向隧道管片与洞体之间间隙注浆的主要目的是(　　)。

A. 使作用于管片的土压力均匀，减小管片应力和管片变形，盾构的方向容易控制

B. 使管片环及早安定，千斤顶推力能平滑地向地层传递

C. 抑制隧道周边地层松弛，防止地层变形

5. 多采用后方注浆方式的场合是(　　)。

A. 盾构直径大的　　B. 在砂石土中掘进　　C. 在自稳性好的软岩中掘进

任务 7.7　泡沫系统参数设置

任务导入

某土压平衡盾构机在软土地层中进行掘进，因地层黏度系数较高，出现刀盘结泥饼现象，因此需要加注泡沫进行渣土改良，以降低渣土黏性，减少结泥饼的现象。作为盾构机司机，请采用半自动模式操作泡沫系统对渣土进行改良。具体任务如下：

1. 操作前系统检查，故障排查及恢复；

2. 泡沫系统参数设定，包括原液比例、泡沫注入通道流量和泡沫膨胀率(泡沫原液：

水∶压缩空气＝1∶9∶90,泡沫膨胀率＝1∶8)；

3. 选择半自动模式,进行泡沫注入操作。

引导问题

渣土改良的作用及常见的改良剂有哪些？

知识学习

一、泡沫系统作用

地铁施工过程中,因地层差异较大,其工程特性各有不同。为了提升出渣效率、改善渣土性能,确保掌子面稳定,盾构机在掘进过程中经常需要用到渣土改良剂。泡沫剂是盾构施工最为常用的渣土改良剂,首先由泡沫剂原液与水按一定比例调节后形成泡沫溶液,再注入压缩空气进行发泡后形成泡沫,最后通过管路向刀盘、土舱及螺旋机内进行加注。泡沫剂应在土木工程师的要求下根据工程地质的具体情况设定泡沫的压力及流量。

(1)降低渣土的内摩擦力,减少渣土对刀盘等部件的磨损,从而降低刀盘扭矩 20％～50％,减少刀具磨损,减少驱动功率；

(2)工作面上的泡沫形成一个不透水层,降低土体的渗透性,减少渗漏,增强工作面的密封性,使工作面压力变小,利于稳定土舱压力；

(3)降低土体间的黏着力,减少土舱中土体结成泥饼的现象；

(4)增强土体流动性,使渣土容易充满土舱和螺旋机的全部空间,便于螺旋机送土；

(5)可增加土体的可压缩性,易于土压平衡的控制。

二、泡沫系统组成

盾构机配有一套泡沫发生系统,用于对渣土进行改良。系统主要由泡沫泵、高压水泵、电磁流量阀、泡沫发生器、压力传感器、管路等组成,如图 7.17 所示。

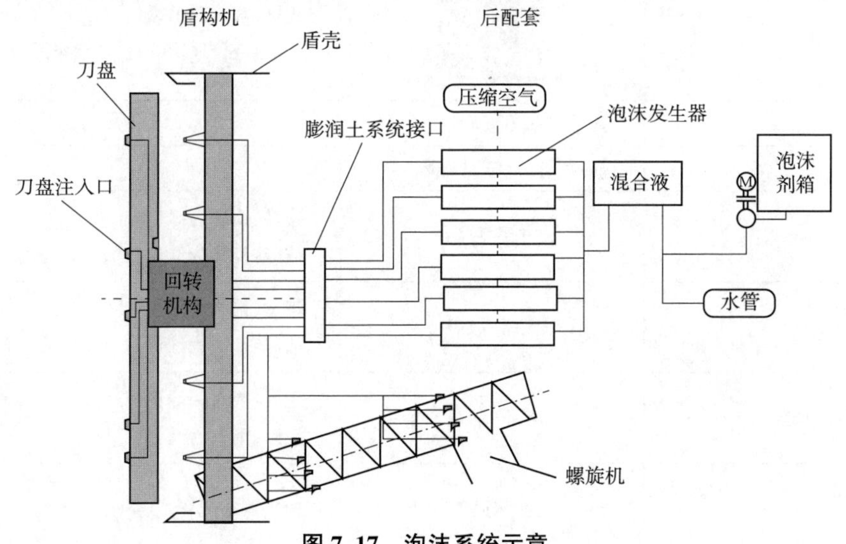

图 7.17　泡沫系统示意

三、泡沫系统参数界面

泡沫系统参数界面包括泡沫系统的控制及状态监视、土舱加水控制等，如图 7.18 所示。泡沫系统参数说明见表 7.8。泡沫系统包括控制模式和参数设置，各路空气及混合液的流量设置值及实际值；显示了泡沫水及泡沫原液的流量及各路泡沫的压力，并设置有 6 路泡沫激活预选按钮。

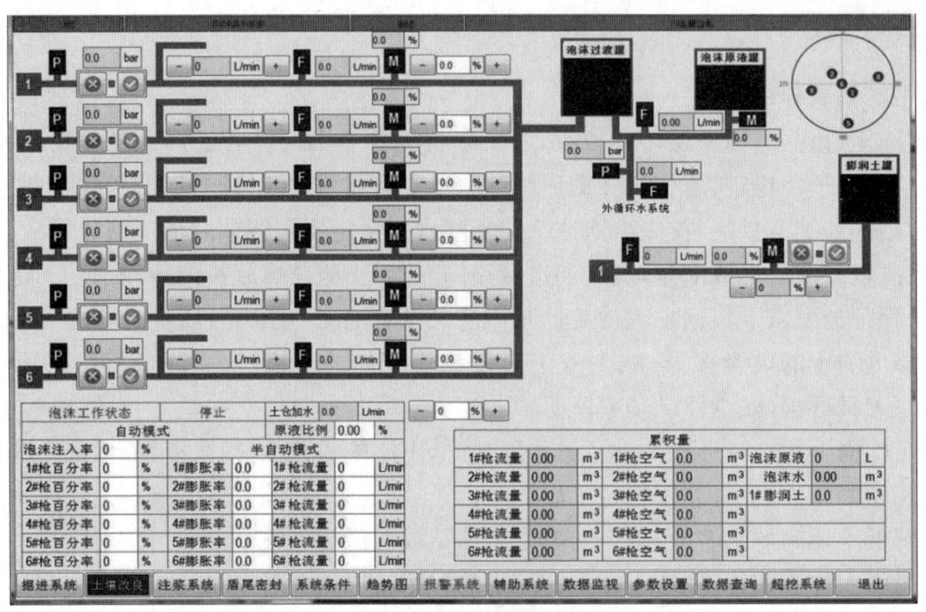

图 7.18　泡沫系统参数界面

表 7.8　泡沫系统参数说明

名　　称	功　　能	说　　明
原液液位	泡沫原液罐	正常：液位显示绿色 故障：液位显示红色，原液泵无法启动
原液流量	显示当前原液流量	—
水流量	显示当前泡沫水流量	—
混合液液位高限	正常/故障	正常：箭头为绿色 故障：箭头为红色
混合液液位低限	正常/故障	正常：箭头为绿色 故障：箭头为红色
混合液液位超低限	正常/故障	正常：箭头为绿色 故障：箭头为红色
1 号、2 号、3 号、4 号、5 号、6 号泡沫通道	泡沫通道	根据需求配置

续上表

名　称	功　能	说　明
泡沫 1 号通道混合液流量调节	增大＋ 减小－	手动模式下调节
泡沫 1 号通道气体流量调节		
泡沫 1 号通道启用		禁止/启用
泡沫 1 号通道状态		红色表示禁止,绿色表示启用
泡沫 1 号通道压力	0.0 MPa	显示当前泡沫压力
其他泡沫通道参数意义与 1 号相似,不再详述		
水和原液比例	—	设置泡沫混合液中原液比例
泡沫注入率	—	泡沫注入体积和出渣体积的比例
泡沫 1 号通道注入率	—	在自动模式下,泡沫注入量乘以分通道注入率得到对应分通道泡沫流量
泡沫 1 号膨胀率	通过上位机输入指定值	自动/半自动模式下,溶液变成泡沫的膨胀度
半自动模式泡沫 1 号通道流量	通过上位机输入指定值	—

泡沫流量、泡沫膨胀率和泡沫注入比是泡沫参数系统的三个重要参数。

(1)泡沫流量(L)。泡沫流量＝泡沫溶液体积(泡沫原液体积＋水的体积)＋注入空气体积。

(2)泡沫膨胀率(FER)。FER＝配比好的泡沫溶液的流速(L/mm)∶注入压缩空气的流速(L/mm)。FER 越大,说明泡沫越“稀”或越“湿”,一般取值在 1∶6～1∶15 之间。

(3)泡沫注入比(FIR)。FIR＝(泡沫加注速率/土层的开挖速率)×100%,一般取值在 40%～100%之间。

输入上位机管理密码后即可设定泡沫系统半自动模式下的膨胀率和泡沫流量,自动模式下的膨胀率和注入比,常规设置的原液比例及泡沫注入的最大压力。

泡沫混合液中的水量和压缩空气的流量,由流量传感器进行检测,PLC 控制电控阀门的开度,得到最佳的混合比例。泡沫发生器出来的泡沫压力由压力传感器进行监测,反馈到 PLC,使泡沫的注入压力低于设定的水土压力。注意:泡沫原液必须使用弱碱性泡沫。

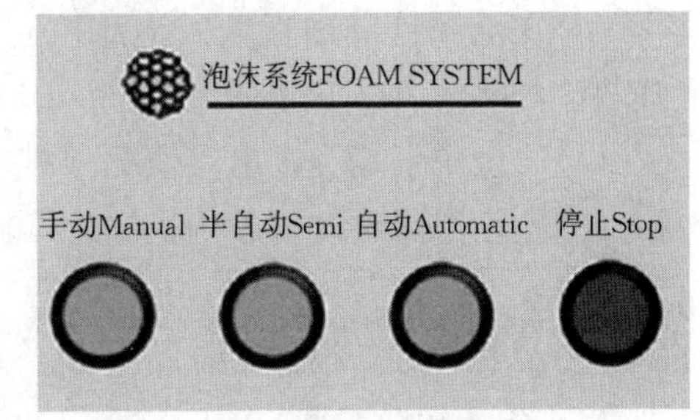

图 7.19　泡沫系统操作面板

四、泡沫系统控制面板

泡沫注入分三种模式:手动、半自动及自动模式。选择“手动”或者“半自动”控制模式下,必须至少一路启动,如图 7.19 所示,泡沫系统操作面板说明见表 7.9。

表 7.9　泡沫系统操作面板说明

名称	功　能	说　明
停止	停止当前工作状态	无论手动、自动、半自动状态，此按键被按下后，都将停止工作
手动	启动/运行指示	刀盘土压正常，系统未处在自动和半自动状态，原液液位高于低限，原液变频器正常工作，在推进停止后，延迟 30 s 停止工作运行后实现自锁
自动	启动/运行指示	刀盘土压正常，系统未处在手动和半自动状态，原液液位高于低限，原液变频器正常工作，在推进停止后，延迟 30 s 停止工作运行后实现自锁
半自动	启动/运行指示	刀盘土压正常，系统未处在自动或手动状态，原液液位高于低限，原液变频器正常工作，在推进停止后，延迟 30 s 停止工作运行后实现自锁

按钮按下，显示绿色，表明被激活后，在控制面板上才能启动；在选择“自动控制”模式时，必须 6 路泡沫都被激活方可启动。

手动控制：在手动模式下，由操作司机观察螺旋机出料的情况，调节各路泡沫发生器的混合液或压缩空气的量，并可以单独向某一路注入泡沫或增加减少某一路泡沫注入量，也可手动调节空气电动调节阀的红色旋钮来控制现场空气量。

半自动控制：在半自动操作方式中，根据开挖舱中的支承压力注入泡沫量。该模式下，在上位机设置发泡液流量、膨胀率及原液比的参数，系统自动计算泡沫混合液及空气的流量，混合液泵与空气电动调节阀会自动调节，使实际流量在理论计算值附近上下浮动。

自动控制：自动模式下，系统根据盾构机掘进速度、设定的原液比、膨胀率、相关泡沫公式及设定的注入压力，自动进行各种参数的调整，不需要外界干预。

当各种条件都比较理想时可以采用自动模式，否则就要采用半自动或手动模式。当采用半自动或手动模式时，操作司机根据盾构综合参数，如刀盘扭矩、土舱压力及出渣情况等，依据经验对泡沫剂或空气的流量进行手动调节。

泡沫系统操作步骤如下：

(1)激活各泡沫管路，打开泡沫泵机和注入器。

(2)选择泡沫系统控制方式为“半自动模式”。

(3)在泡沫控制面板输入泡沫控制参数，根据任务要求，设置泡沫流量为 10%，膨胀率 FIR 值为 1∶8，注入比 FIR 值为 50%。

(4)通过观察螺旋机出渣情况，调整泡沫参数(“自动”模式除外)。

(5)停止泡沫系统。盾构机掘进停止时，首先关闭泡沫泵，再关闭泡沫加注管路通道。

以小组为单位，讨论以下问题：

膨润土的特点及使用场合有哪些？

选择题

1. 泡沫系统工作在(　　)模式下,操作司机可以任意调节压缩空气和混合液的配比。

A. 自动　　B. 手动　　C. 半自动　　D. 以上三种都是

2. 螺旋机排土不畅时,在螺旋机或土舱中适量地加注(　　),提高出土的效率。

A. 聚氨酯　　B. 水或泡沫等润滑剂　　C. 油脂

3. 手动模式下,操作人员根据需求,启动相应的泡沫回路,人为加减泡沫的(　　)。

A. 阻力　　B. 压力　　C. 速度　　D. 流量

4. 螺旋机筒体沿圆周布置多个注入口,可通过这些注入口注入某些材料以改善渣土的流动性,但不包括下面哪一项:(　　)。

A. 水　　B. 泡沫　　C. 水泥浆　　D. 膨润土

5. 发泡剂产生的泡沫中(　　)是空气。

A. 70%　　B. 80%　　C. 90%　　D. 99%

6.(　　)作用是降低土体间的黏着力,减少密封土舱中土体压实形成泥饼。

A. 膨润土　　B. 泡沫　　C. 聚合物　　D. 高吸水性树脂

7. 盾构刀盘前面的添加剂注入口设有(　　)阀,目的是防止管路被泥沙堵塞。

A. 橡胶逆流(单向阀)　　B. 节流阀　　C. 溢流阀　　D. 换向阀

8. 添加材料可吸收自重几百倍水的胶状材料,能吸水但不溶于水是(　　)。

A. 矿物类　　B. 高吸水性树脂　　C. 纤维类　　D. 表面活性材料

9. 当隧道埋深较浅,且洞顶土层风化严重时,为控制地表沉降,可在盾壳上注入(　　)。

A. 泡沫　　B. 水泥砂浆　　C. 膨润土　　D. 砂浆

10. 应在土木工程师的要求下,根据工程地质的具体情况设定泡沫的(　　)参数。

A. 压力及速度　　B. 速度及流量　　C. 压力及流量　　D. 压力及时间

任务7.8 管片拼装操作

某地铁采用盾构施工,当前盾构机已正常掘进一环,需要进行管片拼装。作为盾构管片拼装人员,请正确控制管片吊机,进行管片运输,并操作管片拼装机进行管片拼装作业,注意做好前期准备和过程中安全质量控制工作。

管片拼装有几种方式?

知识学习

一、管片吊机与喂片机操作

无管片运输小车时，管片从地面存放处由单轨梁吊机吊运到电瓶车组的管片运输小车上，由管片运输小车运送到盾构1号拖车，再由双轨梁吊机直接吊运至拼装机下方，将管片旋转90°后放置在管片拼装机可抓取范围内，由管片拼装机进行拼装。有喂片机时，管片从地面存放处由龙门吊机吊运到电瓶车组的管片运输小车上，由管片运输小车运送到盾构1号拖车，再由管片吊机直接吊运至盾构拼装机下方，将管片旋转90°后放置在喂片机上，然后由喂片机将管片输送到管片拼装机可抓取范围内，由管片拼装机进行拼装。

1. 管片吊机操作

管片吊机位于盾构1号拖车处，负责从编组列车到喂片机的管片运输，它由一对电驱动吊链起重装置、一对电驱动行走装置和控制系统组成，起重装置和行走装置都有快、慢两挡速度。管片吊机操作面板如图7.20所示，其操作面板说明见表7.10。

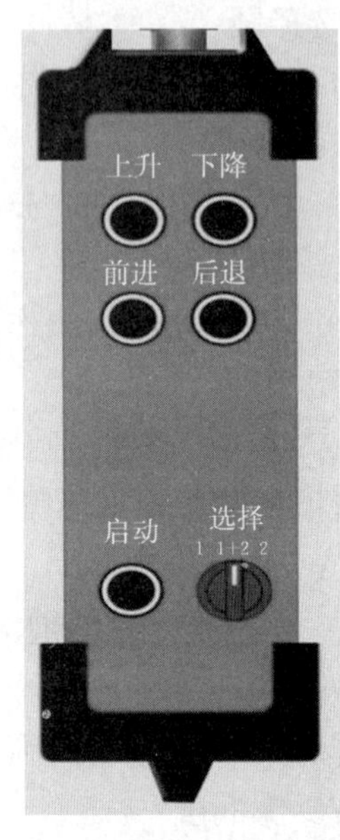

图7.20 管片吊机操作面板

表7.10 管片吊机操作面板说明

名　称	功　能	说　明
紧急停止/复位	—	紧急停止被按下时，所有动作都无法执行
上升	低速 高速	—
下降	低速 高速	—
前进	—	—
后退	—	—
启动	—	短按启动键然后释放，再次按住启动键直至LED灯呈绿色闪烁状
挡位选择	单独运行左边(选择1挡) 左右同时动作(选择1挡+2挡) 单独运行右边(选择2挡)	—

2. 喂片机操作

喂片机在盾构连接桥架下方，起着管片运输和中间储备的作用。盾构掘进时，喂片机由一根链条连接到盾构盾体上，随着盾构的掘进而前进。既可在喂片机控制盒上操作喂片机，也可在管片拼装机遥控器上操作喂片机。

二、管片拼装机操作

管片拼装机位于盾尾内部,用来安装管片衬砌。它的运动与施工现场的要求相适应,能将管片准确地放到恰当的位置上。

1. 管片拼装机启动前的准备

管片拼装机启动前首先需要开启相应的液压泵。当拼装机液压泵指示灯为绿色慢速闪烁时代表正在启动,当指示灯为绿色常亮时代表泵机已经启动。

2. 管片拼装机操作

管片拼装机控制是由拼装机遥控器来实现的,如图 7.21 所示,管片拼装机遥控器控制面板说明见表 7.11,具体启动操作步骤如下:

①确认遥控器紧急停止按钮未按下。

②检查管片拼装遥控器面板右下角电量闪烁指示灯为绿色,如果显示为红色表明电池电量不足,应及时更换周转电池。

③检查所有控制开关处于原始位置。

④按下遥控器右侧的“复位”按钮。

⑤在主控制室琴台按下“复位”按钮。

⑥确认管片拼装机泵满足启动条件,在主控制室琴台启动管片拼装机泵。

⑦待泵完全启动,泵指示灯变为常亮即可操作。

⑧按相关要求操作管片拼装机遥控器控制面板(图 7.21)。

⑨右侧摇杆可以实现红蓝油缸同时伸缩,即向右上方向拨动杆可以实现红蓝油缸同步伸出,向左下方向拨动实现红蓝油缸同步缩回。

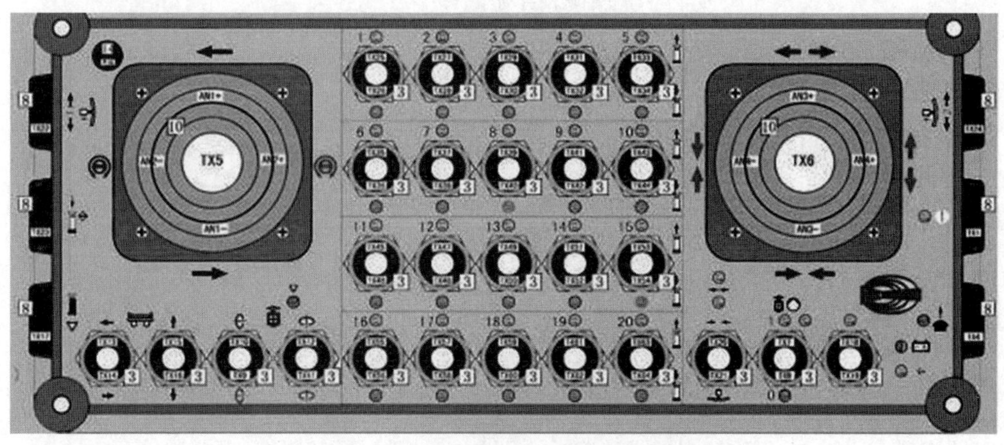

图 7.21　管片拼装机遥控器控制面板

表 7.11　管片拼装机遥控器控制面板说明

名　称	功能	说　明
启动	TX1	—
急停/复位	TX4	—

续上表

名　　称	功能	说　　明
旋转/行走操作指令	TX5	存在一安全区域 若螺旋机伸到位,可以任意行走 若螺旋机未伸到位,只能在安全区域行走
伸缩油缸工作允许	TX6	满足此条件情况下,红蓝油缸伸缩动作才被允许
启动泵	TX7	管片拼装/推进紧急开关正常,液压油箱油位正常 液压油箱油温正常 管片拼装机液压泵停止按钮没有按下,遥控器液压泵停止按钮没有按下 注浆系统紧急停止正常工作 软启动器运转正常
停止泵	TX8	—
红缸倾斜	TX9	液压泵运行,管片拼装运行 蓝缸倾斜没有动作
蓝缸倾斜	TX10	液压泵运行,管片拼装运行 红缸倾斜没有动作
红缸翻转	TX11	液压泵运行,管片拼装运行 蓝缸翻转没有动作
蓝缸翻转	TX12	液压泵运行,管片拼装运行 红缸翻转没有动作
喂片机前进	TX13	辅助液压泵在运行状态本地模式不工作 喂片机后退、上升、下降不工作
喂片机后退	TX14	辅助液压泵在运行状态本地模式不工作 喂片机前进、上升、下降不工作
喂片机上升	TX15	辅助液压泵在运行状态本地模式不工作 喂片机前进、后退、下降不工作
喂片机下降	TX16	辅助液压泵在运行状态本地模式不工作 喂片机前进、后退、上升不工作
推进油缸停止	TX17	—
扣头关闭	TX20	如果扣头没有关闭,则旋转无法动作
扣头 1 开启	TX22	为防止误操作,只有 1 和 2 同时开启时,扣头才被松开,单独开启扣头 1 或者扣头 2 时,扣头不能被松开
扣头 2 开启	TX24	
油缸缩回允许	TX23	—

三、管片拼装步骤

1. 管片拼装前的准备

①确认推进液压缸行程至少大于2 000 mm。

②确认管片拼装设备能正常工作,液压及控制系统工作正常。

③所需要的安装工具及设备,如风动扳手、紧固螺栓等准备完成。

④确认由相关技术人员决定的管片类型及管片拼装的环向位置。

⑤检查运输进隧道内的管片类型是否符合要求。

⑥清理管片拼装区域的渣土、泥水、杂物等。

2. 管片拼装方式选择

一般情况下,衬砌环采用错缝拼装,封顶块的位置在正上方或偏离上方±22.5°。管片安装时应从底部开始,然后自下而上左右交叉安装,最后插入封顶块管片成环。

3. 管片拼装

①无管片运输小车时,将管片按照正确顺序放置在拼装机抓取区域。

②管片运输小车选配且使用管片运输小车运输时,将管片按正确顺序放在管片运输小车上。

③依次启动过滤冷却泵、辅助泵、推进泵、管片拼装机泵。

④将盾构工作模式转换到管片拼装模式下。

⑤缩回第一块管片拼装区的推进液压缸。

⑥运输小车将第一块管片输送到拼装机下方。

⑦管片运输小车选配且使用管片运输小车运输时,运输小车将第一块管片输送到拼装机下方。

⑧管片拼装机抓牢管片后,通过调整大油缸、旋转马达、抓举头翻转等,将其准确定位到最终位置。

⑨在需要安装螺栓的孔内放上螺栓和螺母,但暂时不要拧紧。

⑩将相应的推进缸伸出,顶紧已到位的管片。必须保证在每块管片至少有两个(对)油缸对称的顶紧管片。

⑪用风动扳手将螺栓紧固,风动扳手的风压要满足规定的扭矩要求。

⑫松开抓取头,进行下一块管片的安装。

⑬按照以上的步骤依次安装除封顶块以外的其余管片;安装封顶块时要使封顶块从大端向小端缓慢插入来进行定位。

⑭管片拼装完成后,应将管片拼装机的抓取头向下放置,并将盾构切换到掘进模式。

⑮根据需要将本环管片的安装信息输入导向系统。

4. 管片拼装注意事项

①拼装管片之前,应将盾尾杂物清理干净,否则将会损坏盾尾密封以及影响管片拼装的质量。

②由于管片拼装作业区狭小、危险，操作人员必须熟悉安全操作规程，注意操作人员之间的相互协调，一定要保证人身和设备安全。

③管片拼装机工作时，严禁管片拼装机下站人，严禁非工作人员进入工作区。

④安装管片过程中伸出推进液压缸时，一定要把推进液压缸压力适当减小，以避免在安装过程中推力过大而造成单片管片失稳或破坏管片。

⑤当正在安装的管片接近已安装好的管片时，要注意不能快速接近以免发生碰撞而破坏管片。接近后要利用转动与翻转装置进行微调，保证管片块间的连接平顺。

⑥安装管片过程中，要保证密封条完好，否则应更换。

⑦安装完成后应对已完成的管片质量进行检查，并进行记录。

小组讨论

以小组为单位，讨论以下问题：

盾构机的管片有哪几种？

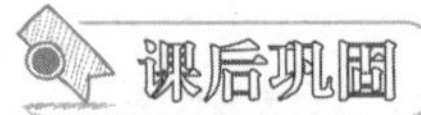

简答题

1. 管片环之间高差过大的原因有哪些？
2. 预防管片环之间高差过大的措施有哪些？

任务 7.9　盾构机本地控制

任务导入

某地铁盾构施工中，盾构机处于停机检修状态，需检修刀盘、螺旋机等关键部件，请采用本地控制模式进行操作。

引导问题

盾构的本地控制模式指的是什么？

知识学习

盾构机的操作大部分是在主控室内的控制台上完成的，但很多情况也不仅限于此。例如刀盘、螺旋机等关键部件要进行清障或维修工作时，则需要在本地进行控制作业，并通过PLC联锁控制系统实现与主控室间的相互切换与制约，确保在现场控制作业时不会发生因主控室操作失误导致设备突然启动。

以下为常见皮带机、喂片机、螺旋机、人舱刀盘、注浆泵机、水管卷筒、污水泵机等盾构机控制子系统的本地控制，安装于各个作业系统附近。通过钥匙实现“远程/本地”模式切换，其中“远程”通指控制室内控制，“本地”通指在现场进行控制。当“本地就绪”的指示灯亮起时，说明本地模式下，系统无故障，本地控制有效，此时控制室内对该系统暂时无法进行控制，确保在现场作业时待维修设备不会突然启动，造成事故。在正反转控制下，要正转停止后，再启动反转按钮，反之亦然。

一、皮带机现场操作台

皮带机现场操作台如图 7.22 所示，本地就绪指示灯亮时，可进行皮带机启动和停止控制及皮带清洗启动和停止控制，当检测到渣车装满以后，按下“渣车满”按键保持 2 s，则指示灯亮；在没有得到“渣车满”命令的情况下，“渣车空”指示灯一直工作。

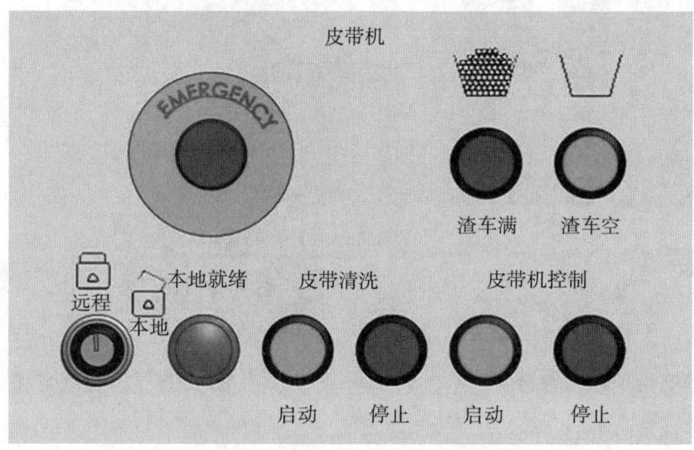

图 7.22　皮带机现场操作台

二、喂片机现场操作台

喂片机现场操作台如图 7.23 所示，本地就绪指示灯时，可进行喂片机上升、下降、前进、后退操作（四项操作同一时间只能进行一项），喂片机拖拉油缸伸出和缩回操作，设备桥油缸伸出和缩回操作。

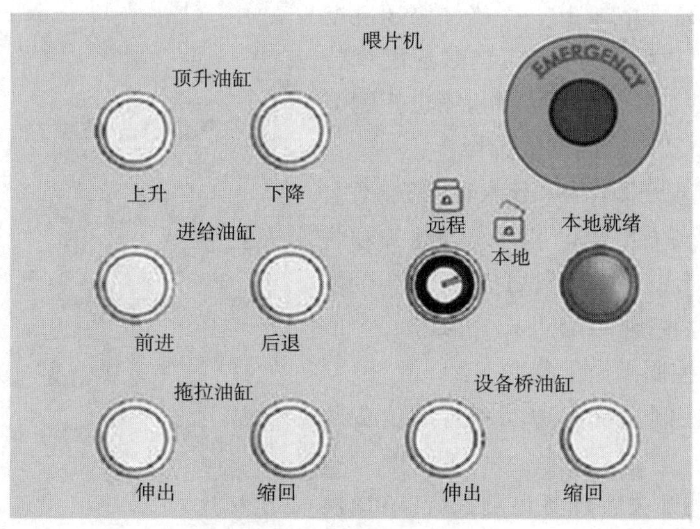

图 7.23　喂片机现场操作台

三、螺旋机现场操作台

螺旋机现场操作台如图 7.24 所示，本地就绪指示灯亮时，可进行螺旋机的正转和反转控制、伸出和缩回控制，螺旋机前闸门的打开和关闭控制，上后闸门及下后闸门的打开和关闭操作。

四、刀盘现场操作台

刀盘现场操作台如图 7.25 所示，本地就绪指示灯亮时，可进行刀盘的左旋和右旋操作。

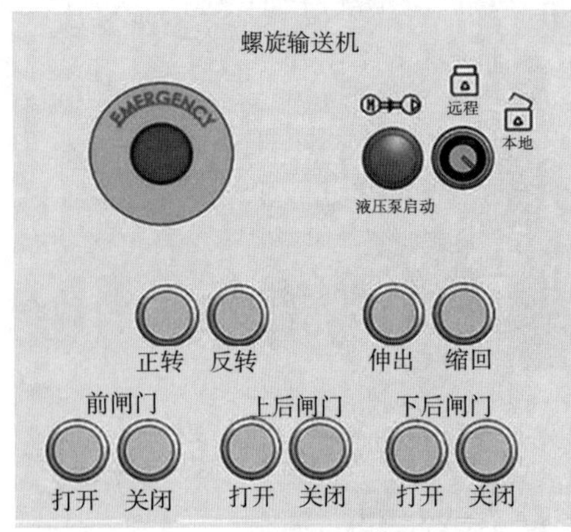

图 7.24 螺旋机现场操作台

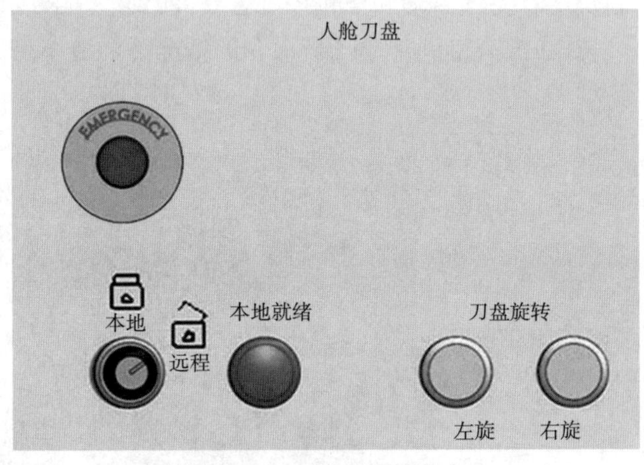

图 7.25 刀盘现场操作台

五、注浆现场操作台

注浆现场操作台如图 7.26 所示，可进行注浆泵的自动和手动模式选择。手动模式下可实现 1～4 号泵单独启动和停止操作，加速和减速操作(每按一次“加速”按键，则注浆速度增加 1%。一直按住此按键，同时按一次 1 号泵“减速”按键，则注浆速度增加 10%。当注浆速度增加到 100%后，还执行上述操作，注浆速度维持 100%不改变)，砂浆泵正转、反转和停止控制以及 1～4 号泵还可实现反向的清洗操作。

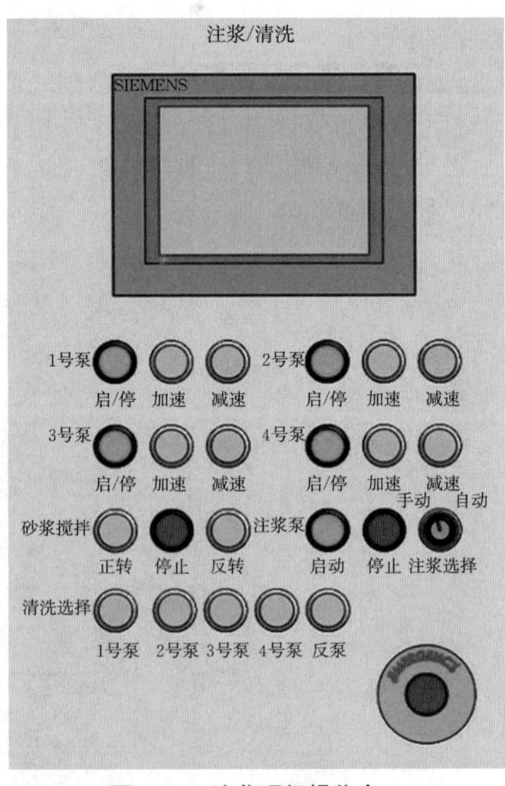

图 7.26 注浆现场操作台

六、水管卷筒现场操作台和污水泵现场操作台

水管卷筒现场操作台可进行水管展开和收回操作，污水泵现场操作台可选择自动和手动模式，进行启动和停止操作，如图 7.27 所示。

盾构机本地控制操作步骤如下：

(1)识别各控制系统本地控制盒的位置及面板。

(2)通过钥匙开关实现各控制系统“本地模式”切换。

(3)“本地模式”下启动各控制系统。

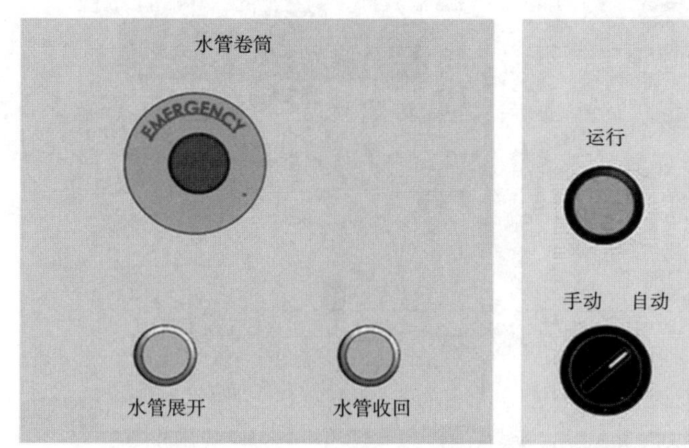

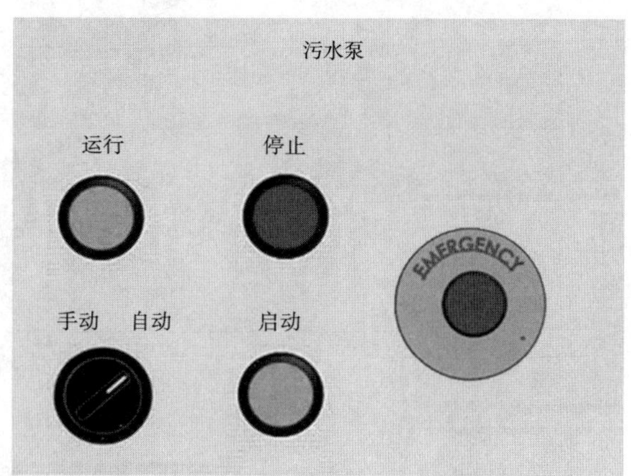

图 7.27　水管卷筒及污水泵现场操作台

小组讨论

以小组为单位，讨论以下问题：

本地模式和远程模式如何切换？

简答题

简述盾构机本地控制的组成及操作方法。

任务 7.10　盾构机姿态控制

任务导入

某软弱地层，一台土压平衡盾构机由直线段进入缓和曲线段掘进，导向系统控制 VMT 界面如图 7.28 所示。请识读当前盾构姿态参数，初步判断盾构姿态，并进行盾构纠偏。

引导问题

盾构机的姿态如何描述？

一、盾构机导向控制系统作用

作为盾构机的“眼睛”，导向控制系统的基本功能是引导盾构机沿着隧道设计轴线向前掘进，当盾构机偏离隧道设计轴线时，还可以引导操作人员进行盾构的姿态调整及纠偏。

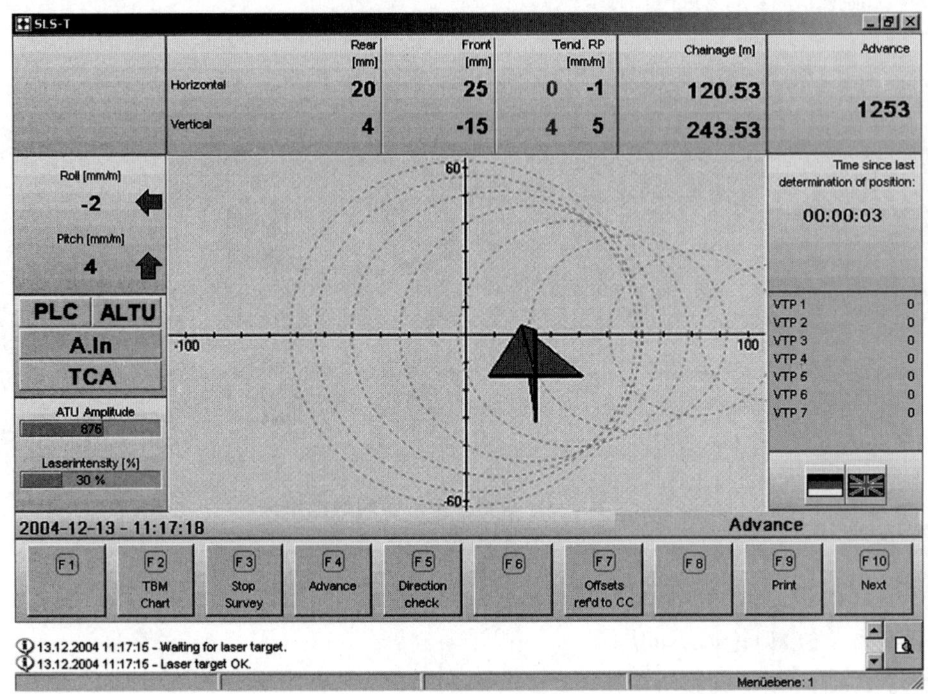

图 7.28　VMT 界面

以 VMT 为例，界面的正中央是一个十字坐标系，横坐标代表水平方向，纵坐标代表垂直方向，纵横坐标的交点为隧道设计中心，单位为 mm。蓝色的小飞机代表盾构机盾头部分所处的位置，飞机前端中心为盾首，即切口环中心的位置；飞机后端中心为盾尾中心的位置；飞机的方向表示当前盾构机的掘进姿态。从图 7.28 中可以看到，盾构当前位置偏向隧道设计轴线的右侧，正仰头向左上掘进。

如图 7.28 所示，界面的上方为盾构机前后的水平与垂直偏差、趋向及里程等参数，左侧为盾构机滚动角、仰俯角、激光靶偏航角等。其中，里程数“243.53”为掘进段总长度，单位为 m；“120.53”为当前已掘进长度，单位为 m；其余 9 个数据皆为盾构机的姿态参数。

二、盾构机姿态控制的基本原理

盾构机姿态控制主要是通过推进油缸分区控制来实现的，如图 7.29 所示。为了便于盾构机掘进方向调整，盾构机推进油缸采用分区设计，将推进油缸划分为 A、B、C、D 四个区域，通过合理选择各分区油缸的推进压力，可调整盾构机的偏航角、仰俯角等姿态，实现盾构机向上、下、左、右四个方向掘进的调向以及纠偏。如盾构机左偏时，加大左侧 D 区油缸推力，减少右侧 B 区油缸推力，可让盾构机逐渐回到线路中心；再如盾构上仰时，加大下部 A 区油缸推力，减少上部 C 区油缸推力，亦可让盾构机逐渐回到线路中心。

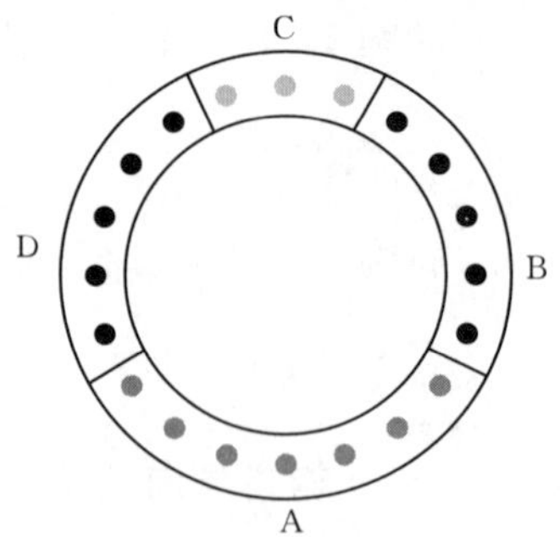

图 7.29　推进油缸分区控制示意

三、盾构机姿态调整的方法

在盾构机掘进过程中，盾构机的姿态数据经导向系统测量与运算后，实时传输并显示在盾构机导向控制系统界面上，操作人员依据当前姿态数据及其与隧道设计中线之间的偏差与趋向对盾构姿态进行实时调整。调整时以隧道的设计线形参数，包括平面线形要素、纵坡坡率、线路走向等为准，通过对盾构机推进液压缸区域油压的调整，对盾体偏航角、仰俯角、扭滚角进行有效控制，使盾构机的空间位置和姿态始终趋近DTA数值，从而使盾构机的姿态达到最小值。管片的姿态必须尽量和盾构姿态保持一致，保证盾尾间隙正常，避免出现漏浆、管片拉裂等。

错缝拼装的管片采用安装转弯环来实现，同缝拼装管片主要通过加贴不同厚度的石棉橡胶板来实现。

四、盾构机姿态管控标准

工程盾构姿态的偏差允许范围为：水平和高程±30 mm，滚动角小于5 mm/m。一般而言，姿态偏差管理范围为隧道工程最大允许偏差的60%。因此，地铁隧道水平和高程的控制范围为±20 mm，滚动角控制范围为±3 mm，当盾构机水平位置或高程位置偏离隧道设计中线±20 mm时，就要进行盾构机姿态的纠偏。纠偏时，要求做到“早纠、勤纠、缓纠”，杜绝“急纠、猛纠”。每一次纠偏不允许超过±8 mm，垂直方向纠偏不允许超过±5 mm。

同时规定，直线段每一环推进油缸行程差不允许大于20 mm。曲线段每一环推进油缸直线段每段差不大于10 mm。铰接油缸的行程差管理控制范围为30 mm，操作控制范围为20 mm。综上，盾构机姿态控制允许范围见表7.12。

表7.12 盾构机姿态控制允许范围

姿态类型	姿态内容	参　数	备　注
盾构机掘进姿态	姿态允许控制范围	±50 mm以内	超出此范围属于施工事故
	姿态管理控制范围	±30 mm以内	施工安全管理的富余量
	姿态操作控制范围	±20 mm以内	超出该范围需及时进行纠偏
	允许控制滚动角	±8 mm/m以内	每米盾构直径滚动5 mm
	操作控制滚动角	±5 mm/m以内	
	仰俯角	+3 mm/m以上	始终保持上仰，根据地层调整
	允许控制偏航角	±10 mm/m以内	每环
	操作控制偏航角	±5 mm/m以内	每环
姿态纠偏	水平纠偏偏移量	±8 mm/m以内	每环
	垂直纠偏偏移量	±5 mm/m以内	每环
盾构管片姿态控制	推进油缸行程差（直线）	20 mm以内	每环
	推进油缸行程差（曲线）	10 mm以内	每环
	铰接油缸行程差（允许）	30 mm以内	满足盾尾间隙调控
	铰接油缸行程差（控制）	20 mm以内	满足盾尾间隙调控

续上表

姿态类型	姿态内容	参　数	备　注
盾构管片姿态控制	盾尾间隙接近（保持管片与加强环距离 10 mm）	55 mm 时（最小处）	以盾尾间隙进行管片选型
	盾尾间隙大于（根据盾尾间隙设计调整）	65 mm 时（最小处）	以管片中线趋向进行管片选型

基于对盾构机掘进姿态控制的要求，盾构机姿态调节时，应遵循的基本原则有：

①偏离量增加之前应及早纠正。

②宜“早纠、勤纠、缓纠”，杜绝“急纠、猛纠”。

③纠偏量应控制在允许范围之内，禁止超出允许范围的纠偏。

④推进时，应使管片受力均匀，不承受推进的偏心力和盾尾内部的剐蹭。

小组讨论

以小组为单位，讨论以下问题：

盾构掘进时的纠偏措施有哪些？

课后巩固

判断题

1. 激光全站仪是同时测量角度（水平和垂直）和距离的测量仪器。（　　）

2. 导向系统是用来监视盾构精确姿态，提供盾构相对于隧道设计轴线的详细偏差信息，便于用户及时纠正盾构的姿态。（　　）

3. 纠偏必须有计划、有步骤地进行，切忌一出现偏差就猛纠、猛调。（　　）

4. 在掘进过程中随时注意滚角的变化，及时根据盾构机的滚角值调整刀盘的转动方向，使其值减小。（　　）

5. 如果盾构机滚角值过大，可以通过反转刀盘来减少滚角值。（　　）

6. 在掘进过程中，根据激光自动导向系统电脑屏幕上显示的数据，盾构机操作人员通过合理调整各分区千斤顶的推力及刀盘转向等来调整盾构机的姿态。（　　）

7. 调节盾构推进油缸每组压力，对盾构掘进方向的影响是：当盾构推进油缸左侧压力大于右侧时，盾构姿态自右向左摆。（　　）

8. 一般情况下，当盾构处于水平线路掘进时，应使盾构保持向上的掘进姿态。（　　）

9. 导向系统用来调整盾构姿态，提供盾构相对于隧道设计轴线的详细偏差信息，便于用户及时纠正盾构的姿态。（　　）

10. 当盾构机的姿态处在轴线左边时，在纠偏时首先要提高盾构机右侧分区千斤顶的推力。（　　）

项目8

盾构机常见故障与排查

知识目标

1. 掌握盾构机主要设备的基本电气、液压故障分析与排除方法；
2. 掌握主要设备电控旋钮的位置及控制键符号；
3. 掌握主要设备上位机操作界面、故障查询界面；
4. 掌握上位机故障消除方法；
5. 熟悉施工中常见故障的类型及原因；
6. 熟悉施工中常见故障的排查处理方法。

能力目标

1. 能够正确识别上位机、电气元件或液压元件等常见故障类型；
2. 能够按常规流程对故障做出正确分析与处理；
3. 能够依据盾构机操作说明书，熟练找到主要设备电控旋钮的位置；
4. 能够正确处理施工中常见故障；
5. 能够针对施工中常见故障采取适当预防措施。

职业素养目标

1. 培养科学分析问题的能力；
2. 培养归纳总结及语言表达能力；
3. 培养吃苦耐劳、勇于创新、敢于创新的精神；
4. 培养团队合作能力和沟通能力。

任务 8.1　主要设备常见故障与排查

任务导入

某软土地层中一台土压平衡盾构机在施工过程中，盾构机司机在刀盘启动运行时，调节“刀盘转速”旋钮，将“刀盘转速”旋钮向加速方向旋转，发现“推进刀盘”界面上，刀盘转速数据没有变化。将“刀盘转速”旋钮向减速方向旋转，发现“推进刀盘”界面上，刀盘数据依旧没有变化。分析上述盾构机出现的故障原因并处理。

引导问题

刀盘驱动系统的常见故障有哪些？

知识学习

一、刀盘及主驱动系统故障及处理

1. 刀盘磨损

原因分析：

①刀盘掘进过程中的正常磨损；

②刀具损坏后未及时发现，导致刀盘非正常磨损。

防护措施：

①根据掘进地质条件，在设计过程中做好刀盘的耐磨设计；

②在掘进过程中对掘进参数应敏感，掘进过程中明确盾构机所处的位置及当时的地层变化，若地层无很大变化而掘进参数发生了大的变化需及时开舱检查刀具的磨损情况；

③及时更换刀具。

2. 刀具磨损

原因分析：

①掘进过程中刀具的正常磨损；

②由于掘进参数选择偏差导致刀具损坏；

③刀具安装不到位导致刀具损坏。

防护措施：

①掘进过程中对掘进参数选择需预判，地层变化过程中选择合适的掘进参数；

②更换刀具过程中刀具安装需复检且做好记录。

3. 刀盘管路堵塞

原因分析：

①掘进过程中泡沫注入量不够；

②刀盘管路堵塞过程中采取措施不当。

防护措施：

①掘进过程中注入适量的泡沫；

②通过注入参数实时检测刀盘管路是否发生堵塞，在堵塞过程中检测某一路的注入量；

③如果发生堵塞需及时进行疏通工作。

4. 主驱动密封损坏

原因分析：

在拆检中发现主驱动外密封损坏未及时更换，导致密封跑道过度磨损。

防护措施：

①及时更换密封圈。

②按规定进行润滑。

二、推进系统故障及处理

推进系统主要由推进泵、控制阀组、推进油缸组成。在上位机界面可监测推进压力、推进速度、总推力、各组的位移及压力等数值。推进中应尽量避免踩踏推进油缸，防止因鞋底的泥沙污染、磨损推进油缸杆。盾构施工中，应及时做好隧道内清洁，避免元器件（包含有防水功能的）因长时间浸泡造成的腐蚀和损坏。

1. 某组油缸工作不稳定

原因分析：

推进系统的四组调速阀由同一电位控制，并且四组调速阀的通过流量不可能做到完全相同。

防护措施同刀盘管路堵塞。

2. 撑靴失效

原因分析：

①盾构机掘进过程中的反复纠偏且纠偏幅度过大，会使撑靴的侧向力过大，导致撑靴损坏或者撑靴中的双头螺柱损坏；

②底部撑靴损坏，损坏的原因为拼装管片过程中收缩底部油缸时未注意隔膜泵吸水口是否卡在撑靴与盾尾之间，即进行收缩油缸操作，可能导致撑靴损坏。

防护措施：

①推进过程中时刻注意盾构机的姿态，注意其当前状态及掘进趋势，纠偏过程中需注意尽量采用多环调偏；

②拼装管片过程中需注意底部油缸收缩过程中，隔膜泵吸水口是否与推进油缸干涉，若干涉需挪动吸水口后进行收缩油缸操作；

③在曲线段掘进时需及时观察、调整推进油缸定位螺栓，使撑靴与管片端面充分接触。

三、盾尾密封系统故障及处理

1. 盾尾刷损坏

原因分析：

①盾尾刷质量差；

②盾尾刷第一次涂抹不到位、管片选型不好或者掘进姿态不好造成盾尾间隙太小、盾尾

油脂注入不及时、盾尾油脂质量差等。

防护措施：

①专业的焊工进行盾尾刷焊接工作；

②调整盾构机和管片姿态，保证盾尾油脂注入量且注入均匀，若掘进过程中发现漏浆，尽量在地层稳定且地下水量小的位置进行洞内尾刷更换。

2. 盾尾油脂系统泵杆或气动换向阀损坏

原因分析：

在更换油脂桶时，未排干净桶内空气，油脂泵一直处于空打的状态，致使油脂泵温度升高，损坏泵杆内密封。

防护措施：

①更换油脂时，应使用油脂泵排气装置彻底排气，油脂泵工作正常后方能离开；选用油脂时，注意油脂质量，不能使用含杂质较多的油脂，避免油脂泵的非正常损坏；

②保持清洁，定期检修就能保证其正常运作。

四、管片拼装系统故障及处理

1. 管片小车起升架无法正常升降

原因分析：

起升架内脏物和泥土填充。

防护措施：

①维保人员每天对管片小车进行检查，防止过度磨损带来的安全隐患；

②勤加保养，及时维护。

2. 管片吊机损坏

原因分析：

吊机主要故障点在于供电系统的电缆卷筒、操作手柄、起升部分，另外减速箱偶尔也会故障。电缆在长时间工作后容易断股，卷筒内部滑环易老化，起升部分电机线圈、刹车线圈容易烧毁，整流模块、接触器容易烧蚀。

防护措施：

①防止溜车事故发生，强化安全教育；

②完成管片吊装后及时收起管片吊机。

五、排渣系统故障及处理

1. 螺旋机扭矩过大而堵塞

原因分析：

在老黄土、古土壤地层掘进中，因土质坚韧，且呈大块状，不易被泡沫和水改良，稍不注意容易造成螺旋机扭矩过大而堵塞。

防护措施：

通过螺旋机伸缩和正反转来实现脱困。

2. 皮带运输机打滑

原因分析：

①皮带的张紧程度不够；

②皮带运输机的刮板刮土不干净，黏附在皮带上的土被带到驱动棍上，使皮带打滑；

③在螺旋机中加水过多，或排出的土太湿，水或湿土流到皮带反面，引起皮带打滑；

④推进结束时未将皮带上的土排干净就停机，下一次皮带运输机重载启动，使皮带打滑。

防护措施：

①在皮带安装并运行了一段时间后，皮带会变松，应将皮带张紧装置重新调节到适当的位置；

②经常调整刮板的位置，使刮板与皮带间的空隙保持在 1～1.5 mm 之间；

③注意观察螺旋机内排出的土的干湿程度，调整加水流量；

④每次推进完毕，应将皮带运输机上的土全部排入土箱，皮带运输机启动时应是空载启动。

小组讨论

以小组为单位，讨论以下问题：

盾构机排渣系统皮带机在运行一段时间后，会出现皮带跑偏、刮泥板磨损、滚筒(倾斜段出口处的减振滚筒)磨损等现象，应采取哪些防护措施？

课后巩固

填空题

1. ________________是控制刀盘启动、停止、正反转、加减速等各种状态的操作系统。

2. __________通过高强度连接螺栓安装在前盾上面，为刀盘提供扭矩。

3. 推进系统主要由____________、____________、____________组成。

任务 8.2　施工中常见故障与排查

任务导入

盾构机施工中一旦出现故障，将会影响施工进度，严重的会带来安全隐患。掌握施工中常见故障与排查方法尤其重要。

引导问题

1. 泥饼产生的原因及治理方法是什么？

2. 盾构后退的原因及治理方法是什么？

知识学习

针对盾构机施工中常见的故障现象、故障原因、预防措施进行讨论、分析、学习。

一、泥土黏着并堵塞刀盘(泥饼)

1. 故障现象

泥饼是刀盘切削下来的细小颗粒、碎屑在土舱内和刀盘区重新聚集而形成半固结或固结的土块。

泥饼初期:造成扭矩、总推力大幅度增大、推进速度降低、刀具磨损。

泥饼严重后:造成掘进困难、泥土舱内过高的温度会缩短刀盘主轴承座使用寿命,加速主轴承的损坏,甚至会出现主轴承"烧结、抱死"的严重后果,在富水地层诱发喷涌,甚至发生地表塌方和盾构机严重损坏。

2. 故障原因

盾构机在黏性土层中施工时,由于黏性土具有内摩擦角小、黏性大和流动困难等特点,使得黏性土体黏附在刀盘上。被刀盘从开挖面上切削下来的黏土,通过刀盘渣槽进入泥土舱后,在泥土舱土压力的作用下容易被压实固结,首先将刀盘支承臂中心充满、填实,并很快地堵死了刀盘中心的渣槽,使刀盘中心正面的土体不能通过中心刀渣槽进入泥土舱,而是在刀盘挤压力的作用下从刀盘四周的渣槽进入泥土舱。逐渐地,整个泥土舱内全部被压实固结的土体充满并堵塞。

当刀盘继续旋转切削土体时,固结土体的刀盘和开挖面土体之间产生很大的摩擦力,相互摩擦产生大量的热量,刀盘温度不断升高,使刀盘和泥土舱内的土体不断地被烧结固化,最终在刀盘和整个泥土舱内形成坚硬的泥饼。

3. 治理方法

当盾构机在黏土地层中进行施工时,或当泥土舱内形成泥饼时,应采取以下预防和排除措施:

(1)空转刀盘,并通过泥土舱隔板的空心搅动棒向泥土舱注水,使泥饼在离心力的作用下脱落;

(2)在使开挖面保持稳定的前提下,可人工进入泥土舱清除泥饼;

(3)掘进时增加泡沫剂的注入量,改善土体的和易性,预防黏土结块;

(4)在盾构机设计时,应在泥土舱隔板上增加空心搅动棒,以加大搅拌渣土的强度和范围,并通过空心搅动棒注水,用于清洗刀盘和泥土舱。

二、螺旋机循环喷涌

1. 故障现象

当螺旋机工作时,首先吸入泥土舱内的水,然后从其出土闸门迅速喷出,形成喷涌。泥土舱内的水被暂时吸干后,螺旋机才能出渣排土,很快地泥土舱内又积水较多,螺旋机又必须先吸水后出土。造成盾构机无法正常工作,螺旋机不停地喷涌—停机—喷涌,如此恶性循环,盾构机推进缓慢。

2. 故障原因

盾构机在高水砂层(破碎带、富水砂层地段、裂隙发育的岩层地段)进行施工时,由于开挖面土体充水裂隙、含水率丰富，而且已成型的盾构隧道同步注浆量没有完全充实衬背空隙，以致留下流水通道，开挖面土体裂隙的水不断地流入泥土舱，泥土舱内不停地积水。

3. 治理方法

(1)当遇到此情况时，关闭螺旋机，停止出土，保持盾构机继续往前推进，增加泥土舱内的土压力，让刀盘切削下来的土体将泥土舱内的水不断地挤出，减少泥土舱内的含水率；同时要防止土舱压力过高，造成盾构机前方隆起、冒浆，以及击穿盾尾密封等现象的发生；

(2)向泥土舱内加入高浓度泥浆或泡沫，改善泥土舱内土体的和易性，使土体中的颗粒、泥浆成为一整体，使土体具有良好的可塑性、止水性及流动性，便于螺旋机顺利出土；

(3)在进入富水砂层前，盾构机提前采用气压平衡模式进行推进，但要防止发生漏气事件。

三、土压平衡盾构螺旋机出土不畅

1. 故障现象

螺旋机螺杆形成“土棍”，螺旋机无法出土，或螺旋机内形成阻塞，负荷增大，电动机无法带动螺旋机，不能出土。

2. 故障原因

(1)盾构开挖面平衡压力过低，无法在螺旋机内形成足够的压力，螺旋机不能正常进土，也就不能出土；

(2)螺旋机螺杆安装与壳体不同心，运转过程中壳体间隙增大，出土效率降低；

(3)盾构在砂性土及强度较高的黏性土中推进时，土与螺旋机壳体间的摩擦力大，螺旋机的旋转阻力加大，电动机无法转动；

(4)大块的漂砾进入螺旋机，卡住螺杆；

(5)螺旋机驱动电动机因长时间高负荷工作，过热或油压过高而停止工作。

3. 治理方法

(1)螺旋机安装时要注意精度，运转过程中加强对轴承的润滑；

(2)螺旋机打滑时，把盾构开挖面平衡压力的设定值提高，盾构的推进速度提高，使螺旋机正常出土；

(3)降低推进速度，使单位时间内土舱的进土量降低，螺旋机电动机的负荷降低；

(4)在螺旋机中加注水、泥浆或泡沫等润滑剂，使土与螺旋机外壳的摩擦力降低，减少电动机的负荷；

(5)打开螺旋机的盖板，清理螺旋机被堵塞部位；

(6)将磨损的螺旋机螺杆更换。

四、土压平衡式盾构正面阻力过大

1. 故障现象

盾构推进过程中，由于正面阻力过大造成盾构推进困难和地面隆起变形。

2. 故障原因

(1)盾构刀盘的进土开口率偏小，进土不畅通；

(2)盾构正面地层土质发生变化;

(3)盾构正面遭遇较大块的障碍物;

(4)推进千斤顶内泄漏,达不到其本身的最高额定油压;

(5)正面平衡压力设定过大;

(6)刀盘磨损严重。

3. 治理方法

(1)采取辅助技术,尽量采取在工作面内进行障碍物清理,在条件许可的情况下,也可采取大开挖施工法清理正面障碍物;

(2)增加千斤顶,增加盾构总推力;

(3)提高土体流塑性改良的效果;

(4)在盾构机外壳添加减阻触变泥浆;

(5)合理设定平衡压力,加强施工动态管理,及时调整控制平衡压力;

(6)合理设置无轴螺旋出土口闸门的开度,保证出土畅通。

五、盾构掘进轴线偏差

1. 故障现象

盾构掘进过程中,盾构推进轴线过量偏离隧道设计轴线,影响成环管片的轴线。

2. 故障原因

(1)盾构超挖或欠挖,造成盾构在土体内的姿态不好,导致盾构轴线产生过量的偏离;

(2)盾构测量误差导致轴线的偏差;

(3)盾构纠偏不及时或纠偏不到位;

(4)盾构处于不均匀土层中,即处于两种不同土层相交的地带时,两种土的压缩性、抗压强度、抗剪强度等指标不同;

(5)盾构处于非常软弱的土层中,如果推进停止的间隙过长,当正面平衡压力损失时,会导致盾构下沉;

(6)拼装管片时,拱底块部位盾壳内清理不干净,有杂质夹杂在相邻两环管片的接缝内,就使管片的下部超前,轴线产生向上的趋势,影响盾构推进轴线的控制;

(7)同步注浆量不够或浆液质量不好,泌水后引起隧道沉降,而影响推进轴线的控制;

(8)浆液不固结使隧道在较大推力作用下引起变形。

3. 治理方法

(1)正确设定平衡压力,使盾构的出土量与理论值接近,减少超挖与欠挖现象,控制好盾构的姿态;

(2)盾构施工过程中经常校正、复测及复核测量基站;

(3)发现盾构姿态出现偏差时应及时纠偏,使盾构正确地沿着隧道设计轴线前进;

(4)盾构处于不均匀土层中时,适当控制推进速度,多用刀盘刻削土体,减少推进时的不均匀阻力;也可以采用向开挖面注入泡沫或膨润土的办法,改善土体,使推进更加顺畅;

(5)当盾构在极其软弱的土层中施工时,应掌握推进速度与进土量的关系,控制正面土体的流失；

(6)拼装拱底块管片前应对盾壳底部的垃圾进行清理，防止杂质夹杂在管片间，影响隧道轴线；

(7)在施工中按质保量做好注浆工作，保证浆液的搅拌质量和注入方量。

六、盾构后退

1. 故障现象

盾构停止推进，尤其是拼装管片的时候，产生后退的现象，使开挖面压力下降，地面产生下沉变形。

2. 故障原因

(1)盾构千斤顶自锁性能不好，千斤顶回缩；

(2)千斤顶大腔的安全溢流阀压力设定过低，使千斤顶无法顶住盾构正面的土压力；

(3)盾构拼装管片时千斤顶缩回的个数过多，并且没有控制好应有的防后推力。

3. 治理方法

(1)加强盾构千斤顶的维修保养工作，防止产生内泄漏；

(2)安全溢流阀的压力调至规定值；

(3)拼装时不多缩千斤顶，管片拼装到位及时伸出千斤顶到规定压力；

(4)盾构发生后退，应及时采取预防措施，防止后退的情况进一步加剧，如因盾构后退而无法拼装，可进行二次推进。

七、盾尾密封装置泄漏

1. 故障现象

地下水、泥及同步注浆浆液从盾尾的密封装置渗漏进入盾尾的盾壳和隧道内，严重影响工程进度和施工质量，甚至对工程安全带来灾难。

2. 故障原因

(1)管片与盾尾不同心，使盾尾和管片间的间隙局部过大，超过密封装置的密封界限；

(2)密封装置受偏心的管片过度挤压后，产生塑性变形，失去弹性，密封性能下降；

(3)盾尾密封油脂压注不充分，盾尾钢刷内浸入了浆液并固结，盾尾刷的弹性丧失，密封性能下降；

(4)盾构后退，造成盾尾刷与管片间发生刷毛方向相反的运动，使刷毛反转，盾尾刷变形而密封性能下降；

(5)盾尾密封油脂的质量不好，对盾尾钢丝刷起不到保护的作用，或因油脂中含有杂质堵塞泵，使油脂压注量达不到要求。

3. 治理方法

(1)对已经产生泄漏的部位集中压注盾尾油脂，恢复密封的性能；

(2)管片拼装时在管片背面塞入海绵，将泄漏部位堵住；

(3)有多道盾尾钢丝刷的盾构可将最里面的一道钢刷更换，以保证盾尾刷的密封性；

(4)从盾尾内清除密封装置钢刷内杂物。

八、运输过程中管片受损

1. 故障现象

在管片垂直运输与水平运输过程中，将管片边角撞坏。

2. 故障原因

(1)行车吊运管片时，管片由于晃动而碰撞行车支腿或其他物件，造成边角损坏；

(2)管片翻身时碰擦边角，引起损坏；

(3)管片堆放时垫木没有放置妥当；

(4)用钢丝绳起吊管片时钢丝绳将管片的棱角勒坏；

(5)运输管片的平板车颠簸跳动，造成管片损坏；

(6)管片叠放在隧道内时未垫枕木，造成边角损坏；

(7)在管片吊放时，放下动作过大，使管片损坏。

3. 治理方法

(1)行车操作要平稳，防止过大的晃动；

(2)管片使用翻身架翻身，或用专用吊具翻身，保证管片翻身过程的平稳；

(3)地面堆放管片时上、下两块管片之间要垫上垫木；

(4)设计吊运管片的专用吊具，使钢丝绳在起吊管片的过程中不碰到管片的边角；

(5)采用运输管片的专用平板车，加设避振设施；叠放的管片之间垫好垫木；

(6)工作面储存管片的地方放置枕木将管片垫高，使存放的管片与隧道不产生碰撞；

(7)已碰撞损坏的管片及时进行修补，损坏较重的管片运回地面进行整修，更换新的管片。

小组讨论

以小组为单位，讨论以下问题：

盾构推进中盾构发生过量旋转，造成盾构与车架连接不好，设备运行不稳定，封顶块拼装困难的原因有哪些？

判断题

1. 泥饼是刀盘切削下来的细小颗粒、碎屑在土舱内和刀盘区重新聚集而形成半固结或固结的土块。 (　　)

2. 盾构超挖或欠挖，造成盾构在土体内的姿态不好，导致盾构轴线产生过量的偏离。 (　　)

3. 盾构处于非常软弱的土层中如果推进停止的间隙过长，当正面平衡压力损失时，会导致盾构下沉。 (　　)

4. 盾构内设备布置重量不平衡，盾构的重心在垂直的中心线上会产生旋转力。 (　　)

参考文献

[1] 谢武斌.盾构机、掘进机的操作与维护[M].成都:电子科技大学出版社,2013.

[2] 唐经世,唐元宁.掘进机与盾构机[M].2版.北京:中国铁道出版社,2009.

[3] 张冰.地铁盾构施工[M].北京:人民交通出版社,2011.

[4] 陈馈,毛红梅.盾构构造与操作维护[M].北京:人民交通出版社股份有限公司,2016.

[5] 陈馈.盾构施工技术[M].2版.北京:人民交通出版社股份有限公司,2016.